本書爲國家古籍整理出版專項經費資助項目

歷代經學要籍叢刊

儀禮鄭注句讀

上

〔清〕張爾岐 撰
韓悦 點校

中華書局

圖書在版編目(CIP)數據

儀禮鄭註句讀/(清)張爾岐撰;韓悦點校. —北京:中華書局,2025.4. —(歷代經學要籍叢刊).—ISBN 978-7-101-17096-2

Ⅰ.K892.9

中國國家版本館 CIP 數據核字第 2025KT1872 號

責任編輯:汪　煜
封面設計:劉　麗
責任印製:陳麗娜

歷代經學要籍叢刊
儀禮鄭註句讀
(全二册)
〔清〕張爾岐 撰
韓　悦 點校

*

中華書局出版發行
(北京市豐臺區太平橋西里 38 號　100073)
http://www.zhbc.com.cn
E-mail:zhbc@zhbc.com.cn
河北品睿印刷有限公司印刷

*

850×1168 毫米 1/32 · 22⅜印張 · 4 插頁 · 450 千字
2025 年 4 月第 1 版　2025 年 4 月第 1 次印刷
印數:1-2000 册　定價:138.00 元

ISBN 978-7-101-17096-2

整理説明

儀禮鄭註句讀十七卷附儀禮監本正誤一卷儀禮石本誤字一卷，清張爾岐撰，成書于康熙九年（一六七〇），是清代最早的一部注釋儀禮及鄭玄注的著作，在事實上開啓了清代儀禮學由尊敖（敖繼公）向尊鄭（鄭玄）轉變的先河。清儒顧炎武稱其「根本先儒，立言簡當」（答汪苕文書），更在張爾岐過世後有「從此山東問三禮，康成家法竟誰傳」（哭張蒿菴先生）之嘆。然而這樣一部儀禮學力作，在問世之初却鮮爲人知[一]，直至張氏去世近七十年之後的乾隆八年（一七四三），才由濟陽高廷樞和衷堂刊刻出版。

一

張爾岐，字稷若，山東濟陽人，生于明萬曆四十年（一六一二），卒于清康熙十六年，一生未曾出仕，生平可參李焕章張蒿庵處士傳、羅有高張爾岐傳[二]。

張爾岐雖以「獨精三禮」見稱，然少年讀書時並未以禮學爲專。其日記又序自述：早年治學並未涉及儀禮一經，直至二十七歲父親張行素罹兵難過世，欲依禮葬父時「鄉人鮮解禮者」，才開始學禮；但其後數年間既爲父服喪，又奉養老母，還因「意有所屬」而研習兵家、奇門等術〔三〕。由此可推知，當時的張爾岐並没有時間，也没有主觀意願對儀禮進行深入研讀。

直至崇禎皇帝過世，張爾岐年過三旬，復「思一其力於經與史」（日記又序），儀禮又被列入其研讀計劃。然儀禮鄭註句讀自序言張氏此次讀儀禮面臨三大困難：其一，儀禮晦澀枯燥，「讀莫能通」。其二，明末禮學衰微，張氏並無懂得儀禮的師友可以請益。其三，缺少儀禮善本與相關研究著作以供參考。張氏手頭僅有明萬曆北京國子監所刻十三經註疏本、唐開成石經本及坊間傳刻的元吴澄三禮考註、明陳深十三經解詁等可供研讀。朱熹儀禮經傳通解雖在當時廣泛流傳，但張氏無緣得見。因此，張氏第二次讀儀禮亦不順利。

至康熙九年，張爾岐五十九歲時，才「勉讀六閲月，乃克卒業」（儀禮鄭註句讀自序）。崇禎皇帝歿年張爾岐三十二歲，至此已近三十載，袁茵據此認爲張氏「用近三十年精力撰成儀禮鄭註句讀」〔四〕。然日記又序載張氏讀書計劃有經部十一種、史部五種、雜書八種，且讀經首重四書，次五經，次周禮、儀禮。則可知張爾岐並未將儀禮列爲重點研讀對象，甚至可能儀禮實際開始研讀的時間要遠遠晚于該計劃制定的時間。這或可解釋張爾岐直至五十九歲才「勉讀六閱月，乃克卒業」的原因。

二

關于句讀的體例，張爾岐自序云：

於是取經與註章分之，定其句讀。疏則節録其要，取足明註而止。或偶有一得，亦附於末，以便省覽。

則該書的主要工作有四：其一，劃分儀禮章節；其二，對經注文字進行斷句；其三，節録賈疏，僅保留能夠申明鄭注的部分；其四，附以案語陳述己説。曾校訂過句讀的顧炎武、劉孔懷對該書體例的描述與此相同。今人蔣鵬翔、袁茵皆進一步指出：除節録賈公彦疏之外，句讀還采録了唐、宋以下的多家禮説〔五〕。

句讀一書的主體結構爲三部分，每部分之間用○隔開：一是儀禮經文及鄭玄注，經文大字單行，鄭注小字雙行，皆有分節、句讀。二是張爾岐對儀禮經注的解釋説明，以小字雙行排于相應的經注之下，亦有句讀，包含引用賈疏等前人禮説和張爾岐案語兩部分内容。三是釋音，小字雙行排于最後，無句讀，或用直音，或用反切，亦有引用五經文字、字彙、圖解、説文解字、張鳳翔本等注音者。

其中，張爾岐引用前人禮説和自附案語都是爲了解釋儀禮經注，並未有意識地對二者進行區分。如鄉飲酒禮「陳設」節「設洗于阼階東南」一句經注文下，張氏云：

南北以堂深，謂以堂廉北至屋壁之遠近，爲洗去堂之遠近也，疏云「假令堂深二丈，洗去堂亦二丈，以此爲度」是也。

首先解釋「南北以堂深」的含義，又引用賈疏舉例「二丈」加以説明。這裏張爾岐引賈疏是爲了證明自己對「南北以堂深」的解釋，再用「是也」二字表達自己的態度。

另外，句讀引用賈疏雖多以「疏曰」或「疏云」開頭，亦有大量不注明者。蔣鵬翔已指出這一現象，並説「此種情況較爲少見」〔六〕。事實上，句讀一書徑引賈疏的情況十分普遍。以鄉飲酒禮爲例，該篇引用賈疏四十三處，標明「疏曰」「疏云」者二十三處，未注明者二十處，約占引用賈疏的一半。其餘各篇數據雖有不同，然就所占比例來看，句讀引用賈疏未加標注的情況絕非「較爲少見」。

由此可見，句讀引用前人禮説多是配合張爾岐對經文和鄭注的解釋，是出于表達張氏觀點的需要，將其作爲解釋説明儀禮經文和鄭注的工具而加以引用，並非有意識地將前人禮説和張氏觀點區别開來。因此，在某種程度上，張爾岐這些解釋説明或可統稱爲「張疏」。

此外，句讀一書于聘禮、特牲、少牢及有司徹諸篇的部分節目中，在上述文本結構的基礎上增加了説明典禮儀節的提示語「以上某某」，置于解釋説明儀禮經注的内容與釋音之間，前後皆用○隔開。如有司徹「主人獻尸」節「主婦自東房薦韭菹、醢」句經文及鄭注下，先録賈疏，後有「○以上主婦薦豆籩」以提示儀節，下接釋音「○麷，方中反」。又，句讀也在不易用語言表達之處采用繪圖的方式加以輔助説明，如于公食大夫禮「爲賔設加饌」節下繪製了正饌、加饌陳列位置示意圖，然僅此一見。

三

張爾岐的禮學成就集中體現在句讀中，主要有三個方面：

（一）校勘經注

張爾岐校勘儀禮經文多使用對校法，用北監本、唐石經和吴澄考註互校以改正訛誤，成果有儀禮監本正誤和儀禮石本誤字。監本正誤的校勘成果也呈現在句讀正文中，正如袁茵所言：「張爾岐根據監本正誤的校勘結論，以北監本爲底本對儀禮經文進行了修訂，使得句讀的經文文本比北監本更爲精善。」〔七〕對于北監本經文的錯誤，張爾岐大多于正文中徑改，僅有少數在案語中做了説明。但對于經文中尚有疑義者，張爾岐則較爲審慎，不改正文，僅于案語中説明。如士昏禮記「不親迎者見婦父母之禮」節經文「主人請醴，及揖讓入，醴以一獻之禮，主婦薦，奠酬，無幣」下，有張爾岐案語：「『醴』疑當作『禮』。若用醴，則無酢、酬，俟質。」

除經文外，張爾岐對北監本的注文也進行了校勘，這是以往研究較少注意到的。據統計，句讀一書校訂注文達二百二十九處。然與校勘經文有唐石經、吴澄本爲版本依據不同的是，張爾岐校訂注文似乎没有其他版本依據，這導致了張爾岐在校勘經文時無法對相應注文進行校訂。如鄉射禮記「士，鹿中，翿旌以獲」句，北監本脱，張爾岐據唐石經補。然此句下尚有注文「謂小國之州長也。用翿爲旌，以獲無物也。古文無『以獲』」，張氏則未能予以訂補。

正是因爲没有其他版本依據，張爾岐校勘鄭注多用本校法和理校法，亦不乏精到之見。如士相見禮「若君賜之食」句注文，北監本作「今云呫嘗膳」，句讀改「云」爲「文」。案，北監本作「云」，則「今」指鄭玄所在的東漢時期。張爾岐改作「文」，則「今」

指今文經儀禮。此節經文作「徧嘗膳」，張爾岐改「云」爲「文」，便是指「咕嘗膳」是鄭玄所見今文經，二者是今古文的區別，故依鄭注體例當作「文」。一九五七年發現的武威漢簡本正作「咕嘗膳」，證實了張爾岐的判斷。

（二）分章斷句

儀禮難讀的原因之一是典禮儀節紛繁複雜，繁瑣的儀節層次、看似重複的揖讓周旋都使讀者頗有「莫測其所言者何等」（儀禮鄭註句讀自序）之感。有鑒于此，句讀一書爲儀禮劃分了章節，于每一章節之末，另起一行低一格以「右某某」的格式注明儀節名稱，並爲儀禮經文、鄭注及解經文字施加句讀。

句讀根據典禮儀節的複雜程度，將儀禮經文劃分爲二至三個層次。比較簡單的典禮劃分兩個層次，如士冠禮正經部分先按照行禮順序劃分爲冠期前事、冠禮成和冠禮既成賓出就次以後諸事三個層次，再在每個層次中劃分出具體的儀節，即分爲「事——節」兩個層次〔八〕。而對于特牲、少牢這樣儀節結構更爲細緻、複雜的典禮，句讀則采用了三層次的劃分方法，在「節」之下再劃分出「細節」。如特牲饋食禮「迎尸入行正祭」事劃分爲「尸入九飯」等十節，其中「尸入九飯」節又進一步劃分爲「妥尸祝饗」等六個細節。

「節」是句讀章節劃分的主要依據，每一節末都有標目總結該節主要內容。「事」這一層次一般不作標目，只在每事起始經文下的案語中予以概括。亦有在該事最末一個儀節的標目中對該事起止進行提示者，如鄉射禮于標目「右取矢委楅」下言「第一番射事竟」、「右司射獻釋獲者」下言「第二番射事竟」、「右退諸射器」下言「射事竟」。但若「事」下不分節，如特牲饋食禮「祭日陳設及位次之事」，則直接以「右祭日陳設及位次」作爲標目。「細節」亦不作爲標目單獨呈現，而是在相應細節之末的正文中説明，如特牲饋食禮「尸入九飯」節正文中即有「以上妥尸祝饗」等六處。

通過劃分章節明晰儀禮儀節的方法並非張爾岐首創，但句讀在章節劃分上更注重禮儀的内在邏輯，所分章節首尾完整、環環相扣，呈現出更加簡潔、明晰的特點。如士昏禮第一個儀節「一使兼行納采、問名二禮及禮使者之儀」，前人多將其分爲二至三節〔九〕。在昏禮六禮中，納采、問名二禮是男家派出的使者至女家一次性完成的，且在完成納采、問名二禮之後，女方父親才行醴賓，醴賓後使者再回男方家向男方父親報告。换言之，納采、問名、醴賓是男家第一次派遣使者來女家所行的完整之禮。此後的納吉「如納采禮」，張氏釋「如納采禮」爲「其揖讓升階、致命授鴈及主人醴賓、取脯出門之節，並如之」。可知納吉是男家第二次派遣使者來女家行禮，所行之禮除告知占卜得吉之外皆與納采禮一致，也包含醴賔環節。即句讀分節依據行禮邏輯，較之二節、三節的分法都更直接、明確地體現出典禮本身的層次。

（三）解釋經注

張爾岐解釋儀禮經注可分爲兩類：一是禮儀節目的詳細説明，前述「事節——細節」層次的説明，大多置于相應節目首句經文之下。也有的置于儀節標目之下，或用以解釋儀節的禮義，如士喪禮「右復寬」下云「復者猶冀其生，復而不生，始行死事」，解釋復魂的目的；或對儀節差異進行對比，如有司徹主人初獻、主婦亞獻諸節下，分别對比了主人獻尸和主人獻侑、主人獻尸和主婦獻尸、主婦獻尸和主婦獻侑等儀節的差異。

二是對行禮細節、名物、禮義等的解釋。如士冠禮「筮日」節「主人玄冠、朝服、緇帶、素韠，即位于門東，西面」句經注下，張爾岐釋曰：

主人欲筮日，先服此服，即位禰廟門外以待事。正行冠禮，服玄端、爵韠，此服朝服，故云「尊蓍龜」。朝服以朝，玄端以夕，是朝服尊於玄端也。玄端與朝服，衣同而裳異。「士帶博二寸」三句，玉藻文。再繚四寸，再繞之乃四寸也。

先釋主人朝服于門外即位的目的，即等待舉行筮日儀節。再説明主人筮日時穿朝服與冠禮時穿玄端以及二者的差異，以解釋鄭注「尊蓍龜」之意。最後説明鄭注中引文出處及難解之句。

又，同篇「夏、殷冠子之法」節經文「加俎，嚌之」，鄭注云：「加俎嚌之，『嚌』當爲『祭』，字之誤也。」張爾岐釋曰：

加俎者，不徹豆、籩而加設此牲俎也。其祭，亦止祭俎肺，不復祭脯醢。鄭破「嚌之」爲「祭之」者，以先祭後嚌，此是定法，又不宜有二嚌，其所嚌，即其所祭者也。

張爾岐直接按照鄭玄的意見將「嚌」解讀爲「祭」，並對鄭玄改字的原因進行説明。由此可知，張爾岐在解釋儀禮時，是將儀禮經文與鄭注作爲一體進行解釋的。

張爾岐也有與鄭玄意見相左之處。在這種情況下，張氏依舊抄録鄭注全文，再指出鄭注錯誤所在。如士虞禮經文「三虞、卒哭、他，用剛日，亦如初，曰『哀薦成事』」句下，張爾岐釋曰：

愚按鄭以經文「他」字，爲有非常之祭，似涉强解。此殆羨文。不然，當在「亦」字上，謂他祝辭耳。

鄭玄謂「他」爲虞和卒哭之間的其他祭祀，指的是在等不到三月就下葬，葬後即行虞祭，但仍要等到三月之後再行卒哭的特殊情況下，三虞和卒哭之間舉行的非常規祭祀。張爾岐則直言鄭玄這一解釋頗爲牽强，認爲「他」字爲衍文。

由此可知，張爾岐解釋儀禮時，是將儀禮經文與鄭注作爲一個整體來解讀，其解釋既有對儀禮經文的解釋，也有對鄭注的解釋或者補充説明。在這些解釋説明中，張爾岐往往引用儒家經典和前人禮説來輔助説明自己的觀點。

綜上所述，張爾岐對儀禮所做的校勘、分章、解釋等工作，皆是爲了糾正儀禮訛誤，使之清晰明瞭，以幫助後學不因難讀而放棄。正如其在自序中所言：「儀禮則周公之所定，孔子之所述，當時聖君、賢相、士君子之所遵行，可斷然不疑者，而以難讀廢，可乎？」張氏正因感慨儀禮難讀，遂作此書，「俾世之讀是書者或少省心目之力，不至如愚之屢讀屢止，久而始通也」（自序）。因此，張氏撰作此書的初衷及最大貢獻，皆是爲讀者提供一個簡潔易懂的儀禮文本，使讀者都能像張爾岐一樣達到「俯仰揖遜之容如可睹也，忠厚藹惻之情如將遇也」（自序）的境界。

四

句讀一書版本衆多，初刻本爲乾隆八年濟陽高廷樞和衷堂刻本。該本有初印本和後印本存世。初印本書前有顧炎武序、劉孔懷序、張爾岐自序、目録、校刻姓名及高廷樞識語，書後有捐刻姓氏及馮秉仁跋。後印本在初印本基礎上補入乾隆八年十月黄叔琳序。

除前述句讀内容外，和衷堂刻本還有許多特殊標記。一是涉及關鍵節目、需要着重説明的文字加有着重號，如「士冠禮第一」句下案語中言及天子、諸侯加冠之禮，爲説明公與天子四加之冠不同，于「加玄冕」「後當加衮冕矣」加着重號以示强調。二是多音字采用四角標圈法標記聲調，如士冠禮「冠」字多于右上角有半圓小圈標記〔一〇〕。三是在經注文字右側有小字注音或釋義，注音如士相見禮「夏用腒」之「腒」字右側有小字「音渠」；釋義如聘禮「主人曰：『不腆先君之祧，既拚以俟矣』」句之「拚」字右側有小字「埽席前曰拚」。

據校刻姓名及高廷樞識語可知，和衷堂本的刊刻底本爲張爾岐的學生艾元徵家藏之「蒿菴先生手定原本」，還經顧炎武、劉孔懷、李斯孚等人校訂和于湜音字；在刊刻過程中，又用朱熹通解、鄭注、賈疏及高氏舊日鈔本參互考證以定格式，堪稱體例嚴密，校勘精審。

乾隆三十八年，胡德琳又據和衷堂本補刻，補入李斯孚序和胡德琳跋。據胡德琳跋載，李斯孚序早年佚失，和衷堂刊刻時未見，此次補入之本爲康熙四十二年張爾岐之子請張篤慶補作者。其後，自同治七年（一八六八）至民國十三年（一九二四）間，句讀又經十二次刊刻，皆據和衷堂本或胡德琳補刻本翻刻〔二〕。

刻本系統外，句讀現存六個鈔本，分别是清康熙五十九年陳沂震鈔本、摛藻堂四庫全書薈要本、四庫全書本、國家圖書館藏清鈔本、上海圖書館藏清鈔本、復旦大學圖書館藏清鈔本。

陳沂震鈔本十七卷附儀禮監本正誤、儀禮石本誤字，是現存最早的句讀版本，現藏于臺灣「國家圖書館」，有顧炎武、劉孔懷、張爾岐三序。「國家圖書館」善本書志初稿著録該本書前有清楊復手書題箋、姚椿手書題記二則，書後有陳沂震手鈔題記、楊復手鈔題箋。據陳沂震題記，陳氏督學山東期間，在時任濟陽教諭的曾聞詩處借得一部句讀，遂花費兩年鈔録而成。又因其書「不無小誤」，陳氏取石門呂氏刻本儀禮經傳通解進行校勘，校勘成果批于鈔本天頭或浮貼上。

摛藻堂四庫全書薈要本和四庫全書本皆十七卷，附儀禮監本正誤、儀禮石本誤字，僅有張爾岐自序，且未采用原書句讀，已非句讀原貌。四庫全書薈要總目云：「依前浙江巡撫臣三寶所上范懋柱家藏鈔本繕録，據高廷樞本恭校。」四庫總目于題下注明「浙江鮑士恭家藏本」，浙江采集遺書總録著録爲寫本，然提要又云「此編乃新刻之本無所佚脱」。由此可推測，二者底本或爲鮑士恭進呈的鈔本〔一二〕，鈔録時又據高廷樞刻本校勘，薈要本的校勘成果更是直接保留在每册後附的案語中。

國家圖書館藏清鈔本十七卷，然卷十七僅至「不賓尸主婦亞獻」節，後文闕，無儀禮監本正誤和儀禮石本誤字。有顧炎武、劉孔懷、張爾岐、李斯孚四序，李斯孚序内容較胡德琳補刻本李序爲多。袁茵據此鈔本「丘」字不避諱，推測其時代有可能早于雍正三年（一七二五）〔一三〕。上海圖書館藏清鈔本和復旦大學圖書館藏清鈔本皆十七卷附儀禮監本正誤、儀禮石本誤字，有顧炎武、劉孔懷、張爾岐三序，參訂姓名僅有劉孔懷、無李斯孚，書後又附有吴氏儀禮考註訂誤及自序。二者内容、行款皆一致，唯復旦大學圖書館藏清鈔本吴氏儀禮考註訂誤至鄉飲酒禮止，上海圖書館藏清鈔本則有其後至有司徹的内容。袁茵指出復旦大學圖書館藏清鈔本「於賈疏、音釋之文間有省略，公食大夫禮全篇省略章節劃分，唐石經正誤中凡是關於補字的條目均删去不録」〔一四〕，上海圖書館藏清鈔本亦如此。

綜上所述，乾隆八年和衷堂本是句讀的初刻本，也是後世諸多刻本的祖本，内容齊備，體例嚴密，校勘精審。陳沂震鈔本時代上早于和衷堂本，在内容上也與刻本有差異，可推測其底本形成時間早于刻本底本的定型，能夠反映句讀校定過程之面貌。摛藻堂四庫全書薈要本校勘精審，錯訛較少，後附案語又能反映當時的校勘成果。故本次整理以清乾隆八年濟陽高廷樞和衷堂刻本後印本爲底本，通校陳沂震鈔本和薈要本，又選取文淵閣四庫全書本及同治六年金陵書局本進行參校。校記之下，附列前人關于句讀一書的校勘成果，計有乾隆敕撰四庫全書薈要後附案語（簡稱薈要案語）、王太岳等四庫全書考證（簡稱四庫考證）、同治十一年山東書局本儀禮鄭註句讀後附校刊記（簡稱山東書局本校刊記）三種。前人校記均予照録，偶有異文判斷可商者亦未敢遽改。

又，乾隆三十八年胡德琳補刻本有張篤慶補作的李斯孚序、胡德琳跋，國家圖書館藏清鈔本有李斯孚序，皆對句讀的寫作和刊刻過程有詳細介紹。康熙五十九年陳沂震鈔本的陳沂震手鈔題記，摛藻堂四庫全書薈要本及文淵閣四庫全書本的書前提要，對各自版本的底本來源進行了説明。此次整理將這六種文獻作爲附録置于書末，以供讀者參考。

本書在整理過程中，于儀禮鄭註句讀張濤點校本、朗文行點校本，儀禮註疏彭林點校本、賈海生點校本，儀禮正義張文等點校本及楊天宇儀禮譯註等多有借鑒，謹致謝忱。本書整理又得北京大學張鴻鳴博士慨然以所藏和衷堂刻本相借，又于諸多細節相與討論，多所諟正，高誼可感。在出版過程中，與責任編輯汪煜同志往返商定條例，斟酌細節，又蒙悉心編校，匡正實多，志不敢忘。但由于整理者學問淺薄，書中一定還有許多錯誤，懇請讀者正譌匡謬，不吝賜教。

韓悦

二〇二三年三月十五日　初稿

二〇二三年十月十日　二稿

【注釋】

〔一〕張爾岐自叙墓誌云：「所著有易經説略、詩經説略，學者多傳録之。儀禮鄭註句讀，鮮受者。」參見清張爾岐撰，張翰勳等點校：蒿庵集卷三蒿庵處士自叙墓誌，齊魯書社一九九一年，第一三四頁。

〔二〕清李焕章：織齋文集卷七張蒿庵處士傳，清代詩文集彙編第四五册，上海古籍出版社二〇一〇年，第六八九—六九〇頁。清羅有高：尊聞居士集卷五張爾岐傳，清代詩文集彙編第三七九册，上海古籍出版社二〇一〇年，第二三四—二三八頁。

〔三〕清張爾岐撰，張翰勳等點校：蒿庵集卷二日記又序，第七四頁。

〔四〕袁茵：儀禮鄭註句讀影印本後記，廣西師範大學出版社二〇二一年，第八六八頁。

〔五〕蔣鵬翔：儀禮鄭註句讀影印説明，第四—五頁；袁茵：儀禮鄭註句讀影印本後記，第八六八頁。

〔六〕蔣鵬翔：儀禮鄭註句讀影印説明，第五頁。

〔七〕袁茵：儀禮鄭註句讀影印本後記，第八六九頁。

〔八〕士冠禮稱第一層次爲「事」，鄉飲酒禮則有「事」與「段」二説。

〔九〕賈公彦疏、楊復儀禮圖、吴澄三禮考註、郝敬儀禮節解分爲納采問名、醴賓二節，朱熹儀禮經傳通解、敖繼公儀禮集説分爲納采、問名、醴賓三節，各書儀節名稱稍有差異。

〔一〇〕通檢之下，發現這類標記存在失加、誤加的情況。考慮張氏四聲音讀與現代音讀區别不大，且就底本而補改其脱誤，則校之無盡。今整理本於四聲標記不再添加，請讀者注意。

〔一一〕馬梅玉：張爾岐儀禮鄭註句讀版本考略，古典文獻學術論叢第二輯，黄山書社二〇一一年，第一六四—一六八頁。

〔一二〕句讀見于浙江省第四次鮑士恭呈送書目，浙江省第五次范懋柱家呈送書目未見該書，薈要總目中

「范懋柱」疑爲「鮑士恭」之誤，待考。

〔三〕袁茵：儀禮鄭註句讀影印本後記，第八八六頁。

〔四〕袁茵：儀禮鄭註句讀影印本後記，第八八四頁。

凡例

一、底本。本次以清乾隆八年和衷堂刻儀禮鄭註句讀後印本（以下稱「原刊本」）爲底本，校以儀禮鄭註句讀另外四種版本，以期對張氏此書作一次徹底的整理。所用校本及其簡稱如下：

臺灣「國家圖書館」藏清康熙五十九年陳沂震鈔本（簡稱陳本）

清乾隆四十一年摛藻堂四庫全書薈要本（簡稱薈要本）

以上爲通校本。

清乾隆四十四年文淵閣四庫全書本（簡稱文淵閣本）

清同治七年金陵書局刻本（簡稱金陵書局本）

以上爲參校本。

一、他校。張氏書中儀禮經、注及引用之疏文，關涉其經義、句讀，今亦再用其所據儀禮諸本覈校。所校各本及其簡稱如下：

唐開成石經（民國十五年皕忍堂摹刻本，簡稱唐石經）

明萬曆二十一年北京國子監刻儀禮註疏本（日本國立公文書館藏，簡稱北監本）

案張爾岐自序言作句讀時僅見北監本、唐石經和吴澄本，未見儀禮善本，故本書校勘儀禮經、注、疏文僅據以上三種通校，讀者玩此亦可見張氏校定儀禮改字之精妙。

一、釋文。張氏書中釋音非出自唐陸德明經典釋文，故釋音部分僅用儀禮鄭註句讀各版本對勘，不取經典釋文或北監本釋文相校。

一、標記。張氏書爲便於讀者把握儀禮鄭注之關鍵，於書中施有若干圈、頓標記。今整理此書，凡原刊本中對關鍵節目、需要着重説明的文字所加的此類標記，均予以保留。

一、小注。原刊本中，兩行之間或有旁書小字注，今整理時將此類小字注一併收入校記。

一、用字。儀禮鄭註句讀一書，最需注意者爲書名之「註」字，一般認爲，「註」字後起，當以「注」字爲正。然毛詩正義云：「註者，著也。言爲之解説，使其義著明也。」知説經者亦有據字義以「註」爲正者，引之考張氏書，似彼亦於此措意，書中凡説解之意用「註」，傾注之意用「注」，本相區别。因此本次整理，正文「注」「註」二字皆遵從底本，不另行統一。整理者的表述則皆依現行用字規範統一作「注」。至於底本中出現的「並」「并」、「于」「於」之類，亦遵從底本，不作統一。

一、校記。各本異文，除異體、俗字、古本習用相通之字外，皆出校記。其中底本確誤者，改字並出校記。書中的清代避諱字，缺筆諱徑補爲規範繁體字，涉及書名、篇名、人名、地名之諱字則徑改，其餘保留清刻本原貌。校記之中，亦擇要取入前人校勘句讀一書的成果，計有如下三種：

乾隆敕撰四庫全書薈要後附案語（簡稱薈要案語）

王太岳等四庫全書考證（簡稱四庫考證）

同治十一年山東書局本儀禮鄭註句讀後附校刊記（簡稱山東書局本校刊記）

以上三種校勘成果，在徵引時，對其中被摘出作爲出校詞條的句讀正文，循一般之例，不施加標線，幸讀者詳之。

一、標點。前人於張氏書稱譽甚多，至若以爲儀禮鄭注讀本首選，皆因本書之句讀便利觀覽。故本次整理，於原刊本句讀費力甚多，其處理總則如下：

在原刊本句讀基礎上施以全式標點，以體現張爾岐句讀原貌。原刊本中釋音及多處標目、引用文字未加句讀，本次整理時亦施加標點。

另外，張爾岐句讀限于圈點的形式，對書名線、冒號、引號、頓號的處理較爲粗略。

故本次整理亦遵循以下原則：

（一）爲避免繁瑣，正文中「經」「傳」「記」「註」等字皆不加書名綫，注文引述其所要解釋的經（傳、記）文不加引號。

（二）張爾岐案語中穿插的引用文字未有書名綫、冒號、引號的區分，亦偶有引文不加句讀者。諸如此類，本書皆依標點符號使用規範施加標點。

（三）文中表示並列之處，原刊本或不加句讀，或在表並列的「及」「與」等字前亦加句讀，或于並列末項之下亦有句讀。此類情況，本書皆依標點符號使用規範施加標點。

（四）原刊本句讀中，有爲提示句子層次或語氣停頓而使得斷句過于瑣碎者，若將句讀直接等價替换爲新式標點，或將導致短句缺乏必要的語法成份，進而影響理解。因此，本書在處理此類情況時，一般是在不改變張爾岐句讀原意的前提下，對部分句讀符號進行必要的删減，以確保語句完整。

（五）原刊本句讀偶有顯誤者，則于正文中改正並于校記中説明。

（六）張氏句讀原文徵引「特牲」、「鄉射」等禮，有時指爲禮儀，有時指爲儀禮各篇，標綫時視其義添加書名綫。又句讀中有「記」，或是儀禮之記，或爲禮記之省稱。標綫時僅于指禮記之「記」添加書名綫。

一、引文。本次整理對書中引文皆儘量找原始出處進行覆覈，凡引文與原文有微别但意義略同的，或屬于作者有意改寫、與上下文意連貫的，均視爲引文，在點校中施加引號用以提示引文起訖。引文中的異文皆不改字，遇有訛誤或與原文存在意義齟齬者則出校，其餘字句同異、互有詳略者則不出校。張氏案語引用本書前後文，與原文意義相同但文字有微别、或屬張氏有意增删改寫，且於句讀一書諸版本内無異文者，皆不出校。

一、版式。儀禮一書之中，獨喪服一篇有所謂子夏傳文，故今整理張氏書，獨此篇不采用前後文所用首行縮進形式，而代之以回行齊肩，使之高低錯落，眉清目爽，以便讀者把握。

一、標目。張氏爲儀禮經注分章，于每一儀節之末另起一行爲儀節標目。本次整理依據張氏標目製作目録和頁眉，以便讀者檢索。喪服一卷，張氏並未分章，目録及頁眉亦付闕如。又爲查閲方便，張氏標目下疏解儀節旨意的文字，於目録和頁眉中多所省略。原書中鄉飲酒禮、燕禮、覲禮三篇的最後一個儀節均無標目，整理者依據張氏案語爲此三節擬作標目，以足目録、頁眉，正文則依底本闕如。

一、原附。句讀一書書後原附張爾岐所撰儀禮監本正誤、儀禮石本誤字二種，係張氏就北監本儀禮及石經本儀禮所作的校勘札記。爲便讀者閲讀，今次整理此二種作如下處理：

張氏摘出的儀禮經注原文皆不加標點，與其校記之間空二格以相區别；張氏自撰的校記統一施加標點。

此二種中原有張氏所加圈、點標記，今皆予以保留。其中，張氏于摘出的儀禮經注和自撰校記中分别以空心小圈標記出校字和誤字，通檢發現這類標記偶有失加、誤加，今皆依照原書體例予以補正。

一、附録。爲備讀者稽考，本次整理擇取儀禮鄭註句讀諸版本序跋以及提要數則，殿於書末，以爲附録。

目録

黄叔琳序……一
顧炎武序……三
劉孔懷序……五
張爾岐自序……七
原目……九
高廷樞識語……一一
卷一　士冠禮第一……一三
筮日……一五
戒賓……一八
筮賓……一八
宿賓宿贊冠者……一九
爲期……一九
冠日陳設……二〇
主人與賓各就内外位……二四
迎賓及贊冠者入……二五
初加……二六
再加……二七
三加……二八
賓醴冠者……二八
冠者見于母……二九
賓字冠者……三〇
冠者見兄弟贊者姑姊……三〇

冠者見君與鄉大夫先生……三三
醴賓……三三
送賓歸俎……三三
夏殷冠子之法……三三
孤子冠法……三六
庶子冠法……三六
見母權法……三七
戒賓宿賓之辭……三七
加冠祝辭……三七
醴辭……三八
醮辭……三九
字辭……三九
三服之屨……四〇
記……四二

卷二 士昏禮第二……四五

一使兼行納采問名二禮及禮
使者之儀……四五
納吉……四九
納徵……四九
請期……五〇
將親迎預陳饌……五〇
親迎……五三
婦至成禮……五五
婦見舅姑……五八
贊者醴婦……五九
婦饋舅姑……六〇
舅姑饗婦……六一
饗送者……六二
舅姑没婦廟見及饗婦饗送者

之禮……六二
記……六四
記昏禮時地辭命用物……六四
記笄女教女之事……六四
記問名對賓之節……六五
記祭醴法……六五
記納徵禮庭實之節……六五
記父母授女……六六
記婦升車法……六七
記注玄酒之節……六七
記笄飾及受笄之節……六七
記醴婦饗婦饌具儀節……六七
記婦助祭之期……六八
記庶婦禮之不同於適婦者……六八
納采之辭……六九
問名之辭……六九
醴賓之辭……六九
納吉之辭……七〇
納徵之辭……七〇
請期之辭……七一
使者反命之辭……七一
父醮子辭……七二
親迎至門告擯者辭……七二
父母送女戒命之辭……七三
姆辭壻授綏之辭……七三
記使命所自出……七四
不親迎者見婦父母之禮……七四

卷三　士相見禮第三

卷三　士相見禮第三……七七
士相見禮……七七

士見於大夫……………………八〇
大夫相見……………………八一
臣見於君……………………八二
燕見於君……………………八三
進言之法……………………八三
侍坐於君子之法……………………八五
臣侍坐賜食賜飲及退去之儀……………………八五
尊爵者來見士……………………八七
博記稱謂與執贄之容……………………八七

卷四　鄉飲酒禮第四……………………八九

謀賓戒賓……………………八九
陳設……………………九一
速賓迎賓拜至……………………九二
主人獻賓……………………九三
賓酢主人……………………九五
主人酬賓……………………九六
主人獻介……………………九七
介酢主人……………………九八
主人獻衆賓……………………九九
一人舉觶……………………一〇〇
升歌三終及獻工……………………一〇一
笙奏三終及獻笙……………………一〇三
間歌三終……………………一〇四
合樂及告樂備……………………一〇四
司正安賓……………………一〇六
司正表位……………………一〇六
賓酬主人……………………一〇七
主人酬介……………………一〇八
介酬衆賓衆賓旅酬……………………一〇八

二人舉觶……一〇九
徹俎……一一〇
坐燕……一一一
賓出……一一三
遵者入之禮……一一三
明日拜賜息司正……一一三
記……一一四
記鄉服及解不宿戒……一一四
記器具牲羞之屬……一一五
記禮樂儀節隆殺面位次序……一一六

卷五　鄉射禮第五……一二一

戒賓……一二一
陳設……一二三
速賓……一二四
迎賓拜至……一二四
主人獻賓……一二五
賓酢主人……一二七
主人酬賓……一二八
主人獻衆賓……一二八
一人舉觶……一二九
遵入獻酢之禮……一二九
合樂樂賓……一三一
獻工與笙……一三三
立司正……一三三
司射請射……一三四
弟子納射器……一三五
司射比三耦……一三五
司馬命張侯倚旌……一三五
樂正遷樂……一三六

三耦取弓矢俟射……一三六
司射誘射……一三七
三耦射……一三九
取矢委楅……一四一
司射請射比耦……一四二
三耦拾取矢……一四三
衆賓受弓矢序立……一四四
司射作射請釋獲……一四五
三耦釋獲而射……一四六
賓主人射……一四六
大夫與耦射……一四六
衆賓繼射釋獲告卒射……一四七
司馬命取矢乘矢……一四七
數獲……一四八
飲不勝者……一四九
司馬獻獲者……一五〇
司射獻釋獲者……一五二
司射又請射命耦反射位……一五三
三耦賓主人大夫衆賓皆拾取矢……一五三
司射請以樂節射……一五四
三耦賓主人大夫衆賓以樂射……一五五
樂射取矢數矢……一五五
樂射視算告獲……一五五
樂射飲不勝者……一五五
拾取矢授有司……一五六
退諸射器……一五六
旅酬……一五七
司正使二人舉觶……一五八
請坐燕因徹俎……一五九
坐燕無算爵無算樂……一六〇

賓出送賓……一六二
明日拜賜……一六二
息司正……一六二
記……一六三

卷六　燕禮第六……一七七

告戒設具……一七七
君臣各就位次……一七九
命賓……一八〇
請命執役者……一八一
納賓……一八一
主人獻賓……一八二
賓酢主人……一八三
主人獻公……一八四
主人自酢于公……一八五
主人酬賓……一八五
二人媵爵於公……一八六
公舉媵爵酬賓遂旅酬……一八八
主人獻卿或獻孤……一九〇
再請二大夫媵觶……一九一
公又行爵爲卿舉旅……一九二
主人獻大夫兼有胥薦主人之事……一九三
升歌……一九三
獻工……一九四
公三舉旅以成獻大夫之禮……一九五
奏笙……一九五
獻笙……一九五
歌笙間作遂合鄉樂而告樂備……一九六
立司正命安賓……一九八

主人辯獻士及旅食……一九九
因燕而射以樂賓……二〇〇
賓媵觶于公公爲士舉旅酬……二〇一
主人獻庶子以下于阼階……二〇二
燕末無算爵無算樂……二〇二
燕畢賓出……二〇四
國君燕異國臣戒賓及客
　應對之辭……二〇四
記……二〇五

卷七　大射儀第七……二〇九

戒百官……二〇九
前射三日戒宰視滌量道張侯……二一〇
射前一日設樂縣……二一二
射日陳燕具席位……二一四
命賓納賓……二一五
主人獻賓……二一七
賓酢主人……二一八
主人獻公……二一九
主人受公酢……二二〇
主人酬賓……二二〇
二人媵觶將爲賓舉旅酬……二二〇
公取媵觶酬賓遂旅酬……二二一
主人獻卿……二二二
二人再媵觶……二二三
公又行一觶爲卿舉旅……二二三
主人獻大夫……二二四
作樂娱賓……二二四
將射立司正安賓察儀……二二七
請射納器誓射比耦……二二八

司射誘射……二三〇
三耦射……二三一
三耦射後取矢……二三三
將射命耦……二三四
三耦拾取矢于楅……二三六
三耦再射釋獲……二三七
君與賓耦射……二三九
公卿大夫及衆耦皆射……二四一
射訖取矢……二四一
數左右獲算多少……二四二
飲不勝者……二四三
獻獲者……二四五
獻釋獲者……二四七
將以樂射射者拾取矢……二四八
以樂節射……二四九
樂射後取矢數獲……二五一
樂射後飲不勝者……二五一
樂射後拾取矢……二五一
三番射竟退諸射器……二五二
爲大夫舉旅酬……二五二
徹俎安坐……二五二
主人獻士及旅食……二五三
賓舉爵爲士旅酬……二五四
坐燕時或復射……二五五
主人獻庶子等……二五六
燕末盡歡……二五七
賓出公入……二五八

卷八　聘禮第八……二五九

命使……二五九

授幣……二六〇
將行告禰與行……二六二
受命遂行……二六三
過他邦假道……二六五
豫習威儀……二六六
至竟迎入……二六七
入竟展幣……二六八
郊勞……二六九
致館設飧……二七一
聘享……二七三
主君禮賓……二八〇
私覿……二八二
賓禮畢出公送賓……二八六
卿勞賓……二八七
歸饔餼於賓介……二八七
賓問卿面卿……二九四
介面卿……二九五
問下大夫……二九六
大夫代受幣……二九七
夫人歸禮賓介……二九七
大夫餼賓介……二九八
主國君臣饗食賓介之法……二九九
還玉報享……三〇〇
賓將行君館賓……三〇一
賓行主國贈送……三〇二
使者反命……三〇三
使還奠告……三〇六
遭所聘國君喪及夫人世子喪……三〇七
出聘後本國君喪……三〇八
賓聘有私喪……三〇九

出聘賓介死……三一〇
小聘……三一一
記……三一二
記有故卒聘致書之事……三一二
記使者受命將行之禮……三一二
記朝聘玉幣……三一三
記修辭之節因及辭對二言……三一五
記賓館……三一五
記設飧……三一六
記賓訝往復之禮……三一六
釋聘用圭璧之故……三一六
記授賓次……三一七
三記賓介聘享之容……三一七
記庭實貨幣之宜……三一九
記襲裼之節……三二〇
記公禮賓儀物……三二〇
記覿後賓私獻……三二一
記君不親受之禮……三二一
記大夫勞賓……三二二
記賓受饔而祭……三二二
記賓主行禮之節次及禽獻之等殺……三二三
記賓游觀……三二四
記士介之殺禮……三二四
記不親饗與無饗……三二五
記大夫餼賓上介之實與器……三二五
記賓請歸拜賜……三二五
記燕聘賓之禮……三二五
記特聘宜加禮……三二六
記公館賓拜四事之辭……三二六

賔謝館主人……三一七
記饗不饗之宜……三一七
記受聘大小不同……三一七
明致饔米禾之數……三一七
卷九　公食大夫禮第九……三一九
戒賔……三一九
陳具……三二〇
賔入拜至……三二一
載鼎實於俎……三二三
爲賔設正饌……三二四
賔祭正饌……三二六
爲賔設加饌……三二七
賔祭加饌……三四〇
賔食饌三飯……三四〇
公以束帛侑賔……三四一
賔卒食……三四二
禮終賔退……三四三
歸俎于賔……三四三
賔拜賜……三四四
食上大夫禮之加於下大夫者……三四四
君不親食使人往致……三四五
大夫相食之禮……三四六
大夫不親食君使人代致……三四七
記……三四七
卷十　覲禮第十……三五一
王使人郊勞……三五一
王賜侯氏舍……三五三
王戒覲期……三五三

受次于廟門外……三五四
侯氏執瑞玉行覲禮……三五五
覲已即行三享……三五八
侯氏請罪天子辭乃勞之……三五九
王賜侯氏車服……三六〇
王辭命稱謂之殊……三六二
略言王待侯氏之禮……三六二
時會殷同及王巡守爲壇
而見諸侯……三六二
記……三六七
卷十一　喪服第十一……三六九
記……四一七
卷十二　士喪禮第十二……四二七
復魂……四二七
事死之初事……四二八
使人赴君……四二九
主人以下室中哭位……四三〇
君使人弔……四三〇
君使人襚……四三〇
親者庶兄弟朋友襚……四三一
爲銘……四三三
沐浴含飯之具陳於階下者……四三三
陳襲事所用衣物于房中……四三三
沐浴飯含之具陳于序下者……四三六
沐浴……四三七
飯含……四三九
襲尸……四四〇
設重……四四二

陳小斂衣……四四四
饌小斂奠及設東方之盥……四四四
陳小斂絰帶……四四五
陳牀笫夷衾及西方之盥……四四五
陳鼎實……四四五
小斂侇尸及主人主婦袒髻免
髽襲絰之節……四四六
小斂奠……四四八
小斂後節哀之事……四四九
小斂後致襚之儀……四五〇
陳大斂衣奠及殯具……四五〇
徹小斂奠……四五二
大斂……四五三
殯……四五四
大斂奠……四五四
大斂畢送賓送兄弟及出就次
之儀……四五五
君臨視大斂之儀……四五六
成服……四五八
朝夕哭奠……四五八
朔月奠及薦新……四六〇
筮宅兆……四六二
哭椁哭器……四六三
卜葬日……四六三

卷十三　既夕第十三……四六七

請啓期……四六七
豫於祖廟陳饌……四六七
啓殯……四六八
遷柩朝祖……四六九

薦車馬設遷祖之奠……四七〇
將祖時先載柩飾柩車……四七一
陳器與葬具……四七三
還柩車設祖奠……四七五
國君賵禮……四七七
賓賵奠賻贈之禮……四七八
葬日陳大遣奠……四八〇
將葬抗重出車馬苞器以次先
行鄉壙……四八三
讀賵讀遣……四八四
柩車發行及在道君使宰贈之儀……四八五
窆柩藏器葬事畢……四八六
反哭于廟于殯宮出就次……四八八
略言葬後儀節及喪祭之目……四八九
記……四九〇
記君子正終人子侍養之事……四九〇
記始死時復魂楔綴設奠諸禮中
儀法器物……四九一
記赴君之辭……四九二
記室中哭位經所未及……四九二
經於君命弔襚直言主人不言
衆主人故記之……四九二
記襚者儀位……四九三
記沐浴含襲時職司服物……四九三
記小斂大斂二節中衣物奠設時
會處所儀法……四九五
記殯後居喪者冠服飲食居處車
馬之制……四九六
記朔月及常日埽潔奉養
之事……四九九

記筮宅卜日首末事……五〇〇
記啓殯朝祖之事……五〇〇
記二廟者啓殯先朝禰之儀……五〇〇
記二廟者自禰適祖之儀及祖廟中薦車載柩陳器奠贈諸事……五〇二
記柩在道至壙卒窆而歸之事……五〇四
記君於臣有視斂不終禮者有既斂加蓋而後至者二者之節……五〇四
記朝祖納柩車之節與饌祖奠之處……五〇四
記入壙用器弓矢之制……五〇五
卷十四　士虞禮第十四……五〇七
陳虞祭牲羞酒醴器具……五〇七
主人及賓自門外入即位……五〇九
設饌饗神是爲陰厭……五一一
延尸妥尸……五一二
饗尸尸九飯……五一三
主人獻尸并獻祝及佐食……五一五
主婦亞獻……五一六
賓長三獻……五一六
祝告利成尸出……五一六
改設陽厭……五一七
禮畢送賓……五一八
記……五一八
記沐浴陳牲及舉事之期……五一八
記牲殺體數鼎俎陳設之法……五一八
記沃尸面位……五二〇
記宗人佐食面位……五二〇
記鉶芼與豆籩之實……五二〇

記虞尸儀服與侍尸之儀爲尸之人……五二一
虞祭無尸者陰厭之儀……五二二
記三虞卒哭用日不同及祝辭之異者……五二三
記卒哭祭畢餞尸與無尸可餞者送神之禮……五二四
記卒哭祭告祔於神之辭與饗尸之辭……五二七
記祔祭之禮與告祔之辭……五二八
記小祥大祥禫祭吉祭之節與祝辭之異……五二九

卷十五　特牲饋食禮第十五……五三一

將祭筮日……五三一
筮尸……五三三
宿尸……五三三
宿賓……五三四
視濯視牲……五三四
祭日陳設及位次……五三六
陰厭……五三八
尸入九飯……五四一
主人初獻……五四五
主婦亞獻……五四六
賓三獻……五四八
獻賓與兄弟……五四九
長兄弟加爵……五五二
衆賓長加爵……五五二
嗣舉奠獻尸……五五三
旅酬……五五三

佐食獻尸……五五六
尸出歸尸俎徹庶羞……五五六
嗣子長兄弟養……五五七
改饌陽厭……五五九
禮畢送賓……五六〇
記……五六〇
記祭時衣冠……五六〇
記器具品物陳設之法……五六一
記事尸之禮……五六三
記佐食所事因及宗人佐食
齒列……五六三
記設内尊與内兄弟面位旅酬贊
薦諸儀……五六三
記祭竈之節……五六四
記賓送尸反位之節……五六五
記諸俎牲體之名數……五六五
記羣吏面位獻法……五六六

卷十六　少牢饋食禮第十六……五六九
筮祭日……五六九
筮尸宿尸宿諸官……五七二
爲祭期……五七三
祭日視殺視濯……五七四
羹定實鼎饌器……五七五
將祭即位設几加勺載俎……五七七
陰厭……五七九
迎尸入妥尸……五八一
尸十一飯……五八三
主人獻尸……五八六
尸酢主人命祝致嘏……五八六

主人獻祝……五八八
主人獻兩佐食……五八九
主婦獻尸……五八九
尸酢主婦……五九〇
主婦獻祝……五九〇
主婦獻兩佐食……五九一
賓長獻尸……五九一
尸醋賓長……五九一
賓長獻祝……五九二
祭畢尸出廟……五九二
餕……五九三

卷十七　有司徹第十七

卷十七　有司徹第十七……五九七
將儐尸整設……五九七
選侑以輔尸……五九八
迎尸及侑……五九九
陳鼎階下設俎俟載……五九九
主人獻尸……六〇〇
主人獻侑……六〇七
主人受尸酢……六〇八
主婦獻尸……六一〇
主婦獻侑……六一一
主婦致爵于主人……六一一
主婦受尸酢……六一三
上賓三獻尸……六一三
主人酬尸……六一四
羞于尸侑主人主婦……六一四
主人獻長賓……六一四
辯獻衆賓……六一六
主人自酢于長賓……六一六

主人酬賓……六一六
主人獻兄弟……六一七
主人獻内賓……六一八
主人獻私人……六一八
上賓三獻禮成……六一九
二人舉觶爲旅酬……六二〇
兄弟後生舉觶……六二一
賓長加獻于尸……六二二
次賓舉爵于尸更爲旅酬……六二二
二觶交錯爲無算爵……六二三
儐尸禮畢……六二三
不賓尸者尸八飯後事……六二三
不賓尸者尸十一飯時事……六二四
不賓尸者主人初獻……六二五
不賓尸主婦亞獻……六二六
不賓尸者賓長三獻……六二七
不賓尸者三獻後主人徧獻堂下
并内賓之事……六三〇
不賓尸者次賓長爲加爵……六三〇
不賓尸無算爵……六三一
不賓尸佐食爲加爵……六三一
不賓尸者禮終尸出……六三一
餕……六三三
不賓尸者爲陽厭……六三三
儀禮監本正誤……六三五
儀禮石本誤字……六四九
捐刻姓氏……六五七
馮秉仁跋……六五九

附録

鈔本儀禮鄭註句讀李斯孚序……六六一
刻本儀禮鄭註句讀李斯孚序……六六三
胡德琳跋……六六四
陳沂震題記……六六五
摛藻堂四庫全書薈要提要……六六五
文淵閣四庫全書提要……六六七

儀禮鄭註句讀

國於天地，必有與立，禮是也。自秩宗有命，載在虞書，夏造殷因，以周爲盛。煌煌乎，周公之制作，萬世莫之能易也！韓宣子聘魯，觀書於太史氏，歎周禮在魯，知周之德，周之所以王。蓋是時，列國已自爲風氣，舉典而忘其祖，固不獨一籍談矣。孔子夢想周公，問郯問聃，卒隆删定之業。至戰國而典籍彌缺，再經秦燄，漢儒搜索於煨燼之餘，僅有存者，則今之三禮是已。周禮爲周公致治之書，而漢之劉氏、宋之王氏以誤用貽譏。禮記本二戴之遺，雜以公孫尼子、吕覽之文，難以盡信。惟儀禮爲高堂生所傳，與淹中古經合，儀禮即周儀也。有周禮以爲綱領，即有儀禮以詳其度數，而禮記郊特牲、冠義等篇，特其義疏焉耳。漢惟鄭註最顯，唐賈公彦兼採黄慶、李孟悊之説而爲之疏，然賈疏冗漫，往往略本文而敷别義，又傳世久遠，錯簡訛字，觸目生疑，學者苦其難讀。近代以經義取士，儀禮亦未列學官，於是幾成絶學。濟陽張處士稷若，積學好古，不求聞達，取儀禮石經、監本互讎之，刊誤辨疑，章分節解，全録鄭註，精擇賈疏，而附以己意，勒成一書，題曰儀禮鄭註句讀。余昔承乏東省，獲見是書，亟加校釘，期繡諸梓。既以還朝不果，與彼都賢士大夫別，猶以是書未刻爲憾。癸亥夏，教諭高君走書都下，則以是書刻成，乞序於余，且曰「此公夙志也」。余撫書而歎，竊惟制作之體，三代不相襲，而日用常行之準，必納民於軌物，而後能淑其性情。合萬物之性情，成一道同風之治，此非學古有獲不能也。今天子方纂修三禮，又開舘局校理經史，籤帙一新。是書前已進在上方，今復彫本行世，文治光昌，遺經畢顯，固運會使然乎？處士於是書，删煩就簡，劈理分肌，殫皓首窮經之業。乃觀其自序之意，不惟不欲以一家言增名山之藏，并不欲以賈、鄭功臣自居，而惟欲明於詁訓而不苦於難讀。今而後，開數千百年塵封之籍，家絃而户誦之，詳其節目而觀其會通，恍然見成周致治之隆，而即爲黼黻太平之助，庶幾無負處士嘉惠後學之苦心，與高君剞劂流傳之盛舉也夫！旹乾隆癸亥十月既望，北平黄叔琳序。

儀禮鄭註句讀序

記曰："優優大哉！禮儀三百，威儀三千。"禮者，本於人心之節文，以爲自治治人之具。是以孔子之聖，猶問禮於老聃。而其與弟子答問之言，雖節目之微，無不備悉，語其子伯魚曰："不學禮，無以立。"鄉黨一篇，皆動容周旋中禮之效。然則周公之所以爲治，孔子之所以爲教，舍禮其何以焉？劉康公有言："民受天地之中以生，所謂命也。是以有動作禮義威儀之則，以定命也。"三代之禮，其存於後世而無疵者，獨有儀禮一經。漢鄭康成爲之註，魏、晉已下至唐、宋，通經之士無不講求於此。自熙寧中，王安石變亂舊制，始罷儀禮，不立學官，而此經遂廢，此新法之爲經害者一也。南渡已後，二陸起於金谿，其說以德性爲宗，學者便其簡易，羣然趨之，而於制度文爲一切鄙爲末事，賴有朱子正言力辯，欲脩三禮之書，而卒不能勝夫空虛妙悟之學，此新說之爲經害者二也。沿至於今，有坐皋比，稱講師，門徒數百，自擬濂、雒，而終身未讀此經一徧者。若天下之書，皆出於國子監所頒，以爲定本，而此經誤文最多，或至脱一簡一句，非唐石經之尚存於關中，則後儒無繇以得之矣。濟陽張處士稷若，篤志好學，不應科名，録儀禮鄭氏註，而采賈氏、吴氏之説，略以己意斷之，名曰儀禮鄭註句讀。又參定監本脱誤凡二百餘字，并考石經脱誤凡五十餘字，作正誤二篇，附於其後，藏諸家塾。時方多故，無能板行之者。後之君子，因句讀以辨其文，因文以識其義，因其義以通制作之原，則夫子所謂「以承天之道而治人之情」者，可以追三代之英，而禮亡之歎不發於伊川矣！如稷若者，其不爲後世太平之先倡乎？若乃據石經，刊監本，復立之學官，以習士子，而姑勸之以禄利，使毋失其傳，此又有天下者之責也。東吴顧炎武書。

儀禮鄭註句讀序

余讀西漢書至河間獻王傳，於「實事求是」一言，深服膺焉。蓋自惟材質庸鈍，不能博涉羣書，故凡所校閱，必欲得確不可易者一究心。十三經内，獨於儀禮未嘗展卷，竊憾之。癸丑夏，於樂安李象先縢囊中見濟陽張稷若先生蒿菴集内有儀禮鄭註節釋序，急欲得觀，緣不識先生，無由也。因訪之歷下，乃識其人，未見其書，怏怏而返。今夏，余門人于湜至濟上，得識先生，先生始以手録儀禮付之，易其名曰儀禮鄭註句讀，蓋以章句之儒自居謙也，且以書屬余參訂。余偕同人李君蓼園僭評數處，即標書上，又命湜音字發聲，凡三月乃卒業。大約其書於鄭註則録其全，於賈疏則間有去取，而時於段後附以己説，所見皆確不可易，且多前人所未發，誠昌黎所謂「味於衆人之所不味」者。朱子曰：「遭秦滅學，漢、晉諸儒悉力補緝，竟無全書，其頗存者，三禮而已。周禮固爲禮綱領，至其儀法度數，則儀禮乃其本經，而禮記郊特牲、冠、昏、祭、鄉、射等篇，乃其義疏耳。」觀此，則脩學好古以求是者，舍是奚從哉！吾鄉惟堂邑張蓬玄先生鳳翔有禮經一刻，今其書盛行。此書出，自與之竝傳不朽，而實事求是處則且駕而上之矣。康熙甲寅陽月中浣，長山同學弟劉孔懷謹題。

儀禮鄭註句讀序

在昔周公制禮，用致太平，據當時施於朝廷、鄉國者，勒爲典籍，與天下共守之。其大體爲周官，其詳節備文則爲儀禮。周德既衰，列國異政，典籍散亡，獨魯號秉禮，遺文尚在。孔子以大聖生乎其地，得其書而學焉，與門弟子脩其儀，定其文，無所失墜。子思曰：「仲尼祖述堯舜，憲章文武。」孔子亦自謂曰：「吾學周禮，今用之，吾從周。」「文王既没，文不在兹乎？」竝謂此也。秦氏任刑廢禮，此書遂熄。漢初，高堂生傳儀禮十七篇。武帝時，有李氏得周官五篇，河間獻王以考工補冬官，共成六篇奏之。後復得古經五十六篇於魯淹中，其中十七篇與高堂生所傳同，餘三十九篇無師説，後遂逸。漢志所載傳禮者十三家，其所發明，皆周官及此十七篇之旨也。十三家獨小戴大顯，近代列於經以取士，而二禮反日微。蓋先儒於周官疑信各半，而儀禮則苦其難讀故也。夫疑周官者，尚以新莽、荆國爲口實，儀禮則周公之所定，孔子之所述，當時聖君、賢相、士君子之所遵行，可斷然不疑者，而以難讀廢，可乎？愚三十許時，以其周、孔手澤，慕而欲讀之。讀莫能通，旁無師友可以質問，偶於衆中言及，或阻且笑之。聞有朱子經傳通解，無從得其傳本，坊刻考註、解詁之類，皆無所是正，且多謬誤，所守者唯鄭註、賈疏而已。註文古質，而疏説又漫衍，皆不易了，讀不數繙，輒罷去。至庚戌歲，愚年五十九矣，勉讀六閲月，乃克卒業焉。於是取經與註章分之，定其句讀。疏則節録其要，取足明註而止。或偶有一得，亦附於末，以便省覽。且欲公之同志，俾世之讀是書者或少省心目之力，不至如愚之屢讀屢止，久而始通也。因自嘆曰：方愚之初讀之也，遥望光氣，以爲非周孔莫能爲已耳，莫測其所言者何等也。及其矻矻乎讀之，讀已又默存而心歷之，而後其俯仰揖遜之容如可睹也，忠厚藹惻之情如將遇也。周文郁郁，其斯爲郁郁矣！君子彬彬，其斯爲彬彬矣！雖不可施之行事，時一神往焉，彷彿戴弁垂紳，從事乎其間，忘其身之喬野鄙僿，無所肖似也。使當時遇難而止，止而竟止，不幾於望辟雝之威儀而卻步不前者乎？噫，愚則幸矣！願世之讀是書者，勿徒憚其難也。

濟陽張爾岐撰

儀禮鄭註句讀

士冠禮第一
士昏禮第二
士相見禮第三
鄉飲酒禮第四
鄉射禮第五
燕禮第六
大射儀第七
聘禮第八
公食大夫禮第九
覲禮第十
喪服第十一
士喪禮第十二

既夕第十三
士虞禮第十四
特牲饋食第十五
少牢饋食第十六
有司徹第十七
儀禮監本正誤
儀禮唐石經正誤並附

濟陽張爾岐稷若句讀
崑山顧炎武寧人訂正
長山劉孔懷友生
李斯孚蓼園 參訂
于 湜正夫音字
濟陽後學高之玥又振
高之璿蘊中 校字

是書經註句讀以及字畫圈點，悉遵蒿菴先生手定原本，間有一二字「夏五」、「盟密」之疑，亦不敢妄爲參訂，姑存之，以俟名公質焉。予幼遵父訓，手録是書，時家君每曰：「蒿菴三十餘年精神命脉，畢萃於此。惜力緜不能代梓，爲一生憾事。命爾輩手録者，固欲爾粗知大義，亦藉之以衍其傳，不致湮没焉耳。」予每佩斯訓，有志未逮。癸亥二月適會城，遇高苑學博單君雲谷、蓬萊學博王君任木，談及儀禮句讀。二君素知此書，深玉之授梓，且代製徵刻文啓，辭頗典麗。歸里，謀諸同人，僉曰：「素志也。」遂公議捐資，付之剞劂。羣諉予董其事，乃偕同人，取艾大司寇家所藏蒿菴先生手定原本，與朱子經傳通解、鄭註、賈疏及曩日手抄舊本，參互考証，以定格式。其時三十餘工，齊集鄙舍，所需瑣碎繁雜之用，日不暇給。而詳細對閲，胥借力于男之玥、侄之璿，蓋若輩亦曾手録過也。既敷于板，又命侄之玫、之璐對勘，而後交工。每刻一頁，刷印數紙，玥、璿兩人對面唱答，一點一畫不許輕易放過。如是者又三繙，乃敢云成。其難其愼，惟恐失先生苦心。是年炎熱甚於往歲，六月初旬，午夜篝燈，繙閲校對，蚊蠅趨附，汗流浹背，復值旱魃肆虐，物力維艱，幸賴同人不惜資助，共勷厥事，克竣其工，集腋爲裘，不致虧於一簣也。庶足以酬良友之素志，亦可以仰副嚴君之夙願矣。書成，録其原委附焉。讀者鑒諸。乾隆八年桂月，濟陽後學高廷樞景垣謹識。

儀禮

鄭氏註　濟陽張爾岐句讀

士冠禮第一

鄭目録云：「童子任職居士位，年二十而冠。主人玄冠、朝服，則是仕於諸侯。天子之士，朝服、皮弁、素積。古者四民世事，士之子，恒爲士。冠禮於五禮屬嘉禮。大小戴及別録，此皆第一。」○賈公彦序云：「周禮、儀禮，竝是周公攝政太平之書。」疏云：「周禮是統心，儀禮是踐履〔一〕，外内相因，首尾是一。」又云：「儀禮亦名曲禮。言『儀』者，見行事有威儀。言『曲』者，見行事有曲折〔二〕。」士冠禮，是童子任職爲士，年及二十，其父兄爲加冠之禮。鄭引齊語，以證冠者與其父兄之皆士也。其云「仕於諸侯」，明非天子之士。實則天子之士，亦同此禮，惟主人冠服有異。疏又云：「天子、諸侯，同十二而冠〔三〕。自有天子、諸侯冠禮，但儀禮之内亡耳。士既三加，爲大夫早冠者，亦依士禮三加。若天子、諸侯則多，故大戴禮公冠篇云：『公冠四加。』緇布、皮弁、爵弁後，加玄冕。天子亦四加，後當加衮冕矣。天子之子，亦用士禮而冠。案家語

〔一〕「踐履」，北監本疏文、賈公彦儀禮疏皆作「履踐」。

〔二〕「曲折」，北監本疏文、賈公彦儀禮疏皆作「屈曲」。

〔三〕「十二」，文淵閣本作「二十」。

冠頌云〔一〕：『王大子之冠擬冠。』〔二〕則天子元子，亦擬諸侯四加。若諸侯之子，不得四加，與士同三加可知。」陳氏祥道云：「玉藻曰：『玄冠朱組纓，天子之冠也。緇布冠繢緌，諸侯之冠也。』鄭氏曰：『皆始冠之冠。』〔三〕考之於禮，始冠緇布冠，自諸侯下達，所以異於大夫、士者，繢緌耳。天子始冠則不以緇布，而以玄冠。」「若然，則諸侯始加緇布冠繢緌，次加皮弁，三加爵弁，四加玄冕。天子則始加玄冠朱組纓，次加皮弁，三加爵弁，四加玄冕，五加衮冕矣。」疏又云：「『冠禮於五禮屬嘉禮』者，據周禮大宗伯所掌五禮吉、凶、軍、賓、嘉而言〔四〕。宗伯『以嘉禮親萬民』下云『以昏冠之禮〔五〕，親成男女』，是冠禮屬嘉禮也。鄭又云『大小戴及別録此皆第一』者，戴德、戴聖所録，與劉向所爲別録，皆有此十七篇目。惟別録所載，尊卑吉凶，次第倫敘，故鄭用之，於二戴則皆不從也。」○愚案篇目下語，與經註同出康成，必別之曰「鄭目録云」者，以其自爲一篇，疏者始分於各篇之首，故殊異於註也。又案註疏，於篇目下繫「儀禮鄭氏註」五字。疏云：「儀禮者，一部之大名。士冠者，當篇之小號。退大

〔一〕「案」，薈要本作「按」。案：下文諸本「案」、「按」錯出，不俱校。

〔二〕「大」，北監本疏文、賈公彦儀禮疏皆作「太」。案：「太」、「大」古今字，下不俱校。

〔三〕「始冠之冠」，陳祥道禮書無下「冠」字。

〔四〕「軍賓」，北監本疏文、賈公彦儀禮疏皆作「賓軍」。

〔五〕「昏冠」，原作「冠昏」，據薈要本改，北監本疏文、賈公彦儀禮疏、周禮大宗伯皆作「昏冠」。薈要案語：「以昏冠之禮。刊本『昏冠』訛『冠昏』，據周禮大宗伯職改。」四庫考證説同。

名在下者，取配註之意也。」蓋鄭本以目録別爲一篇，註文正從「士冠禮筮于廟門」起，故每篇以「儀禮鄭氏註」冠之，謂之「配註」，誠是也。疏既散目録於每篇之首，乃以「儀禮」之名，屈居其下，雖曰存舊，實未當理，故寧從近本。又唐石經有經無註，亦書「儀禮鄭氏註」五字於篇目下，皆前人之偶失也。

士冠禮。筮于廟門。 筮者，以蓍問日吉凶於易也。冠必筮日於廟門者，重以成人之禮成子孫也。廟，謂禰廟。不於堂者，嫌蓍之靈由廟神。○將冠，先筮日，次戒賓，至前期三日又筮賓、宿賓，前期一日，又爲期告賓。冠期前事，凡五節。○冠，古亂反。筮，市例反。禰，乃禮反。**主人玄冠、朝服、緇帶、素韠，即位于門東，西面。** 主人，將冠者之父兄也。玄冠，委貌也。朝服者，十五升布衣而素裳也。衣不言色者，衣與冠同也。筮必朝服，尊蓍龜之道也。緇帶，黑繒帶也。士帶博二寸，再繚四寸，屈垂三尺。素韠，白韋韠也，長三尺，上廣一尺，下廣二尺，其頸五寸，肩革帶博二寸〔一〕。天子與其臣，玄冕以視朔，皮弁以日視朝。諸侯與其臣，皮弁以視朔，朝服以日視朝。凡染黑，五入爲緅，七入爲緇，玄則六入與〔二〕？○主人欲筮日，先服此服，即位禰廟門外以待事。正行冠禮，服玄端、爵韠，此服朝服，故云「尊蓍龜」。朝服以朝，玄端以夕，是朝服尊於玄端也。玄端與朝服，衣同而裳異。「士帶博二寸」三句，玉藻文。再繚四寸，再繞之乃四寸也。○朝，直遥反。緇，側其反。韠，音畢，蔽膝也。

〔一〕「二」，原作「三」，據薈要本改。四庫考證：「肩革帶博二寸。刊本『二』訛『三』，據禮記改。」
〔二〕「與」，陳本作「歟」之俗體「欤」。案：句末表疑問之「與」，陳本皆作「欤」，下不俱校。

繒，自陵反。繚，音了。長，直亮反。廣，古曠反〔一〕。弁，皮彥反。緅，側留反。**有司如主人服，即位于西方，東面，北上。**有司，羣吏有事者，謂主人之吏，所自辟除，府、史以下也。今時卒吏及假吏，皆是也。○羣吏與屬吏不同〔二〕。屬吏，君命之士。羣吏，則府、史、胥、徒也。○辟，必亦反。卒，子忽反。假，古雅反。**筮與席、所卦者，具饌于西塾。**筮所以問吉凶，謂蓍也。所卦者，所以畫地記爻。易曰：「六畫而成卦。」饌，陳也。具，俱也。西塾，門外西堂也。○廟門東西有四塾，内外各二。筮不正當門中，而在闑西西面。故將筮，而蓍與席與畫地記爻之木，俱陳于門外西堂也。○饌，直轉反。塾，音孰。爻，户交反。**布席于門中，闑西、閾外，西面。**闑，門橛也。閾，閫也。古文「闑」爲「槷」，「閾」爲「蹙」。○布席，將坐以筮也，前具之西塾，至此乃布之。云「門中」者，以大分言之。闑西閾外，則布席處也。註云「今文」、「古文」者，今文高堂生所傳，古文魯恭王壞孔子宅所得也。鄭以今古字並較，擇義勝者著于經，其所不從者，疊見於註，或言「古文某爲某」，或言「今文某爲某」。○闑，魚列反。閾，音域。橛，其月反。槷，魚列反。蹙，子六反。**筮人執筴，抽上韇，兼執之，進受命於主人。**筮人，有司主三易者也。韇，藏筴之器也。今時藏弓矢者，謂之韇丸也。兼，并也。進，前也。自西方而前受命者，當知所筮也。○筴，即蓍。兼執之者，兼上韇與下韇而并執之。此時蓍尚在下韇，待筮

〔一〕「曠」，原作「曠」，據陳本、薈要本、文淵閣本改。
〔二〕「羣」上陳本無○。

時，乃取出以筮。三易，連山、歸藏、周易也。筮得一卦，而三人各據一易以占也。○筮，初革反。韇，音獨。**宰自右少退，贊命。**宰，有司主政教者也。自，由也。贊，佐也。命，告也。佐主人告所以筮也。少儀曰：「贊幣自左，詔辭自右。」**筮人許諾，右還，即席坐，西面，卦者在左。**即，就也。東面受命，右還北行就席。卦者，有司主畫地識爻者也。○士蓍三尺，故坐筮。大夫蓍五尺，則立筮矣。卦者在左，亦西向。○還，音旋。**卒筮，書卦，執以示主人。**卒，已也。書卦者，筮人以方寫所得之卦也。○先畫地識爻，至六爻畢，卦體成，筮人更以方寫之，以示主人。方，版也。**主人受眂，反之。**反，還也。○主人既知卦體，還之筮人，令占吉凶。**筮人還，東面，旅占，卒，進告吉。**旅，衆也。還與其屬共占之。古文「旅」作「臚」。**若不吉，則筮遠日，如初儀。**遠日，旬之外。○疏曰：「曲禮：『吉事先近日。』此冠禮是吉事，故先筮近日。不吉，乃更筮遠日。是上旬不吉，乃更筮中旬，又不吉，乃更筮下旬。云『如初儀』者，自『筮於廟門』已下至『告吉』是也。」愚案少牢云：「若不吉，則及遠日，又筮日，如初。」此大夫諏日而筮，上旬不吉，必待上旬，乃更筮之。其云「如初」，乃自「筮于廟門」已下至「告吉」也。此士冠禮，若筮上旬不吉，即筮中旬，不更待他日。其云「如初儀」，止從「進受命于主人」以下〔一〕，至「告吉」而已，不自「筮于廟門」也。**徹筮、席。**徹，去也，斂也。**宗人告事畢。**宗

〔一〕「以」，陳本作「已」。

人，有司主禮者也。

右筮日。

主人戒賓，賓禮辭，許。戒，警也，告也。賓，主人之僚友。古者〔一〕，有吉事，則樂與賢者歡成之；有凶事，則欲與賢者哀戚之。今將冠子，故就告僚友使來。禮辭，一辭而許也。再辭而許，曰固辭。三辭曰終辭，不許也。○主人筮日訖，三日之前，廣戒僚友，使來觀禮。戒賓者，主人親至賓大門外，賓西面，主人東面，戒之。其戒辭、對辭，並見後。**主人再拜，賓答拜。主人退，賓拜送。**退，去也，歸也。

右戒賓。

前期三日，筮賓，如求日之儀。前期三日，空二日也。筮賓，筮其可使冠子者，賢者恒吉。冠義曰：「古者冠禮，筮日、筮賓，所以敬冠事。敬冠事，所以重禮。重禮，所以爲國本。」○前者戒賓，汎及僚友，此又於僚友中專筮一人，使爲加冠之賓也〔二〕。疏云：「命筮之辭蓋云：『主人某，爲適子某加冠，筮某爲賓，庶幾從之。』若庶子，則云『庶子某』。」愚意「主人」二字，似未安〔三〕，亦言其銜位可耳。

〔一〕「者」，陳本作「人」。
〔二〕「爲」上陳本無「使」字。
〔三〕「安」，陳本作「妥」。

右筮賓。

乃宿賓。賓如主人服，出門左，西面再拜，主人東面答拜。宿，進也。宿者必先戒，戒不必宿。其不宿者爲衆賓，或悉來，或否。主人朝服。○既筮得吉，遂進之，使至冠日必來。擯者傳辭入告賓〔一〕，賓如主人服，出與相見。**乃宿賓，賓許。主人再拜，賓答拜。主人退，賓拜送。**乃宿賓者，親相見，致其辭。○重言「乃宿賓」者，上文言主人往行此禮，此乃親致宿之之辭也。辭並見後。**宿贊冠者一人，亦如之。**贊冠者，佐賓爲冠事者，謂賓若他官之屬，中士若下士也。宿之以筮賓之明日。○佐賓爲冠事，即下文坐櫛、設纚、卒紘諸事。助賓成禮，故取其屬降於賓一等者爲之。

右宿賓、宿贊冠者。

厥明夕，爲期于廟門之外〔二〕。主人立于門東，兄弟在其南，少退，西面，北上。有司皆如宿服，立于西方，東面，北上。厥，其也。宿服，朝服。○宿賓之明夕，冠前一日之夕也。爲期，猶言約期也。**擯者請期。宰告曰：「質明行事。」**擯者，有司佐禮者。在主人曰擯，在客曰介。質，正也。宰告曰：旦日正明行冠事。○擯，必刃反。**告兄弟及有司。**擯者告也。**告事畢。**

〔一〕「傳」，陳本作「陳」。
〔二〕「廟」，唐石經作「庿」。案：下文諸本「廟」、「庿」錯出，不俱校。

宗人告也。**擯者告期于賓之家。**○前所戒賓〔一〕，皆告也。

右爲期。

夙興，設洗，直于東榮，南北以堂深，水在洗東。夙，早也。興，起也。洗，承盥洗者棄水器也，士用鐵。榮，屋翼也。周制，自卿大夫以下，其室爲夏屋。水器，尊卑皆用金罍，及大小異。○至期，先陳設冠服器物，主賓各就内外之位，主人迎賓及贊冠者入，乃行三加之禮，加冠畢，賓醴冠者，冠者見于母，賓字冠者，凡九節而冠禮成，賓出矣。盥手、洗爵，皆一人挹水沃之〔二〕，下有器承此漉水〔三〕，其器曰洗。堂下設洗，其東西當屋東翼，其南北則以堂爲淺深〔四〕。以罍貯水，在洗之東。夏屋兩下爲之，故有東西翼。天子、諸侯則四阿。釋文曰：「凡度淺深曰深。」○深，申鴆反。**陳服于房中西墉下，東領，北上。**墉，墻。○所陳之服，即下文爵弁服、皮弁服、玄端，三服也。房在堂上之東。北上者，爵弁服在北，皮弁服次南，玄端最南也〔五〕。冠時先用卑服，北上便也。**爵弁服，纁裳，純衣，緇**

〔一〕「前」上陳本無○。
〔二〕「挹」，文淵閣本作「浥」。
〔三〕「漉」字旁，原本有小注「六」字。
〔四〕「南」上陳本無「其」字。
〔五〕「端」下陳本有「服」字。

帶，韎韐。此與君祭之服。雜記曰：「士弁而祭於公。」爵弁者，冕之次，其色赤而微黑，如爵頭然，或謂之緅，其布三十升。纁裳，淺絳裳。凡染絳，一入謂之縓，再入謂之赬，三入謂之纁，朱則四入與？純衣，絲衣也。餘衣皆用布，唯冕與爵弁服用絲耳。先裳後衣者，欲令下近緇，明衣與帶同色。韎韐，緼韍也。士緼韍而幽衡，合韋爲之。士染以茅蒐，因以名焉。今齊人名蒨爲韎韐。韍之制似韠。冠弁者，不與衣陳，而言於上，以冠名服耳。今文「纁」皆作「熏」。○此士助祭於公之服，服之尊者。云「爵弁者，冕之次」者，謂諸冕之下，即次數爵弁，亦言其尊也。疏云：「凡冕，以木爲體，長尺六寸，廣八寸，績麻三十升布，上以玄，下以纁，前後有旒。其爵弁制大同，唯無旒，又爲爵色，爲異。又名冕者，俛也，低前一寸二分，故得冕稱。其爵弁則前後平，故不得冕名。其尊卑次於冕，故云『冕之次』也。」又云：「陳服則於房，緇布冠、皮、爵弁在堂下[一]，是冠弁不與服同陳。今以弁在服上並言之者，以冠弁表明其服耳，不謂同陳之也。」愚按此服，第三加所服也。○纁，許云反。韎，音妹[二]。韐，音閤。縓，七絹反。赬，丑貞反。緼，音温。韍，音弗。蒨，七見反[三]。**皮弁服，素積，緇帶，素韠。**此與君視朔

〔一〕「皮爵弁」，賈公彦儀禮疏作「及皮弁」。

〔二〕「音」，原作「爲」，據陳本、薈要本、文淵閣本、金陵書局本改。薈要案語：「韎音妹。刊本『音』訛『爲』，今改。」四庫考證説同。

〔三〕「七見反」下陳本重「韍音弗蒨七見反」七字。

之服也。皮弁者，以白鹿皮爲冠，象上古也。積，猶辟也。以素爲裳，辟蹙其要中。皮弁之衣，用布亦十五升，其色象焉。○此視朔時君臣同服之服，卑於爵弁，陳之在爵弁南，第二加所服。言裳不言衣者，用白布衣，與冠同色，故不言衣也。○要，一遥反。**玄端，玄裳、黄裳、雜裳可也，緇帶，爵韠。**此莫夕於朝之服。玄端，即朝服之衣，易其裳耳。上士玄裳，中士黄裳，下士雜裳。雜裳者，前玄後黄。易曰：「夫玄黄者，天地之雜也，天玄而地黄。」士皆爵韋爲韠，其爵同。不以玄冠名服者，是爲緇布冠陳之。玉藻曰：「韠，君朱，大夫素，士爵韋。」○此士向暮之時，夕君之服，服之下，陳皮弁服南，初加緇布冠所服也。玄端與朝服，同用緇色十五升布，正幅爲之。但朝服素韠，韠、裳同色，此用三等裳、爵韠，故異其名也。又此服，平時皆著玄冠服之，當以玄冠名其服。今不言者，以加冠時以配緇布冠故也。**緇布冠缺項、青組纓屬于缺，緇纚廣終幅、長六尺，皮弁笄，爵弁笄，緇組紘、纁邊，同篋；**缺，讀如「有頍者弁」之「頍」。緇布冠無笄者，著頍，圍髮際，結項中，隅爲四綴，以固冠也。項中有緬，亦由固頍爲之耳。今未冠笄者著卷幘，頍象之所生也。滕、薛名蔮爲頍。屬，猶著。纚，今之幘梁也。終，充也。纚一幅，長六尺，足以韜髮而結之矣。笄，今之簪。有笄者，屈組爲紘，垂爲飾。無笄者，纓而結其條。纁邊，組側赤也。同篋，謂此以上凡六物〔一〕。隋方

〔一〕「此」下陳本無「以」字。

曰簁。○此所陳者，飾冠之物，非謂冠也。缺項、青組纓屬于缺，共一物，緇纚一物，並緇布冠所用。皮弁笄一物。爵弁笄一物。緇組紘〔一〕，皮弁、爵弁各有一，共二物。凡六物，同簁貯之。待冠時，隨各冠致用也。註謂「缺，讀如『有頍者弁』之『頍』」，案詩自以頍爲弁之貌，非弁上之物也。陳氏祥道云：「鄭説缺項之制，蓋有所傳。讀缺爲頍〔二〕，無所經見。」今註及疏所言缺項之制，蓋謂緇布冠制小，纔足容髮，又無笄，故別爲缺項，圍繞髮際，上有綴以連冠，下有纓以結頤下。緇纚，韜髮之帛。加冠時，先以纚韜髮，結之，乃加冠也。其緇組紘，則爲二弁有笄者而設。加弁，以笄横貫之，以一條組，於笄左頭繫定，遶頤下，自右向上，仰屬於笄，屈繫之，有餘，因垂爲飾，故註云「有笄者，屈組爲紘」也。○缺，依註音頍，去蘂反。屬，章玉反。纚，山綺反。𦁤，紀屈反。卷，去圓反。蔮，古内反。簪，側金反。隋，他果反。**櫛實于簞**；簞，笥也。○櫛，理髮具也。○櫛，莊乙反。**蒲筵二，在南**。筵，席也。○一爲冠子，一爲醴子也。在南，在三服之南，通指缺項、纚、笄、組、櫛等，不專言蒲筵。疏云：「對下文『側尊一甒醴，在服北』也。」**側尊一甒醴，在服北，有篚實勺、觶、角柶，脯、醢，南上**。側，猶特也。無偶曰側〔三〕。置酒曰尊。側者，無玄酒。服北者，纁裳北也。篚，竹器如笭者。勺，尊

〔一〕「紘」上陳本有「皮」字。
〔二〕「缺」下陳祥道禮書有「項」字。
〔三〕「側」，陳本作「特」。

升，所以斞酒也。爵三升曰觶。柶狀如匕，以角爲之者，欲滑也。南上者，篚次尊，籩、豆次篚。古文「甒」作「廡」。○側尊，單設也。「尊」字作虛字用。○甒，音武。勺，上若反。觶，之豉反。柶，音四。醢，音海。笭，力呈反。斞，九于反。廡，音武。**爵弁、皮弁、緇布冠，各一匴，執以待于西坫南，南面，東上，賓升則東面。**爵弁者，制如冕，黑色，但無繅耳。周禮：「王之皮弁，會五采玉璂，象邸，玉笄。諸侯及孤卿大夫之冕、皮弁，各以其等爲之。」則士之皮弁，又無玉象邸飾。緇布冠，今小吏冠，其遺象也。匴，竹器名，今之冠箱也。執之者，有司也。坫在堂角。古文「匴」爲「篹」，「坫」爲「襜」。○有司三人，各執一冠，豫在西階西，以待冠事。賓未入，南面序立。賓升堂，則東面向賓也。○匴，素管反。繅，音早。璂，音其。篹，素管反。襜，以占反。

右冠日陳設。

主人玄端、爵韠，立于阼階下，直東序，西面。玄端，士入廟之服也。阼，猶酢也，東階所以答酢賓客也。堂東西墻謂之序。○案特牲祭服用玄端。玄端是士自祭其先之服，與上所陳爲子加緇布冠之玄端，一服也，但玄冠耳。主人服此服，立阼階下，以待賓至。其立處，與堂上東墻相直。○阼，才故反。酢，才各反。**兄弟畢袗玄，立于洗東，西面，北上。**兄弟，主人親戚也。畢，猶盡也。袗，同也。玄者，玄衣玄裳也，緇帶、韠。位在洗東，退於主人。不爵韠者，降於主人也。古文「袗」爲「均」也。○袗訓同，同玄，衣、裳、帶、韠皆玄也。**擯者玄端，負東塾。**東塾，門内東堂，負之北面。○擯者立此，以待傳命。疏謂「別言『玄端』，不言『如主人服』，則與主人不同可知」，當衣冠同而裳異也。下文贊者别言「玄端」，亦然。**將冠者采衣，紒，在房中，南面。**采衣，未冠者所服。玉藻曰：「童子之節也〔一〕，緇布衣，錦緣，錦紳，并紐，錦束髮，皆朱錦也。」紒，結髮。古文「紒」爲「結」。○紒，音介，字彙曰同結。緣，以絹反。紐，女九反。**賓如主人服，贊者玄端從之，立于外門之外。**外門，大門外。

右主人與賓各就内外位。

擯者告。告者，出請入告。**主人迎，出門左，西面再拜，賓答拜。**左，東也。出以東爲左，入以東爲右。**主人揖贊者。與賓揖，先入。**贊者賤，揖之而已。又與賓揖，先入道之。贊者隨賓。**每曲揖。**周左宗廟。入外門，將東曲，揖。直廟，將北曲，又揖。○疏云：「『周左宗廟』者，祭義與小宗伯俱有此文，對殷右宗廟也。言此，欲見入大門東向入廟。云『入外門，將東曲，揖』者，主人在南，賓在北，俱向東〔二〕，是一曲，故一揖也。至廟南，主人在東，北面，賓在西，北面，是一曲，爲二揖。通下將入廟又揖，三也〔三〕。」**至于廟門，揖入。三揖，至于階，三讓。**入門，將右

〔一〕「節」，原作「飾」，據薈要本改，禮記玉藻亦作「節」。薈要案語：「童子之節也。刊本『節』訛『飾』，據禮記玉藻改。」四庫考證説同。
〔二〕「向東」，賈公彦儀禮疏作「東向」。
〔三〕「三」上陳本有「爲」字。

曲，揖。**將北曲，揖。當碑，揖。**○上文「每曲揖」，據入大門向廟時。既入廟，主人趨東階，賓趨西階，是主人將右，欲背賓，宜揖。既當階，主、賓將北面趨階，與賓相見，又宜揖。廟中測影、麗牲之碑，在堂下，三分庭之一，在北，是庭中之大節，至此又宜揖。皆因變伸敬以道賓也。**主人升，立于序端，西面。賓西序，東面。**主人、賓俱升，立相鄉。○鄉，許亮反。**贊者盥于洗西，升，立于房中，西面，南上。**盥於洗西，由賓階升也。立于房中，近其事也。南上，尊於主人之贊者。古文「盥」皆作「浣」[一]。○贊者止一人，云「南上」者，與主人之贊者爲序也。○盥，音管。浣，户管反。

右迎賓及贊冠者入。

主人之贊者筵于東序，少北，西面。主人之贊者，其屬中士若下士。筵，布席也。東序，主人位也。適子冠於阼。少北，辟主人[二]。○爲將冠者布席也。**將冠者出房，南面。**南面，立於房外之西，待賓命。**贊者奠纚、笄、櫛于筵南端。**贊者，賓之贊冠者也。奠，停也。古文「櫛」爲「節」。**賓揖將冠者。將冠者即筵坐。贊者坐，櫛，設纚。**即，就。設，施。○古人坐法，以膝

[一]「作」上陳本無「皆」字。
[二]「辟」，陳本作「避」。

著地，兩蹠向後，如今之跪。經凡言坐皆然。**賓降，主人降，賓辭，主人對。**主人降，爲賓將盥，不敢安位也。辭、對之辭未聞。**賓盥卒，壹揖，壹讓，升，主人升，復初位。**揖、讓皆壹者，降於初。古文「壹」皆作「一」。○復初位，東序端也。**賓筵前坐，正纚，興。降西階一等，執冠者升一等，東面授賓。**正纚者，將加冠，宜親之。興，起也。降，下也。下一等，升一等，則中等相授。冠，緇布冠也。○疏云：「案匠人天子之堂九尺，賈、馬以爲傍九等爲階，則諸侯堂宜七尺，則七等階；大夫堂宜五尺，則五等階；士宜三尺，則三等階。故鄭以中等解之也。」**賓右手執項，左手執前，進容，乃祝，坐如初，乃冠，興，復位。贊者卒。**進容者，行翔而前，鶬焉，至則立祝。坐如初，坐筵前。興，起也。復位，西序東面。卒，謂設缺項、結纓也。○項，冠之後也，非缺項。○鶬，七良反。**冠者興。賓揖之。適房，服玄端、爵韠，出房，南面。**復出房南面者，一加禮成，觀衆以容體。

右初加。

賓揖之。即筵坐。櫛，設笄。賓盥、正纚如初，降二等，受皮弁，右執項，左執前，進祝，加之，如初，復位。贊者卒紘。如初，爲不見者言也。卒紘，謂繫屬之。○即筵坐櫛者，當再加皮弁，必脱去緇布冠，更櫛也。方櫛訖，即云「設笄」，疏以爲此紒内安髮之笄，非固冠之笄。其固冠之笄，則加冠時，賓自設之。○屬，音燭。**興。賓揖之。適房，服素積、素韠，容，出房，南面。**

容者，再加彌成，其儀益繁。○容者，整其威儀容觀也。方加緇布冠時，其出亦有容，至此益盛，乃言之耳。

右再加。

賓降三等，受爵弁，加之。服纁裳、韎韐。其他如加皮弁之儀。降三等，下至地。他，謂卒紘、容、出。

右三加。

徹皮弁、冠、櫛、筵，入于房。徹者，贊冠者，主人之贊者爲之。○將醴冠者，故徹去此等。冠，緇布冠也。冠者著爵弁以受醴，至見姑姊訖，乃易服。**筵于户西，南面。**筵，主人之贊者。户西，室户西。○廟制：近北一架，西爲室，東爲房。室户之西，客位也。**贊者洗于房中，側酌醴，加柶，覆之，面葉。**洗，盥而洗爵者。昏禮曰：「房中之洗，在北堂，直室東隅。篚在洗東，北面盥。」側酌者，言無爲之薦者。面，前也。葉，柶大端。贊酌者，賓尊，不入房。古文「葉」爲「擖」。○註引昏禮，證房中别有洗，非在庭之洗也。側酌者，贊者自酌還自薦也。柶類今茶匙，葉即匙頭。贊者前其葉以授賓者〔一〕，欲賓得前其柄以授冠者，冠者得之，乃前其葉以扱醴而祭也。柶，用時仰之。贊者不自

〔一〕「賓」下陳本無「者」字。

用，故覆之以授也。賓揖冠者就筵，筵西，南面。賓受醴于户東〔一〕，加柶，面枋，筵前北面。户東，室户東。今文「枋」爲「柄」。○酌醴者出房向西授賓，賓至室户東受之，筵前北面。致祝當在此時，祝辭見後。○枋，彼命反。冠者筵西拜受觶，賓東面答拜。筵西拜，南面拜也。賓還答拜於西序之位。東面者，明成人與爲禮，異於答主人。○冠者拜訖，進受觶。賓既授觶，乃復西序之位答之。賓答主人拜，當西階北面。此西序東面，故註云「異於答主人」。薦脯、醢。贊冠者也。冠者即筵坐，左執觶，右祭脯醢，以柶祭醴三，興。筵末坐，啐醴，捷柶〔二〕，興。降筵，坐奠觶，拜，執觶興。賓答拜。捷柶，扱柶於醴中。其拜皆如初。古文「啐」爲「呼」。○三祭，疏以爲一如昏禮，始扱一祭，又扱再祭也。○啐，七内反。捷，初洽反。扱，音插〔三〕。

右賓醴冠者。

冠者奠觶于薦東，降筵。北面坐取脯，降自西階，適東壁，北面見于母。薦東，薦左。

〔一〕「受」，原作「授」，據陳本、薈要本改，唐石經、北監本皆作「受」。薈要案語：「賓受醴于户東。刊本『受』訛『授』，據各本儀禮改。」四庫考證説同。

〔二〕「捷」，唐石經作「建」。

〔三〕陳本無「扱音插」三字。

凡奠爵，將舉者於右，不舉者於左。適東壁者，出闈門也。時母在闈門之外。婦人入廟由闈門〔一〕。**母拜受，子拜送，母又拜。**婦人於丈夫，雖其子，猶俠拜。○俠，古洽反。

右冠者見于母。

賓降，直西序，東面。主人降，復初位。初位，初至階讓升之位。**冠者立于西階東，南面。賓字之，冠者對。**對，應也。其辭未聞。○字辭見後。疏云〔二〕：「未字先見母，字訖乃見兄弟之等，急於母，緩於兄弟也。」

右賓字冠者。

賓出，主人送于廟門外。不出外門，將醴之。○此下冠禮既成，賓出就次以後諸事。冠者見兄弟、見贊者、見姑姊，爲一節。易服、見君、見鄉大夫先生，爲一節。主人醴賓，又一節。凡三節。**請醴賓，賓禮辭，許。賓就次。**此「醴」，當作「禮」。次，門外更衣處也，以帷幕簟席爲之〔三〕。**冠者見於兄弟，兄弟再拜，冠者答拜。見贊者，西面拜，亦如之。**見贊者西面拜，則見兄弟東面拜。贊者後賓出。**入見姑、姊，如見母。**入，入寢門也。廟在寢門外。如見母者，亦北面，

〔一〕「闈門」下陳本有「婦人于丈夫」五字。
〔二〕「後」下陳本無「疏云」二字。
〔三〕「以」，原作「必」，據薈要本改，陳本先作「必」，後圈改爲「以」。

姑與姊亦俠拜也。不見妹，妹卑。○疏云：「不見父與賓者，蓋冠畢則已見也。不言者，從可知也。」

右冠者見兄弟、贊者、姑姊。

乃易服，服玄冠、玄端、爵韠，奠摯見於君[一]**，遂以摯見於鄉大夫、鄉先生。**易服不朝服者，非朝事也。摯，雉也。鄉先生，鄉中老人，爲卿大夫致仕者[二]。○見君、見鄉大夫先生，非必是日，因見兄弟等，類言之耳。

右冠者見君與鄉大夫、先生。

乃醴賓，以壹獻之禮。壹獻者，主人獻賓，而已即燕，無亞獻者。獻、酢、酬，賓、主人各兩爵而禮成。特牲、少牢饋食之禮獻尸，此其類也。士禮一獻，卿大夫三獻。賓醴不用柶者，泲其醴。內則曰：「飲，重醴清糟。」凡醴，事質者用糟，文者用清。○註引內則者，明醴有清有糟。前醴子用糟。此醴賓，其清者也。○泲，子禮反。**主人酬賓，束帛、儷皮。**飲賓客而從之以財貨曰酬，所以申暢厚意也。束帛，十端也。儷皮，兩鹿皮也。古文「儷」爲「離」。○酬賓，大夫用束帛乘馬，天子、諸侯以玉將幣，士束帛儷皮，獻數多少不同。其酬幣，唯於奠酬之節一行之。○儷，音麗。飲，於鴆反。**贊者皆**

〔一〕「於」，唐石經作「于」。案：下文諸本「於」、「于」錯出，不俱校。

〔二〕「卿」，陳本作「鄉」。

與，贊冠者爲介。贊者，衆賓也。皆與，亦飲酒爲衆賓。介，賓之輔，以贊爲之，尊之。飲酒之禮，賢者爲賓，其次爲介。○與，音預。

右醴賓。

賓出，主人送于外門外，再拜。歸賓俎。一獻之禮，有薦有俎，其牲未聞，使人歸諸賓家也。

右送賓歸俎。

以上士冠禮正經，頗疑數事。冠於廟，重成人也，未冠不以告，既冠不以見，何也？見于母而不見於父，見贊者而不見賓，疏以爲冠畢已見，似矣，然醴畢即見于母，儀節相承，則見父見賓，當於何時，豈在酌醴定祥之前與？又言歸俎而不言載俎，其牲未聞，註已陳之，要皆文不具也。

若不醴，則醮用酒。若不醴，謂國有舊俗可行，聖人用焉不改者也。曲禮曰：「君子行禮，不求變俗。祭祀之禮，居喪之服，哭泣之位，皆如其國之故，謹修其法而審行之。」是也。酌而無酬酢曰醮。「醴」亦當爲「禮」。○疏曰：「自此以上，説周禮冠子之法。自此以下，至『取籩脯以降，如初』，説夏、殷冠子之法。」愚按醴、醮二法，其異者：醴側尊在房，醮兩尊于房户之間。醴用觶，醮用爵。醴篚從尊在房，醮篚從洗在庭。醴待三加畢乃一舉，醮每一加即一醮。醴薦用脯、醢；醮每醮皆用脯、醢，至三醮又有乾肉折俎。醴贊冠者酌授賓，賓不親酌；醮則賓自降取爵升酌酒。醴者每加入房易服，出房立待賓命；醮則每醮訖，立筵西待賓命。醴者每加冠必祝，醴時又有醴辭；醮者加冠時不祝，至醮時有醮辭。其餘儀節〔一〕，並不異也。○醮，子召反。**尊于房户之間**〔二〕**，兩甒，有禁，玄酒在西，加勺，南枋。**房户間者〔三〕，房西、室户東也。禁，承尊之器也。名之爲禁者，因爲酒戒也。玄酒，新水也，雖今不用，猶設之，不忘古也。○兩甒，一酒尊，一玄酒尊也。**洗，有篚在西，南順。**洗，庭洗，當東榮，南北以堂深。篚，亦以盛勺、觶，陳於洗西。南順，北爲上也。○盛，音成。**始加，醮用脯、醢。賓降取爵于篚，辭降如初，卒洗，升酌。**始加者，言一加一醮也。加冠於東序，醮之於户西，同耳。始醮亦薦脯、醢。賓降者，爵在庭，酒在堂，將自酌也。辭降如初，如將冠時，降盥，辭主人降也。凡薦，出自東房。**冠者拜受，賓答拜，如初。**贊者筵于户西。賓升，揖冠者就筵，乃酌。冠者南面拜受，賓授爵，東面答拜，如醴禮也。於賓答拜，贊者則亦薦之。○賓亦筵前北面，釋醮辭訖，冠者乃南面拜受。**冠者升筵，坐，左執爵，右祭脯醢，祭酒，興，筵末坐，啐酒，降筵拜。賓答拜。冠者奠爵于薦東，立于筵西。**冠者立俟賓命，賓揖之，則就東序之筵。○降筵、奠爵而後拜，執爵興，賓乃答拜。拜訖，冠者乃奠爵薦東，其節亦當與醴同。註云「就東序之筵」，謂當更加皮弁也。

〔一〕「儀」，陳本作「禮」。

〔二〕「間」，唐石經作「閒」，下皆同，不俱校。

〔三〕「户」，原作「中」，據陳本、薈要本、文淵閣本改，北監本亦作「户」。薈要案語：「房户間者。刊本『户』訛『中』，據經文改。」四庫考證説同。

徹薦、爵，筵、尊不徹。徹薦與爵者，辟後加也。不徹筵、尊，三加可相因，由便也。**加皮弁，如初儀。再醮，攝酒，其他皆如初。**攝，猶整也。整酒謂撓之。今文「攝」爲「聶」。○撓，謂更益整頓之，示新也。**加爵弁，如初儀。三醮，有乾肉折俎，嚌之，其他如初。北面取脯，見于母。**乾肉，牲體之脯也，折其體以爲俎〔一〕。嚌，嘗之〔二〕。○周禮腊人鄭註云：「大物解肆乾之，謂之乾肉。薄析曰脯，棰之而施薑桂曰腶脩〔三〕。」乾肉與脯脩別言，蓋豚解而七體以乾之，及將升于俎，則節折爲二十一體〔四〕，與燕禮同，故名乾肉折俎。嚌之，亦祭而後嚌也。再醮言「攝酒」，此三醮當亦攝酒。下文「卒醮，取籩脯以降」，此取脯當亦取籩脯。皆不言者，互文見義也。○折，之設反。嚌，才計反。腶，音鍛〔五〕。**若殺，則特豚，載合升，離肺實于鼎，設扃、鼏。**特豚，一豚也。凡牲，皆用左

〔一〕「俎」，陳本作「脯」。

〔二〕原本句讀作「嚌嘗之」，誤。

〔三〕「腶」，原作「腵」，據薈要本、金陵書局本、山東書局本改，周禮腊人注作「鍜」。山東書局本校刊記：「『加爵弁，如初儀』注『腶脩』之『腶』，原本作『腵』，誤。今據注疏各本改正，下各『腶』字皆同。」案：下文「腶」原本皆作「腵」，不俱校。

〔四〕「折」，原作「析」，據陳本、薈要本、文淵閣本改。四庫考證：「『將升于俎，則節折爲二十一體』。刊本『折』訛『析』，今改。」

〔五〕「鍛」，原作「鍜」，據薈要本、金陵書局本改。陳本無「腶音鍛」三字。

胖。煮於鑊曰亨，在鼎曰升，在俎曰載。載合升者，明亨與載皆合左右胖。離，割也。割肺者，使可祭也，可嚌也。今文「扃」爲「鉉」，古文「鼏」爲「密」〔一〕。○上醮子用乾肉，不殺牲，此下言其殺牲者，又醮法之不同者也。案特牲、少牢及鄉飲酒皆用右胖，此合升左右胖，或以嘉禮故異之與？註云「凡牲，皆用左胖」，疏以爲「鄭據夏、殷之法」，未知然否。扃鼏鼎，鼏覆鼎者也。○扃，古螢反。鼏，亡歷反。胖，普半反。鑊，户郭反。亨，普庚反。**始醮，如初。**亦薦脯、醢，徹薦、爵，筵、尊不徹矣。**再醮，兩豆，葵菹、蠃醢；兩籩，栗、脯。**蠃醢，螔蝓醢〔二〕。今文「蠃」爲「蝸」。○蠃，力禾反。螔，音移。蝓，音俞。蝸，力禾反。**三醮，攝酒如再醮，加俎，嚌之，皆如初，嚌肺。**攝酒如再醮，則再醮亦攝之矣。加俎嚌之，「嚌」當爲「祭」，字之誤也。祭俎如初，如祭脯醢。○加俎者，不徹豆、籩而加設此牲俎也。其祭，亦止祭俎肺，不復祭脯醢。鄭破「嚌之」爲「祭之」者，以先祭後嚌，此是定法，又不宜有二嚌，其所嚌，即其所祭者也。**卒醮，取籩脯以降，如初。**○謂亦見于母。

〔一〕「鼏」上陳本無「古文」二字。

〔二〕「螔」，原作「⿰虫虎」，據薈要本、文淵閣本、金陵書局本、山東書局本改，下「螔，音移」之「螔」同。「螔」，北監本作「⿰山虒」。四庫考證：「蠃醢，螔蝓醢。刊本『螔』訛『⿰虫虎』，據經典釋文改。」山東書局本校刊記：「『再醮，兩豆』注『蠃醢，螔蝓醢』、音義『螔，音移』，二『螔』字原本作『⿰虫虎』，誤。案：字典引此作『螔』，而以『⿰虫虎』爲蠅虎，今據阮刻注疏及各本正之。」

右夏、殷冠子之法。

若孤子，則父兄戒、宿。父兄，諸父諸兄。○士之無父者加冠之法。戒、宿，戒賓、宿賓也。**冠之日，主人紒而迎賓，拜，揖，讓，立于序端，皆如冠主。禮於阼。**冠主，冠者親父，若宗兄也。古文「紒」爲「結」，今文「禮」作「醴」。○有父加冠，則將冠者紒而俟于房中。孤子則紒而迎賓，拜、揖、讓、立，皆如爲子加冠之主人。有父加冠，則醴于室户西。孤子則醴于阼。此其異也。**凡拜，北面于阼階上，賓亦北面于西階上答拜。**○父在加冠，受醴户西，拜于筵西，南面，賓答拜于序端，東面。此則與賓各專階北面也。**若殺，則舉鼎陳于門外，直東塾，北面。**孤子得申禮，盛之。父在，有鼎不陳于門外。

右孤子冠法。

若庶子，則冠于房外，南面，遂醮焉。房外，謂尊東也。不於阼階，非代也。不醮於客位，成而不尊。○適子，則冠于東序少北西面。或醴，或醮，皆于户西。疏云：「周公作經，於三代之下言之，則三代庶子冠禮，皆於房外，同用醮矣。」又云：「周之庶子，宜依適子一醴用一醮〔一〕。夏、殷庶子，亦依三醮。」

右庶子冠法。

〔一〕「適子」下北監本疏文、賈公彥儀禮疏無「一醴」二字。

冠者母不在，則使人受脯于西階下。○母不在，謂有他故，非没也。使人受脯，當於後見之。

右見母權法。

戒賓，曰：「某有子某，將加布於其首，願吾子之教之也。」吾子，相親之辭。吾，我也。子，男子之美稱。古文「某」爲「謀」。○此下列言冠禮中戒、宿、祝、醮、醴、字之辭。疏云：「上『某』，主人名。下『某』，子之名。加布，初加緇布冠也。云『願吾子之教之也』者，即此加冠行禮，爲教之也。」賓對曰：「某不敏，恐不能共事，以病吾子，敢辭。」病，猶辱也。古文「病」爲「秉」。○共，音恭〔一〕。主人曰：「某猶願吾子之終教之也。」賓對曰：「吾子重有命，某敢不從。」敢不從，許之辭。○重，直用反。宿曰：「某將加布於某之首，吾子將莅之，敢宿。」賓對曰：「某敢不夙興。」莅，臨也。今文無「對」。

右戒賓、宿賓之辭。

始加，祝曰：「令月吉日，始加元服。令、吉，皆善也。元，首也。棄爾幼志，順爾成德。壽考惟祺，介爾景福。」爾，女也。既冠爲成德。祺，祥也。介、景，皆大也。因冠而戒，且勸之，女如是，則有壽考之祥，大女之大福也。○幼志，幼年戲弄之志也。棄，禁絶之也。順成德，安養其成人

〔一〕「音」，陳本作「爲」。

之德也。冠義云：「既冠，將責以父子、君臣、長幼之禮。」即所謂成德也。祝以有是德，即有是福，是勸之也。服，蒲北反；福，筆勒反，與「德」叶。**再加，曰：「吉月令辰，乃申爾服。**辰，子、丑也。申，重也。**敬爾威儀，淑慎爾德。眉壽萬年，永受胡福。」**胡，猶遐也，遠也。遠，無窮。古文「眉」作「麋」。○敬爾威儀，正其外也。淑慎爾德，謹其內也。內外夾持，順成德者當如是。**三加，曰：「以歲之正，以月之令，咸加爾服。**正，猶善也。咸，皆也。皆加女之三服，謂緇布冠、皮弁、爵弁也。**兄弟具在，以成厥德。黃耇無疆，受天之慶。」**黃，黃髮也。耇，凍黎也〔一〕。皆壽徵也。疆，竟。○「兄弟具在，以成厥德」，言成此冠禮，是成其德也。首三句爲一聯，「服」叶「德」，「慶」叶「疆」，音羌。「正」、「令」二句又自相叶。○耇，音苟〔二〕。竟，音敬，又音景。

右加冠祝辭。

醴辭，曰：「甘醴惟厚，嘉薦令芳。嘉，善也。善薦，謂脯、醢。芳，香也。**拜受祭之，以定爾祥。承天之休，壽考不忘。」**不忘，長有令名。○定祥、承休，與易「凝命」之旨相類。天人之理，微見於此。

〔一〕「凍」，原作「涷」，據陳本、文淵閣本、金陵書局本改。
〔二〕「耇」上陳本無○。

右醴辭。

醮辭，曰：「旨酒既清，嘉薦亶時。亶，誠也。古文「亶」爲「癉」。○癉，丁但反。始加元服，兄弟具來。孝友時格，永乃保之。」善父母爲孝，善兄弟爲友。時，是也。格，至也。永，長也。保，安也。行此乃能保之。今文「格」爲「嘏」。凡醮者不祝。○孝友時格，孝友極其至也。教以盡孝友之道，乃可長保之也。註「凡醮者不祝」，謂用酒以醮者，每加冠畢，但用醮辭醮之，其方加冠時，不用祝辭也。詳醮辭「始加元服」等句，與祝辭相類，兼用之則複矣。疏以爲醮庶子不用祝辭，錯會註意。來，力之反，與「時」、「之」叶。○嘏，古雅反。再醮，曰：「旨酒既湑，嘉薦伊脯。湑，清也。伊，惟也。乃申爾服，禮儀有序。祭此嘉爵，承天之祜。」祜，福也。三醮，曰：「旨酒令芳，籩豆有楚。旨，美也。楚，陳列之貌。○疏云：「用再醮之籩、豆，不增改之，故云『有楚』。」咸加爾服，肴升折俎。肴升折俎，亦謂豚。○乾肉折俎，與殺牲體，皆謂折俎。承天之慶，受福無疆。」○亦兩句叶[一]。

右醮辭。

字辭，曰：「禮儀既備，令月吉日，昭告爾字。爰字孔嘉，昭，明也。爰，於也。孔，甚也。髦士攸宜。宜之于假，髦，俊也。攸，所也。于，猶爲也。假，大也。宜之是爲大矣。○此孔嘉

[一]「亦」上陳本無○。

之字，實髦士之所宜，且宜之而至於大也。**永受保之，曰伯某甫。」仲、叔、季，唯其所當。**伯、仲、叔、季，長幼之稱。甫，是丈夫之美稱，孔子爲尼甫，周大夫有家甫，宋大夫有孔甫，是其類。「甫」字或作「父」。○此辭，賔直西序東面，與子爲字時，命之也。據釋文，「備」與「日」叶，爲一韻；「字」音滋，「嘉」叶居之反，爲一韻；「假」叶音古，與「甫」爲一韻。顧炎武云：「備」與「字」一韻，「嘉」與「宜」一韻，「假」與「甫」一韻。古人文字錯綜，不必二句一韻也。○甫，音父。

右字辭。

屨，夏用葛。玄端黑屨，青絇繶純，純博寸。屨者，順裳色。玄端黑屨，以玄裳爲正也。絇之言拘也，以爲行戒，狀如刀衣鼻，在屨頭。繶，縫中紃也。純，緣也。三者皆青。博，廣也。○此下言三服之屨。不與上服同陳者，屨賤，故別言之。夏葛屨，冬皮屨，春秋熱則從夏，寒則從冬。此玄端黑屨，初加時所用。註云「以玄裳爲正」者，玄端兼有黄裳、雜裳，屨獨用黑，與玄同色，故云「以玄裳爲正也」。絇，在屨頭。繶，其牙底相接縫中之絛。純，謂繞口緣邊。三者皆青色也。○絇，其于反。繶，於力反。純，章允反。縫，扶用反。紃，音旬〔一〕。**素積白屨，以魁柎之，緇絇繶純，純博寸。**魁，蜃蛤。柎，注也。○此皮弁服之屨，再加時所用。以魁蛤之灰注於上，使色白也。○魁，苦回反。

〔一〕「旬」，原作「甸」，據陳本、薈要本、文淵閣本、金陵書局本改。薈要案語：「紃音旬。刊本『旬』訛『甸』，今改。」四庫考證説同。

柎，方夫反。屨，上忍反。蛤，音閣〔一〕。**爵弁纁屨，黑絇繶純，純博寸。**爵弁屨，以黑爲飾。爵弁尊，其屨飾以繢次。○此三加所用之屨。疏云：「『爵弁尊，其屨飾以繢次』者，案冬官畫繢之事云：『青與白相次，赤與黑相次，玄與黄相次』，繢以爲衣；『青與赤謂之文，赤與白謂之章，白與黑謂之黼，黑與青謂之黻』，繡以爲裳。是對方爲繢次，比方爲繡次。又鄭註屨人云：『複下曰舄，禪下曰屨。』『凡舄之飾，如繢之次；凡屨之飾，如繡之次。』」上文黑屨青飾、白屨黑飾，皆繡之次。此爵弁纁屨而黑飾，不取比方之色，而以對方黑色爲飾，是用繢次，與舄同，故云「爵弁尊」也。朱子曰：「三屨，經不言所陳處，疑在房中。既冠而適房改服，并得易屨也。」○繢，户内反。**冬，皮屨可也。不屨繐屨。**繐屨，喪屨也。縷不灰治曰繐〔二〕。○疏云〔三〕：「言此者，欲見大功未可以冠子，故於屨末因禁之也。」○繐，音歲。

右三服之屨。

〔一〕「閣」，原作「閤」，據陳本、薈要本、文淵閣本、金陵書局本改。薈要案語：「蛤音閣。刊本『閣』訛『閤』，據經典釋文改。」

〔二〕「縷」，陳本作「屨」。

〔三〕「云」，陳本作「曰」。

記

冠義。○周公作經，後賢復爲作記。疏云：「凡言『記』者，皆是記經不備，兼記經外遠古之言。案喪服記，子夏爲之作傳，記當在子夏前。」愚謂此記已有「孔子曰」，當在孔子後，不知定誰所録。「冠義」又記中小目，餘篇不復言某義者，或欲舉一例餘也。又戴記亦有冠義，又後儒所爲，故與此異也。

始冠，緇布之冠也。太古冠布，齊則緇之。其緌也，孔子曰：「吾未之聞也。」冠而敝之可也。太古，唐、虞以上。緌，纓飾。未之聞，太古質無飾。重古，始冠冠其齊冠。白布冠，今之喪冠是也。○記者以經有緇布冠、皮弁、爵弁、玄冠，四等之冠，各記其所從來與古今因革之異。此節記緇布冠爲太古齊冠，本無緌，又始冠加之，以存古意，加後不復更著也。

適子冠於阼，以著代也。醮於客位，加有成也。三加彌尊，諭其志也。冠而字之，敬其名也。名者，質，所受於父母。冠成人，益文，故敬之。○著代，明其將代己也。加有成〔一〕，加禮於有成德者也。諭其志，教諭之，使其志存修德，每進而上也。敬其名，敬其所受於父母之名，非君父之前，不以呼也。此皆冠義之大者，故記者釋之。

委貌，周道也。章甫，殷道也。毋追，夏后氏之道也。或謂委貌爲玄冠。委，猶安也，言

〔一〕「有」，陳本作「其」。

所以安正容貌。章，明也。殷質，言以表明丈夫也。「甫」，或爲「父」，今文爲「斧」。毋，發聲也。追，猶堆也。夏后氏質〔一〕，以其形名之。三冠，皆所常服以行道也，其制之異同未之聞。○此因冠者冠畢，易服玄冠，故記之。道猶制也，言三代冠制，此其同等者也。**周弁，殷冔，夏收。**弁名出於槃。槃，大也，言所以自光大也。冔名出於幠。幠，覆也，言所以自覆飾也。收，言所以收斂髮也。齊所服而祭也，其制之異未聞。○此因三加爵弁而記其制之相等者。殷則冔，夏則收也。○冔，況甫反。槃，畔干反。幠，火吳反。**三王共皮弁、素積。**質不變。○言三代再加所同用也。疑「委貌」以下節，當在「適子」節之前，與首節皆言冠制，當以類從。

無大夫冠禮，而有其昏禮。古者五十而后爵〔二〕，何大夫冠禮之有？據時有未冠而命爲大夫者。周之初禮，年未五十而有賢才者，試以大夫之事，猶服士服，行士禮。二十而冠，急成人也。五十乃爵，重官人也。大夫或時改娶，有昏禮是也。○自此至末，皆明士冠禮可以上達之故。此言大夫無冠禮，如有未冠而爲大夫者，其冠亦從乎士而已。**公侯之有冠禮也，夏之末，造也。**造，作也。自夏初以上，諸侯雖父死子繼，年未滿五十者，亦服士服，行士禮，五十乃命也〔三〕。至其衰末，上

〔一〕「氏」下陳本無「質」字。
〔二〕「后」，陳本作「後」。
〔三〕「乃」，陳本作「始」。

下相亂，篡弑所由生，故作公侯冠禮，以正君臣也。坊記曰：「君不與同姓同車，與異姓同車不同服，示民不嫌也。以此坊民，民猶得同姓以弑其君者。」○此言不獨大夫無冠禮，雖公侯冠禮，亦夏末始作，非古也。據註，訓「造」爲作，則「末」字當一讀。近徐師曾解郊特牲云「末造，猶言末世」〔一〕，則二字連讀，制作義在末造之外。讀者酌之。**天子之元子，猶士也，天下無生而貴者也。**元子，世子也。無生而貴，皆由下升。○天子之元子，猶用士禮，又不但公侯已也。天下固無生而貴者也。**繼世以立諸侯，象賢也。**象，法也。爲子孫能法先祖之賢，故使之繼世也。○諸侯繼世而立，疑其生而貴矣〔二〕，實以其象賢乃立之。天子元子，亦以象賢，乃享天位。均非生而貴者也，故其冠皆用士禮也。**以官爵人，德之殺也。**殺，猶衰也。德大者爵以大官，德小者爵以小官。○凡以官位爵人，皆以德爲等殺。爵以待有德，安得有生而貴者乎？**死而謚，今也。**今，謂周衰，記之時也。**古者生無爵，死無謚。**古，謂殷。殷士生不爲爵，死不爲謚。周制以士爲爵，死猶不爲謚耳，下大夫也。今記之時，士死則謚之，非也。謚之由魯莊公始也。○爵以德升，故冠從乎賤，用士禮。古者生不以士爲爵，死不爲之立謚，士固賤者也。

〔一〕「末世」，原作「未世」，據陳本、文淵閣本、金陵書局本、徐師曾禮記集註改。
〔二〕「生」上陳本無「其」字。

儀禮

鄭氏註　濟陽張爾岐句讀

士昏禮第二

鄭目録云：「士娶妻之禮，以昏爲期，因而名焉。必以昏者，陽往而陰來。日入三商爲昏。昏禮於五禮屬嘉禮。大小戴及别録，此皆第二。」○商，漏刻之名〔一〕，三商即三刻也。

昏禮。下達。納采，用鴈。達，通達也。將欲與彼合昏姻，必先使媒氏下通其言，女氏許之，乃後使人納其采擇之禮。詩云：「取妻如之何？匪媒不得。」昏必由媒，交接設紹介〔二〕，皆所以養廉耻。納采而用鴈爲摯者，取其順陰陽往來。○昏禮有六，納采、問名、納吉、納徵、請期、親迎是也。請期以上五禮，皆遣使者行之。春秋莊公二十二年穀梁傳曰：「納幣，大夫之事也。」公之親納幣，非禮也。」○采，七在反。**主人筵于户西，西上，右几。**主人，女父也。筵，爲神布席也。户西者，尊處。將以先祖之遺體許人，故受其禮於禰廟。席西上，右設几，神不統於人。席有首尾。○女家將受納采之禮，先設神坐，乃受之。西上，席首在西也。鄉射、燕禮等，設席皆東上，以近主人爲上，是統於人。

〔一〕「漏刻」，陳本作「刻漏」。
〔二〕「紹介」，陳本作「介紹」。

今以神尊，不統於人，取地道尊右之義，故席西上、几在右也。**使者玄端至。**使者，夫家之屬，若羣吏，使往來者。玄端，士莫夕之服，又服以事其廟。有司緇裳。○使，所吏反。莫，音暮。**擯者出請事，入告。**擯者，有司佐禮者。請，猶問也。禮不必事，雖知猶問之，重慎也。○前已有媒氏通言，今使者至門，當知有昏事，而猶問之，是重慎也。**主人如賓服，迎于門外，再拜，賓不答拜。揖入。**門外，大門外。不答拜者，奉使，不敢當其盛禮。○當亦如士冠禮。主人迎賓，主人西面，賓東面，此時賓自執鴈。**至于廟門，揖入。三揖，至于階，三讓。**入三揖者：至內霤，將曲，揖；既曲，北面，揖；當碑，揖。**主人以賓升，西面。賓升西階，當阿，東面致命。主人阼階上北面再拜。**阿，棟也。入堂深，示親親。今文「阿」爲「庪」。○以賓升，與賓俱升也。疏云：「凡士之廟，五架爲之。中脊爲棟，棟北一楣，下有室戶。棟南一架爲前楣，楣前接簷爲庪。」鄉飲酒、聘禮皆云「當楣」，無當阿者。今使者當阿，是至中脊下近室處，故註云「入堂深，示親親」。○庪，君委反。**授于楹間，南面。**授於楹間，明爲合好，其節同也。南面，竝授也。○授，謂授鴈。楹間，兩楹之間。凡授受，敵者於楹間，不敵者不於楹間，君行一臣行二是也。今使者不敵，而授於楹間，明爲合好，故其遠近之節同也。**賓降，出。主人降，授老鴈。**老，羣吏之尊者。○納采禮畢，故賓降自西階，出廟門，將行後禮。主人降自阼階，授老鴈，立階下以待事。**擯者出請，**不必賓之事有無。**賓執鴈，請問名，主人許。賓入授，如初禮。**問名者，將歸卜其吉凶。古文「禮」爲「醴」。○問名，問女子之名，將加諸卜也。如初禮者，亦如納采，升堂致命，授鴈而出也。按記：「主人受鴈，還，西面對，賓受命乃降。」是主人既受鴈，還復阼階之位，西面以女名對賓，賓乃降階出門也。此一使兼行二禮，既采須卜，其事相因故也。**擯者出請，賓告事畢，入告。出請醴賓，**此「醴」亦當爲「禮」。禮賓者，欲厚之。**賓禮辭，許。**禮辭，一辭。**主人徹几，改筵，東上，側尊甒醴于房中。**徹几、改筵者，鄉爲神，今爲人。側尊，亦言無玄酒。側尊於房中，亦有篚，有籩、豆，如冠禮之設。○徹去其几，後將授賓也。改筵，改西上而東上也。爲人設則東上者，統於主人也。**主人迎賓于廟門外，揖讓如初，升。主人北面再拜，賓西階上北面答拜。主人拂几授校，拜送。賓以几辟，北面設于坐，左之，西階上答拜。**拂，拭也。拭几者，尊賓，新之也。校，几足。辟，逡遁。古文「校」爲「枝」。○疏云：「揖讓如初升者，如納采時三揖三讓也。主人北面再拜者，拜賓至此堂飲之。主人拂几者，案有司徹：『主人西面，左手執几，縮之，以右袂推拂几三，二手橫執几，進授於尸前〔一〕。』凡敵者拂几皆若此，卑於尊者則內拂之。授校者，凡授几之法，卑者以兩手執几兩端，尊者則以兩手於几間執之，授、設皆然〔二〕。」又云：「受時，或受其足，或受於手間，皆橫受之。及其設之，皆旋几縱執，乃設之于坐南，北

〔一〕「於尸前」，北監本疏文、賈公彥儀禮疏、儀禮有司徹皆作「尸于筵前」。
〔二〕「授」下賈公彥儀禮疏無「設」字。

面陳之位。爲神則右之，爲人則左之。不坐設之者，几輕故也。」愚謂此經授校，是執其中間授之以其足，以使者是彼羣吏，亦不敵者也。○校，胡飽反。辟，房益反。**贊者酌醴，加角柶，面葉，出于房。**贊，佐也，佐主人酌事也。贊者亦洗、酌，加角柶，覆之，如冠禮矣。出房南面，待主人迎受。古文「葉」作「擖」。**主人受醴，面枋，筵前西北面。賓拜受醴，復位。主人阼階上拜送。**主人西北面疑立，待賓即筵也。賓復位於西階上北面，明相尊敬。此筵不主爲飲食起。○主人執醴，筵前西北面以待賓。賓拜于西階上，乃進筵前受醴，受訖，復西階北面之位。主人乃於阼階上拜送此醴。古人受爵、送爵相拜之法率如此。**贊者薦脯、醢。**薦，進。**賓即筵坐，左執觶，祭脯醢，以柶祭醴三。西階上北面坐啐醴，建柶興，坐奠觶，遂拜。主人答拜。**即，就也。左執觶，則祭以右手也。凡祭，於脯、醢之豆間。必所爲祭者，謙敬，示有所先也。啐，嘗也。嘗之者，成主人意。建，猶扱也。興，起也。奠，停也。○賓即筵坐而祭醴，南面坐也。啐醴，則西階北面之位。奠觶、遂拜，亦於西階。遂拜者，因事曰遂，坐奠觶，不起而遂拜也。○扱，初洽反。**賓即筵，奠于薦左，降筵。北面坐取脯，主人辭。**薦左，籩、豆之東。降，下也。自取脯者，尊主人之賜，將歸執以反命。辭者，辭其親徹。○即筵奠于薦左，南面奠之，因祭酒之面也〔一〕。**賓降，授人脯，出。主人送于門外，再**

〔一〕「祭」，陳本作「舉」。

拜。人，謂使者從者。授於階下，西面，然後出，去〔一〕。○前迎于門外，是大門外，此送亦大門外。

右一使兼行納采、問名二禮及禮使者之儀。

納吉，用鴈，如納采禮。歸卜於廟，得吉兆，復使使者往告，婚姻之事於是定。○如納采禮，其揖讓升階、致命授鴈及主人醴賓、取脯出門之節，並如之。

右納吉。

納徵，玄纁束帛、儷皮，如納吉禮。徵，成也，使使者納幣以成昏禮。用玄纁者，象陰陽備也。束帛，十端也。周禮曰：「凡嫁子娶妻入幣，純帛無過五兩。」儷，兩也。執束帛以致命，兩皮爲庭實。皮，鹿皮。今文「纁」皆作「熏」。○疏云：「此納徵無鴈者，以有束帛爲贄故也。周禮『純帛』，緇帛也。是庶人用緇，無纁。士、大夫乃以玄纁束帛，天子加以穀圭，諸侯加以大璋。雜記云：『納幣一束，束五兩，兩五尋。』然則每端二丈。玄纁束帛者，合言之，陽奇陰偶，三玄二纁也。」鄭註周禮以純爲緇，故疏以緇爲庶人之禮。陳氏祥道云：「蘇秦傳『錦繡千純』，裴駰註曰：『純，端名。』則周禮所云『純帛』者，匹帛也。鄭改純爲緇，誤矣。庶人亦用玄纁，但不必五兩耳。」○純，側其反〔二〕。

右納徵。

〔一〕原本句讀作「然後出去」，誤。

〔二〕「純」，陳本作「緇」。

請期，用鴈，主人辭，賓許，告期，如納徵禮。主人辭者，陽倡陰和，期日宜由夫家來也〔一〕。夫家必先卜之得吉日，乃使使者往，辭即告之。○遞言三禮同節，皆如納采。

右請期。

期，初昏，陳三鼎于寢門外，東方，北面，北上。其實：特豚，合升，去蹄，舉肺、脊二，祭肺二；魚十有四；腊一肫，髀不升。皆飪。設扃、鼏。期，取妻之日。鼎三者，升豚、魚、腊也。寢，壻之室也。北面，鄉内也。特，猶一也。合升，合左右胖，升於鼎也。去蹄，蹄甲不用也。舉肺、脊者，食時所先舉也。肺者，氣之主也，周人尚焉。脊者，體之正也，食時則祭之。飯必舉之，貴之也。每皆二者，夫婦各一耳。凡魚之正，十五而鼎，減一爲十四者，欲其敵偶也。腊，兔腊也。「肫」，或作「純」。純〔二〕，全也。凡腊用全。髀不升者，近竅，賤也。飪，熟也。扃，所以扛鼎。鼏，覆之。古文「純」爲「鈞」，「髀」爲「脾」。今文「扃」作「鉉」，「鼏」皆作「密」。○此下言親迎之禮。先陳同牢之饌，乃乘車往迎，婦至成禮，共三節。舉肺、脊，食時所祭之肺與脊也。祭肺，則未食時祭之。疏云：「祭時二肺俱有，生人唯有舉肺，皆祭〔三〕」。今此得有祭肺者，郊特牲論娶婦『玄冕齋戒，鬼神陰陽也』，

〔一〕「宜」，陳本作「當」。
〔二〕「純」字原脱，據陳本、文淵閣本補，北監本有。
〔三〕原本句讀作「生人唯有舉肺皆祭」，誤。

故與祭祀同二肺也。」魚十有四，夫婦各七，固取敵偶，亦合公食大夫一命七魚之數。凡他禮，牲體用一胖。腊則左右體，脅相配爲一，故得全名。唯大斂、士虞，皆用左胖，不全，反吉故也。○去，起吕反。肫，音純。髀，步米反〔一〕。飪，而甚反。竅，苦弔反。扛，音江。**設洗于阼階東南。**洗，所以承盥洗之器棄水者。**饌于房中，醯醬二豆，菹、醢四豆，兼巾之；黍、稷四敦，皆蓋。**醯醬者，以醯和醬，生人尚褻味。兼巾之者，六豆共巾也。巾爲禦塵，蓋爲尚温。周禮曰：「食齊視春時。」○敦，音對。齊，才計反。**大羹湆在爨。**大羹湆，煮肉汁也。大古之羹，無鹽菜。爨，火上。周禮曰：「羹齊視夏時。」今文「湆」皆作「汁」。○湆，去急反。**尊于室中北墉下，有禁，玄酒在西，綌冪，加勺，皆南枋。**墉，牆也。禁，所以庪甒者。玄酒，不忘古也。綌，粗葛。今文「枋」作「柄」。**尊于房户之東，無玄酒。篚在南，實四爵、合巹。**無玄酒者，略之也。夫婦酌於内尊，其餘酌於外尊。合巹，破匏也。四爵、兩巹，凡六，爲夫婦各三酳。一升曰爵。○鼎陳寢門外，洗設阼階東南，豆、敦饌於房中，羹在爨，内尊在室，外尊在房户東，爵巹篚在外尊南，此同牢饌設之次。○巹，音謹。匏，白交反〔二〕。酳，以仞反。

〔一〕「米」，陳本作「未」。
〔二〕「白」，原作「自」，據陳本、薈要本、文淵閣本、金陵書局本改。

右將親迎預陳饌。

主人爵弁、纁裳緇袘，從者畢玄端。乘墨車，從車二乘，執燭前馬。主人，壻也，壻爲婦主。爵弁而纁裳，玄冕之次。大夫以上親迎，冕服。冕服迎者，鬼神之。鬼神之者，所以重之親之。纁裳者，衣緇衣。不言衣與帶而言袘者，空其文，明其與袘俱用緇。袘，謂緣。袘之言施，以緇緣裳，象陽氣下施。從者，有司也，乘貳車從行者也[一]。畢，猶皆也。墨車，漆車。士而乘墨車，攝盛也。執燭前馬，使從役持炬火，居前炤道。○主人，壻也。下文女父稱主人[二]，男稱壻。此未至女家，仍據男家而言，故云「主人」。一命大夫冕而無旒，士變冕爲爵弁，故云「冕之次」。士助祭於公，用之，是士服之盛者。大夫以上親迎，則皆冕服矣。疏以爲五等諸侯亦不過玄冕，天子親迎當衮冕，或然也。大夫乘墨車，士乘棧車，今親迎乘大夫之車，故云「攝盛」。案巾車註云「棧車不革鞔而漆之」，則士之棧車亦漆，但無革鞔爲異。○袘，以豉反。從，才用反。迎，魚正反。**婦車亦如之，有裧。**亦如之者，車同等。士妻之車，夫家共之。大夫以上嫁女，則自以車送之。裧，車裳幃，周禮謂之容。車有容，則固有蓋。○如之者，亦墨車及從車、執燭等也。○裧，昌占反[三]。**至于門外。**婦家大門之外。**主人筵**

[一]「貳」，北監本作「二」。
[二]「父」，陳本作「婦」。
[三]「占」，陳本作「吕」。

于户西，西上，右几。主人，女父也。筵，爲神布席。女次，純衣纁袡〔一〕，立于房中，南面。次，首飾也，今時髲也。周禮追師：「掌爲副、編、次。」純衣，絲衣。女從者畢袗玄，則此衣亦玄矣。袡，亦緣也。袡之言任也。以纁緣其衣，象陰氣上任也。凡婦人不常施袡之衣，盛昏禮，爲此服。喪大記曰「復衣不以袡」，明非常。○疏云：「不言裳者，以婦人之服，不殊裳。周禮追師註云：『副之言覆，所以覆首，爲之飾，其遺象若今步摇。編，編列髮爲之，若今假紒。次，次第髮長短爲之，所謂髲髢。外内命婦衣鞠衣、襢衣者服編，衣褖衣者服次。』其副，唯於三翟祭祀服之〔二〕。士服爵弁助祭之服以迎，則士之妻亦服褖衣助祭之服也。」又云：「此純衣即褖衣，是士妻助祭之服。尋常不用纁爲袡，今用之，故云『盛昏禮，爲此服』。」○袡，如占反。髲，皮義反。姆纚笄，宵衣，在其右。姆，婦人年五十無子，出而不復嫁，能以婦道教人者，若今時乳母。纚，縚髮。笄，今時簪也。纚亦廣充幅，長六尺。宵，讀爲詩「素衣朱綃」之「綃」，魯詩以綃爲綺屬也。姆亦玄衣，以綃爲領，因以爲名，且相别耳。姆在女右，當詔以婦禮。○姆，亡候反〔三〕。綃，音消。女從者畢袗玄，纚笄，被顈黼，在其後。女從者，謂姪、

〔一〕「袡」，原作「袇」，據薈要本改，唐石經、北監本皆作「袡」。下文「袡」字皆同，不俱校。薈要案語：「纁袡。刊本『袡』訛『袇』，據各本儀禮及經典釋文改。」四庫考證説同。

〔二〕「唯」，陳本作「惟」。案：下文陳本「唯」、「惟」錯出，不俱校。

〔三〕「候」，原作「侯」，據陳本、薈要本、文淵閣本改。

娣也。詩：「諸娣從之，祁祁如雲。」袗，同也。同玄者，上下皆玄也。纇，禪也〔一〕。詩云：「素衣朱襮。」爾雅云：「黼領謂之襮。」周禮曰：「白與黑謂之黼。」天子諸侯后夫人狄衣，卿大夫之妻刺黼以爲領，如今偃領矣。士妻始嫁，施禪黼於領上，假盛飾耳。言「被」，明非常服。○陳氏云：「袗，設飾也。說文曰：『褧，檾也〔二〕，枲屬。』『纇』與『褧』、『檾』通。袗玄，設飾以玄也。纇黼，以枲爲領而刺黼也。」○被，皮義反。纇，苦迥反〔三〕。黼，音甫。襮，音博。刺，七亦反。**主人玄端迎于門外，西面再拜，賓東面答拜。**賓，壻。**主人揖入，賓執鴈從。至于廟門，揖入。三揖，至于階，三讓。主人升，西面。賓升，北面，奠鴈，再拜稽首，降，出。婦從，降自西階。主人不降送。**賓升奠鴈拜，主人不答，明主爲授女耳。主人不降送，禮不參。○疏云：「賓升北面奠鴈再拜稽首，此時當在房外當楣北面。何休公羊傳註云：『夏后氏逆於庭，殷人逆於堂，周人逆於户。』『禮不參』者，禮，賓、主宜各一人。」**壻御婦車，授綏，姆辭不受。**壻御者，親而下之。綏，所以引升車者。

〔一〕原本句讀作「纇禪也」，誤。
〔二〕「檾」，原作「菻」，據金陵書局本、山東書局本改，陳祥道禮書、説文解字皆作「檾」。下「褧檾通」之「檾」同。山東書局本校刊記：「『女從者畢袗玄』注『説文曰褧檾也』之『檾』，原本作『菻』，誤。」
〔三〕「苦」，原作「若」，據薈要本、文淵閣本、金陵書局本改，陳本先作「若」，旁改作「苦」。

曲禮曰：「僕人之禮，必授人綏。」**婦乘以几，姆加景。乃驅，御者代。**乘以几者，尚安舒也。景之制，蓋如明衣。加之，以爲行道禦塵，令衣鮮明也。景，亦明也。驅，行也。行，車輪三周，御者乃代壻。今文「景」作「憬」。○「景」與「絅」、「褧」音相近，義正同。○令，力呈反。**壻乘其車，先，俟于門外**〔一〕。壻車在大門外。乘之先者，道之也。男率女，女從男，夫婦剛柔之義，自此始也。俟，待也。門外，壻家大門外。

右親迎。

婦至，主人揖婦以入。及寢門，揖入，升自西階。媵布席于奥。夫入于室，即席。婦尊西，南面。媵、御沃盥交。升自西階，道婦入也。媵，送也，謂女從者也。「御」當爲「訝」。訝，迎也，謂壻從者也。媵沃壻盥於南洗，御沃婦盥於北洗。夫婦始接，情有廉恥，媵、御交道其志。○夫道婦入室，先自即席東面，婦尚在尊西南面，須設饌訖，乃設對席，然後揖婦即坐，爲前後至之便故也。媵即姪、娣，御夫家之女役。南洗在庭，北洗在北堂。○媵，以證反。御，音訝。**贊者徹尊冪。舉者盥，出，除鼏，舉鼎入，陳于阼階南，西面，北上。匕、俎從設。**執匕者、執俎者，從鼎而入設之。匕，所以別出牲體也。俎，所以載也。**北面載，執而俟。**執俎而立，俟豆先設。○執匕者

〔一〕「門」上陳本有「大」字。

南面別出牲體，執俎者北面承取，載之于俎，執之而俟，豆設乃設也。**匕者逆退，復位于門東，北面，西上。**執匕者事畢，逆退，由便。至此乃著其位，略賤也。**贊者設醬于席前，菹、醢在其北。俎入，設于豆東，魚次，腊特于俎北。**豆東，菹、醢之東。○魚次者，又在俎東也。腊特設俎北，若復東，則饌不得方，故也。**贊設黍于醬東，稷在其東。設湆于醬南。**饌要方也。○二豆並列醬北，二敦直列醬東，此爲夫設。下對設二豆、二敦，則爲婦。三俎夫婦共之。**設對醬于東，**對醬，婦醬也。設之當特俎。**菹、醢在其南，北上。設黍于腊北，其西稷。設湆于醬北。御布對席。贊啓會，郤于敦南，對敦于北。**啓，發也[一]。今文「啓」作「開」。古文「郤」爲「綌」。○會，敦之蓋。郤，仰也。開敦蓋，各仰置敦右。○會，古外反。郤，去逆反。**贊告具。揖婦即對筵。皆坐，皆祭，祭薦、黍、稷、肺。**贊者西面告饌具也。壻揖婦使即席。薦，菹、醢。○其祭之序，由近及遠。肺，指祭肺，非舉肺也。**贊爾黍，授肺、脊。皆食，以湆、醬，皆祭舉、食舉也。**爾，移也。移置席上，便其食也。皆食，食黍也。以，用也。用者，謂用口啜湆，用指咂醬。古文「黍」作「稷」。○舉，即脊與肺也。○咂，子闔反。**三飯，卒食。**卒，已也。同牢示親，不主爲食起，三飯而成禮也。**贊洗爵，酌酳主人，主人拜受，贊户内北面答拜。酳婦，亦如之。皆祭。**酳，漱也。酳之言演

〔一〕「發」，陳本作「開」。

也，安也。漱所以潔口，且演安其所食。酳，酌内尊。○内尊，尊于室中北墉下者也。疏云：「壻拜當東面，婦拜當南面。少牢『饗答拜』註云：『在東面席者東面拜，在西面席者南面拜。』故知婦拜南面〔一〕。若贊答婦拜，亦於户内北面也。」○漱，所又反。**贊以肝從。皆振祭，嚌肝，皆實于菹豆。**肝，肝炙也。飲酒，宜有肴以安之。○從，猶繼也。振，猶舉也。**卒爵，皆拜。**婦拜見上篇「見母」章、此篇「婦見奠菜」一章及内則。女拜尚右手。**贊答拜，受爵。再酳如初，無從。三酳用卺，亦如之。**亦無從也。○如初者，如自「贊洗爵」以下，至「答拜，受爵」，但無從爲異。無從，不以肝從也。三酳則並如再酳之無從。酳爵不襲，贊受爵，即返之於篚，別取爵再酳。三酳則用卺也。**贊洗爵，酌于户外尊，入户，西北面奠爵，拜。皆答拜。坐祭，卒爵，拜。皆答拜。興。**贊酌者，自酢也。**主人出，婦復位。**復尊西南面之位。**乃徹于房中，如設于室，尊否。**徹室中之饌，設于房中，爲媵、御餕之。徹尊不設，有外尊也。**主人説服于房，媵受。婦説服于室，御受**〔二〕。**姆授巾。**巾所以自潔清。今文「説」作「税」。○説，吐活反。**御衽于奥，媵衽良席在東，皆有**

〔一〕「婦拜當南面」下，陳本無「少牢饗答拜註云」至「故知婦拜南面」二十九字。
〔二〕「受」，北監本作「授」。

枕，北止。衽，卧席也。婦人稱夫曰良。孟子曰：「將覸良人之所之。」止，足也〔一〕。古文「止」作「趾」。○設衽曰衽，猶置尊曰尊、布筵曰筵也。上文媵受主人服、御受婦服，此御衽婦席、媵衽夫席，皆與「媵、御沃盥交」義同。**主人入，親説婦之纓。**入者，從房還入室也。婦人十五許嫁，笄而禮之，因著纓，明有繫也。蓋以五采爲之，其制未聞。**燭出。**昏禮畢，將卧息。**媵餕主人之餘，御餕婦餘，贊酌外尊酳之。**外尊，房户外之東尊。**媵侍于户外，呼則聞。**爲尊者有所徵求。今文「侍」作「待」。

右婦至成禮。

夙興，婦沐浴，纚笄、宵衣以俟見。夙，早也，昏明日之晨。興，起也。俟，待也。待見於舅姑寢門之外。古者命士以上，年十五，父子異宫。○此下言昏之明日，婦見舅姑，贊者於舅姑堂上醴婦，婦饋舅姑於室，舅姑饗婦，舅姑饗婦家送者，凡五節。**質明，贊見婦于舅姑。席于阼，舅即席。席于房外，南面，姑即席。**質，平也。房外，房户外之西。古文「舅」皆作「咎」。**婦執笲棗、栗，自門入，升自西階，進拜，奠于席。**笲，竹器而衣者，其形蓋如今之筥笭籚矣。進拜者，進東面乃拜。奠之者，舅尊，不敢授也。○舅立阼階上，西面。婦自西階，進至舅前，東面拜，拜已，坐奠棗

〔一〕陳本無「止足也」三字。

栗于舅席。○笲，音煩。衣，於既反。筁，羌居反。**舅坐撫之，興，答拜。婦還，又拜。**還又拜者，還於先拜處拜。婦人與丈夫爲禮，則俠拜。○撫，撫棗栗笲也。撫之者〔一〕，示受也。**降階，受笲腶脩**〔二〕**，升，進，北面拜，奠于席。姑坐舉以興，拜，授人。**人，有司。姑執笲以起，答婦拜，授有司徹之。舅則宰徹之。○婦見舅訖，復自西階降，受腶脩以見姑。○腶，丁亂反。

右婦見舅姑。

贊醴婦。「醴」當爲「禮」。贊禮婦者，以其婦道新成，親厚之。○疏云〔三〕：「案司儀註：『上於下曰禮〔四〕，敵者曰儐。』」**席于戶牖間。**室戶西，牖東，南面位。**側尊甒醴于房中。婦疑立于席西。**疑，正立自定之貌。○疑，魚乙反。**贊者酌醴，加柶，面枋，出房，席前北面。婦東面拜受，贊西階上北面拜送，婦又拜。薦脯、醢。**婦東面拜，贊北面答之，變于丈夫始冠成人之禮。**婦升席，左執觶，右祭脯醢，以柶祭醴三，降席，東面坐啐醴，建柶興，拜，贊答拜，婦又拜，奠于薦東。北面坐取脯，降，出授人于門外。**奠于薦東，升席奠之。取脯降出授人，親

〔一〕「之」下陳本無「者」字。

〔二〕「腶」，唐石經作「股」。

〔三〕「云」，陳本作「曰」。

〔四〕「曰」，陳本作「爲」。

徹，且榮得禮。人，謂婦氏人。○祭醴南面，啐醴東面，奠觶又南面，取脯則北面。

右贊者醴婦。

舅姑入于室，婦盥饋。饋者，婦道既成，成以孝養。特豚，合升，側載，無魚、腊，無稷，竝南上，其他如取女禮。側載者，右胖載之舅俎，左胖載之姑俎〔一〕，異尊卑。竝南上者，舅姑共席于奥，其饌各以南爲上。其他，謂醬、湇、菹、醢。女，謂婦也。如取婦禮，同牢時。「竝」當作「併」。○自「側載」以下、「南上」以上，皆與取女同牢之禮異。至醬、湇、菹、醢、酒、尊等，則與之同。婦贊成祭，卒食，一酳，無從。贊成祭者，授處之。今文無「成」也。○贊祭者，品授之，又處置之也。席于北墉下〔二〕。室中北牆下。○疏曰：「此席將爲婦餕之位處也。」婦徹，設席前如初，西上。婦餕，舅辭，易醬〔三〕。婦餕者，即席將餕也。辭、易醬者，嫌淬汙。婦餕姑之饌，御贊祭豆、黍、肺，舉肺脊，乃食。卒，姑酳之，婦拜受，姑拜送。坐祭，卒爵，姑受，奠之。奠于篚。○舅姑之饌，並設席前。婦所餕，則姑之饌。婦徹于房中。媵、御餕，姑酳之。雖無娣，媵先。於

〔一〕「載」，北監本作「戴」。
〔二〕「墉」，文淵閣本作「牖」。
〔三〕原本句讀作「舅辭易醬」，誤。

是與始飯之錯。古者嫁女，必娣、姪從之，謂之媵。姪，兄之子。娣，女弟也。娣尊，姪卑。若或無娣，猶先媵，客之也。始飯，謂舅姑。錯者，媵餕舅餘，御餕姑餘也。古文「始」爲「姑」。○媵、御餕于房，姑亦酳之。其酳之次，先媵而後御。娣、姪具者，媵固先。雖無娣而以姪爲媵，媵猶先也。媵從婦而餕舅餘，御從夫而餕姑餘，是與舅姑始飯夫婦之位相交錯也。

右婦饋舅姑。

舅姑共饗婦以一獻之禮。舅洗于南洗，姑洗于北洗。奠酬。以酒食勞人曰饗。南洗在庭，北洗在北堂。設兩洗者，獻、酬、酢以潔清爲敬。奠酬者，明正禮成，不復舉。凡酬酒，皆奠于薦左，不舉。其燕，則更使人舉爵。○疏云：「此饗婦之事，與上盥饋同日爲之。昏義云：『舅姑入室，婦以特豚饋，明婦順也。厥明，舅姑共饗婦。』鄭彼註云：『容大夫以上禮多，或異日。』故知此士，同日可也。此與上事相因，亦於舅姑寢堂之上，與禮婦同在客位也。」又云：「案下記『饗婦』節註云：『舅姑共饗婦，舅獻，姑薦脯、醢。』但薦脯、醢無盥洗之事。今云『姑洗於北洗』，洗者，洗爵。則是舅獻、姑酬，共成一獻，仍無妨姑薦脯、醢也。」愚案註「其燕，則更使人舉爵」者，汎言他經正獻後更舉爵行酬之事，非此經所有。**舅姑先降自西階，婦降自阼階。**授之室，使爲主，明代己。○疏云：「曲禮云：子事父母，升降不由阼階。今舅姑降自西階，婦降自阼階，是授婦以室之事也。『授之室』，昏義文。」**歸婦俎于婦氏人。**言俎，則饗禮有牲矣。婦氏人，丈夫送婦者。使有司歸以婦俎，當以反命於女之父母，明其得禮。

右舅姑饗婦。

舅饗送者以一獻之禮，酬以束錦。送者，女家有司也。爵至酬賓，又從之以束錦，所以相厚。古文「錦」皆作「帛」。○疏云：「尊無送卑之法。士無臣，故知有司送之也。」姑饗婦人送者，酬以束錦。婦人送者，隸子弟之妻妾。凡饗，速之。○疏云：「凡速者，皆就館速之[一]。」若異邦，則贈丈夫送者以束錦。贈，送也。就賓館。○既於饗酬之，又就館贈之也。

右饗送者。

若舅姑既没，則婦人三月，乃奠菜。没，終也。奠菜者，以篚祭菜也，蓋用堇。○此下言舅姑既没者之禮。三月婦道既成，乃廟見，因禮婦，饗從者。疏云：「若舅没姑存，則當時見姑，三月廟見舅。若舅存姑没，無廟可見，或更有繼室[二]，自然如常禮也。」席于廟奥，東面，右几。席于北方，南面。廟，考妣之廟。北方，墉下。○席于奥者，舅席也。席于北方者，姑席也。舅姑别席異面，象生時婦見之禮，與常祭同几者不同也。祝盥。婦盥，于門外。婦執笲菜，祝帥婦以入。祝告，稱婦之姓曰：「某氏來婦，敢奠嘉菜于皇舅某子。」帥，道也。入，入室也。某氏者，齊女

[一]「速之」，賈公彦儀禮疏作「召之」。
[二]「室」，北監本疏文作「姑」。

則曰姜氏，魯女則曰姬氏。來婦，言來爲婦。嘉，美也。皇，君也。○疏云：「盥于門外，此亦異于常祭。云『某子』者，言若張子、李子也。」顧炎武云：「婦人内夫家，無稱其舅爲張子、李子者。『某子』云者，或謚或字之稱[一]。」愚謂疏之意，或以婦新入門，稱姓以告，故亦以姓稱其舅與？**婦拜，扱地，坐奠菜于几東席上，還，又拜如初。**扱地，手至地也。婦人扱地，猶男子稽首。○疏云：「婦人以肅拜爲正。今云『扱地』，則婦人之重拜也。男子稽首，亦拜中之重，故以相況也。」愚案此「席上」，在奧之席。又拜如初，又扱地也[二]。○扱，初洽反。**婦降堂，取笲菜，入。祝曰：「某氏來婦，敢告于皇姑某氏。」奠菜于席，如初禮。**降堂，階上也。室事交乎户，今降堂者，敬也。於姑言「敢告」，舅尊於姑。○此奠北坐之前以見姑也[三]。「室事交乎户」，禮器文。**婦出。祝闔牖户。**凡廟，無事則閉之[四]。**老醴婦于房中，南面，如舅姑醴婦之禮。**因於廟見禮之。○亦象舅姑生時，因婦來見，遂禮之也。房中，廟之房中。嘗疑此老與前贊者並是男子，乃使與新婦爲禮，在前聖必自有説，非末學所可臆度矣。**壻饗婦送者丈夫、婦人，如舅姑饗禮。**

[一]「或謚或字」，陳本作「或字或謚」。
[二]「地」下陳本無「也」字。
[三]「姑」，陳本作「舅」。
[四]「閉」，陳本作「闔」。

右舅姑没婦廟見及饗婦、饗送者之禮。

記

士昏禮，凡行事，必用昏昕，受諸禰廟。辭無「不腆」，無「辱」。用昕，使者。用昏，壻也。壻，悉計反，從士，從胥，俗作「婿」，女之夫。腆，善也。賓不稱幣不善，主人不謝來辱。○昕，朝旦也。壻用昏，親迎時也。使者用昕，納采、問名、納吉、納徵、請期，使向女家時也。受諸禰廟，男家禮至，並於禰廟受之也。辭無「不腆」者，郊特牲云：「告之以直信[一]，信事人也，信婦德也。」註云：「此二者所以教婦正直信也。」**摯不用死，皮、帛必可制。**摯，鴈也。皮、帛，儷皮、束帛也。○摯必生鴈，皮、帛必可制爲衣物。**腊必用鮮，魚用鮒，必殽全。**殽全者，不餒敗，不剥傷。○殽全，指魚，其體肉完好也。此並據同牢時所用。○鮒，音附。餒，奴罪反。

右記昏禮時地、辭命、用物。

女子許嫁，笄而醴之，稱字。許嫁，已受納徵禮也。笄女之禮，猶冠男也，使主婦、女賓執其禮。○疏云：「笄女，許嫁者，用醴禮之；未許嫁者，當用酒醮之。」**祖廟未毁，教于公宫，三月。若祖廟已毁，則教于宗室。**祖廟，女高祖爲君者之廟也。以有緦麻之親，就尊者之宫，教以婦德、

[一]「告」上陳本無「郊特牲云」四字。

婦言、婦容、婦功。宗室，大宗之家〔一〕。○此謂諸侯同族之女，將嫁之前，教成之法。其與諸侯共高祖者，是緦麻之親〔二〕，教之於公宮。其共曾祖、共祖、共禰廟者，皆教於公宮可知也。若與君絶服者，則於大宗之家教之。大宗之家，謂别子之世適長子，族人所宗事者也。

記笄女、教女之事。

問名。主人受鴈，還，西面對，賓受命乃降。受鴈于兩楹間，南面，還于阼階上，對賓以女名。

記問名對賓之節。

祭醴，始扱一祭〔三〕，又扱再祭。賓右取脯，左奉之，乃歸，執以反命。反命，謂使者問名、納吉、納徵、請期，還報于壻父。○凡祭醴之法，皆如此。其記於此者，以問名諸禮皆醴賓故也。

記祭醴法〔四〕。

納徵。執皮，攝之，内文，兼執足，左首。隨入，西上，參分庭一，在南。攝，猶辟也。

〔一〕陳本「家」作「室」，下有「也」字。

〔二〕「緦」上陳本無「是」字。

〔三〕「一」，唐石經作「壹」。

〔四〕「醴」下陳本有「之」字。

兼執足者，左手執前兩足，右手執後兩足。左首，象生。曲禮曰：「執禽者左首。」隨入，爲門中阨狹。西上，中庭位併。○納徵之禮，賓執束帛入，別有二人執皮，以爲庭實。其執之之法，襞攝之，使文在內，兩手兼執其四足，首向左。二人相隨入門，至庭，則併立，以西爲上，三分庭之一而在其南。○阨，於賣反。**賓致命，釋外足，見文。主人受幣，士受皮者，自東出于後，自左受，遂坐攝皮，逆退，適東壁。**賓致命，主人受幣，庭實所用爲節。士，謂若中士、下士不命者，以主人爲官長。自，由也。○賓堂上致命時，執皮者庭中釋皮外足見文，主人堂上受命時，主人屬吏受皮者，自東方出執皮者之後，至其左，北面受之，故註云「賓致命，主人受幣，庭實所用爲節」也。既受皮，遂坐攝之，復使內文。逆退適東壁者，初二人相隨自東而西，及退反東壁，則後者在前也。

記納徵禮庭實之節。

父醴女而俟迎者。母南面于房外。女既次、純衣，父醴之于房中，南面，蓋母薦焉，重昏禮也，女奠爵于薦東，立于位而俟壻。壻至，父出，使擯者請事。母出，南面房外，示親授壻，且當戒女也。**女出于母左，父西面戒之，必有正焉，若衣、若笄。母戒諸西階上，不降。**必有正焉者，以託戒之，使不忘。○母在房户西，南面。女出房至母左時，父阼階上西面戒之。母送女至西階上，乃戒之也。父母不降送。庶母及門內中父母之命。

記父母授女。

婦乘以几。從者二人坐持几，相對。持几者，重慎之。○疏云：「王后則履石。大夫、諸侯亦應有物履之，但無文。今人猶用臺。」

記婦升車法。

婦入寢門，贊者徹尊冪[一]，酌玄酒，三屬于尊，棄餘水于堂下階間，加勺。屬，注也。玄酒，涚水，貴新。昏禮又貴新，故事至乃取之，三注于尊中。○屬，音燭[二]。涚，舒鋭反，音睡[三]。

記注玄酒之節。

笲，緇被纁裏，加于橋。舅答拜，宰徹笲。被，表也。笲有衣者，婦見舅姑，以飾爲敬[四]。橋所以庪笲，其制未聞。今文「橋」爲「鎬」。○笲，音煩[五]。

記笲飾及受笲之節。

婦席、薦，饌于房。醴婦、饗婦之席、薦也。饗婦，姑薦焉。舅姑共饗婦，舅獻爵，姑薦脯、

[一]「冪」，陳本作「鼏」。
[二]「音」，陳本作「立」。
[三]「鋭」，原作「説」，據薈要本、文淵閣本改。「反」下陳本無「音睡」二字。
[四]「飾」，北監本作「餙」。
[五]陳本無○及「笲音煩」三字。

醢。**婦洗在北堂，直室東隅，篚在東，北面盥。**洗在北堂，所謂北洗。北堂，房中半以北。洗南北直室東隅，東西直房户與隅間。○饗婦時，姑洗于北洗。疏云：「房與室相連，謂之房〔一〕，無北壁，故得北堂之名。」**婦酢舅，更爵，自薦。**更爵，男女不相因也。○婦得獻，卒爵，更爵酢舅，自薦脯、醢，不以人贊也。**不敢辭洗，舅降則辟于房，不敢拜洗。**不敢與尊者爲禮。○辭洗、拜洗，賓、主敵者之禮，婦於舅則不敢也。舅饗婦，獻爵、酬爵皆洗。**凡婦人相饗，無降。**姑饗婦人送者于房〔二〕，無降者，以北洗、篚在上。○疏云：「言『凡』者，欲見舅姑共饗婦及姑饗婦人送者皆然。」

記醴婦、饗婦饌具儀節。

婦入三月，然後祭行。入夫之室三月之後，於祭乃行，謂助祭也。

記婦助祭之期。

庶婦，則使人醮之，婦不饋。庶婦，庶子之婦也。使人醮之，不饗也。酒不酬、酢曰醮，亦有脯、醢。適婦酌之以醴，尊之。庶婦酌之以酒，卑之。其儀則同。不饋者，共養統於適也。○亦昏之明日，婦見舅姑時，因使人醮之於房外之西，如醴婦之儀。婦不饋，則舅姑亦不饗也。

〔一〕「謂」，賈公彦儀禮疏作「爲」。
〔二〕「姑」，陳本作「始」。

記庶婦禮之不同於適婦者。

昏辭，曰：「吾子有惠，貺室某也。」昏辭，擯者請事，告之辭。吾子，謂女父也。稱「有惠」，明下達。貺，賜也。室，猶妻也。某，壻名。○此下皆記昏禮中辭命。某有先人之禮，使某也請納采。」某，壻父名也。某也，使名也。對曰：「某之子惷愚，又弗能教。吾子命之，某不敢辭。」對曰者，擯出納賓之辭。某，女父名也。吾子，謂使者。古文「弗」爲「不」，無「能」字。○惷，失容反。致命，曰：「敢納采。」○當有對辭，文不具。愚意亦當與擯出納賓之辭不異。

納采之辭。

問名，曰：「某既受命，將加諸卜，敢請女爲誰氏？」某，使者名也。誰氏者，謙也，不必其主人之女。○疏以爲使者升堂致命之辭，愚意告擯者之辭，當亦不異。對曰：「吾子有命，且以備數而擇之，某不敢辭。」卒曰某氏，不記之者，明爲主人之女。○案前記問名節，註云：「還于阼階上〔一〕，對賓以女名。」

問名之辭。

醴，曰：「子爲事故，至於某之室。某有先人之禮，請醴從者。」言「從者」，謙，不敢斥

〔一〕「上」，原作「土」，據陳本、薈要本、文淵閣本、金陵書局本改。

也。今文「於」爲「于」。對曰：「某既得將事矣，敢辭。」將，行。「先人之禮，敢固以請。」主人辭。固，如故。「某辭不得命，敢不從也。」賔辭也。不得命者，不得許己之命〔一〕。

醴賔之辭。

納吉，曰：「吾子有貺命，某加諸卜，占曰吉，使某也敢告。」貺，賜也。賜命，謂許以女名也。某，壻父名。○疏於「貺」字截句。對曰：「某之子不教，唯恐弗堪。子有吉，我與在，某不敢辭。」與，猶兼也。古文「與」爲「豫」。○子既得吉，我兼在吉中，榮幸之言也〔二〕。○與，音預。

納吉之辭。

納徵，曰：「吾子有嘉命，貺室某也。某有先人之禮，儷皮、束帛，使某也請納徵。」致命，曰：「某敢納徵。」對曰：「吾子順先典，貺某重禮，某不敢辭，敢不承命。」典，常也，法也。

納徵之辭。

〔一〕「許」，原作「辭」，據薈要本改。薈要案語：「不得已許己之命。刊本『許』訛『辭』，據校宋本改。」四庫考證說同，唯摘句「得」下無「已」字，與注文同。

〔二〕「言」，陳本作「辭」。

請期，曰：「吾子有賜命，某既申受命矣。惟是三族之不虞，使某也請吉日。」三族，謂父昆弟、己昆弟、子昆弟。虞，度也。不億度〔一〕，謂卒有死喪。此三族者，己及子皆爲服期，期服則踰年，欲及今之吉也。雜記曰：「大功之末，可以冠子、嫁子。」○皆賔與主人面相往復之辭。中受命者，自納采以來，每度受命也。○億，於力反。卒，七忽反。**對曰：「某既前受命矣，唯命是聽。」**前受命者，申前事也〔二〕。○主人以期當自壻家來，故辭之。**曰：「某命某聽命于吾子。」**曰某，壻父名也。○使者再請。**對曰：「某固惟命是聽〔三〕。」使者曰：「某使某受命，吾子不許，某敢不告期。」曰某日。**某，吉日之甲乙。○使者來時，本受吉期於壻父，初執謙請之，此乃因其固辭而告之也。**對曰：「某敢不敬須。」**須，待也。

請期之辭。

凡使者歸，反命，曰：「某既得將事矣，敢以禮告。」告禮，所執脯。○凡者，五禮使者皆然。**主人曰：「聞命矣。」**

〔一〕「億」，陳本作「虞」。
〔二〕陳本「受」下無「命」字，「事」下無「也」字。
〔三〕「惟」，唐石經作「唯」。

使者反命之辭。

父醮子。子，壻也。○父爲子將迎婦，以酒醮之於寢。其儀當如冠子醮法。命之，辭曰[一]：「往迎爾相，承我宗事。相，助也。宗事，宗廟之事。○相，息亮反。勗帥以敬，先妣之嗣[二]，若則有常。」勗，勉也。若，猶女也。勉帥婦道，以敬其爲先妣之嗣。女之行，則當有常，深戒之。詩云：「太姒嗣徽音。」○謂婦爲相，以其爲夫之助也。註以「勗帥以敬」八字爲句，愚謂當四字爲句。「事」、「嗣」叶，「相」、「常」首尾叶，若曰：「今往迎爾相，以承我宗事，當勉帥以敬，使其惟先妣是嗣。女之敬，必有常，不可敬始而怠終也。」末句申勸之。○勗，許玉反。子曰：「諾！唯恐弗堪，不敢忘命。」

父醮子辭。

賓至，擯者請[三]，對曰：「吾子命某，以茲初昏，使某將，請承命。」賓，壻也。「命某」某，壻父名。茲，此也。將，行也。使某行昏禮來迎。對曰：「某固敬具以須。」

[一]「曰」上唐石經無「辭」字。
[二]原本句讀作「勗帥以敬先妣之嗣」，據下文張爾岐案語改。
[三]原本句讀作「賓至擯者請」，誤。

親迎至門告擯者辭。

父送女，命之曰：「戒之，敬之，夙夜毋違命。」夙，早也。早起夜卧。命，舅姑之教命。古文「毋」爲「無」。○即前記云「父西面戒之，必有正焉」之辭。母施衿結帨，曰：「勉之，敬之，夙夜無違宮事。」帨，佩巾。○即前記云「母戒諸西階上」之辭。衿，衣小帶，一云衣領。宮事，姑命婦之事。○衿，其鴆反。帨，舒鋭反。庶母及門内，施鞶，申之以父母之命，命之曰：「敬恭聽，宗爾父母之言，夙夜無愆，視諸衿鞶。」庶母，父之妾也。鞶，鞶囊也。男鞶革，女鞶絲，所以盛帨巾之屬，爲謹敬。申，重也。宗，尊也。愆，過也。諸，之也。示之以衿鞶，皆託戒，使識之也。不示之以衣、笄者，尊者之戒，不嫌忘之。「視」乃正字，今文作「示」，俗誤行之。○鞶大帶，其訓囊者，從糸不從革。視諸衿鞶者，教以見衿鞶即憶父母之言也。○鞶，步干反。

父母送女戒命之辭。

壻授綏，姆辭曰：「未教，不足與爲禮也。」〔一〕○此節監本脱，據石經及吳本補入。或當有鄭註，而今逸之矣〔二〕。姆，教人者。

〔一〕北監本無「壻授綏」至「禮也」十四字經文。

〔二〕「今」上陳本無「而」字。

姆辭壻授綏之辭。

宗子，無父，母命之；親皆没，己躬命之。宗子者，適長子也〔一〕。命之，命使者。母命之，在春秋「紀裂繻來逆女」是也。躬，猶親也。親命之，則「宋公使公孫壽來納幣」是也。言宗子無父，是有有父者。禮，七十老而傳，八十齊喪之事不及。若是者，子代其父爲宗子。其取也，父命之。○此因請期以上五禮，皆命使者行之，故言使命所出，必自其父。若無父者，則母命之。母命之者，亦但命子之父兄師友，使之命使，不得稱母命以通使也。親皆没〔二〕，不得已，乃親命之，所以養廉遠耻也。註引紀裂繻逆女事，見春秋隱二年公羊傳。公孫壽事，見成八年。其昏禮不稱主人，母命不得通使之義，並見彼傳及何休註。**支子，則稱其宗。**支子，庶昆弟也〔三〕。稱其宗子命使者。**弟，則稱其兄**〔四〕。弟，宗子母弟。○亦謂無父者。

記使命所自出。

若不親迎，則婦入三月，然後壻見，曰：「某以得爲外昏姻，請覿。」女氏稱昏，壻氏稱

〔一〕「適」，陳本作「嫡」。
〔二〕「皆」，原作「者」，據陳本改。
〔三〕「也」，文淵閣本作「子」。
〔四〕「稱」上唐石經無「則」字。

姻。覿，見也。○此下記不親迎者，婦入三月，壻見婦父母之辭命儀節。豈周公制禮，因其舊俗，而爲之節文與？自此至「敢不從」，並是壻在婦家大門外與擯者請對傳致之辭。**主人對曰：「某以得爲外昏姻之數**[一]**，某之子未得濯溉於祭祀，是以未敢見。今吾子辱，請吾子之就宮，某將走見。」**主人，女父也。以白造緇曰辱。○擯傳主人之言。未得濯溉於祭祀，謂三月以前，婦未與祭也。辱，謂來至門，是自屈辱也。**對曰：「某以非他故，不足以辱命，請終賜見。」**非他故，彌親之辭。命，謂將走見之言。今文無「終賜」。○非他故，謂以非他人之故而來見。疏云「是爲壻而來見」，又似「他」「故」二字連讀。**對曰：「某以得爲昏姻之故**[二]**，不敢固辭，敢不從。」**不言「外」，亦彌親之辭。○唐石經作「某得以爲昏姻之故」。**主人出門左，西面。壻入門，東面，奠摯，再拜，出。**出門，出内門。入門，入大門。出内門不出大門者，異於賓客也。壻見於寢。奠摯者，壻有子道，不敢授也。摯，雉也[三]。**擯者以摯出，請受。**欲使以賓客禮相見。**壻禮辭，許，受摯，入。主人再拜受。壻再拜送，出。**出，已見女父。○疏云：「擬出更與主婦相見也。」愚謂壻

[一]「昏」，北監本作「婚」。
[二]「以得」，唐石經作「得以」。
[三]「雉」，陳本作「雁」。

出，更以請見主婦告擯者，乃入見也。**見主婦。主婦闔扉，立于其內。**主婦，主人之婦也。見主婦者，兄弟之道，宜相親也。闔扉者，婦人無外事。扉，左扉。○扉，即主人所出之内門扉也。註「兄弟之道」，謂昏姻家爲兄弟。○扉，音非。**壻立于門外，東面。主婦一拜，壻答再拜，主婦又拜。壻出。**必先一拜者，婦人於丈夫，必俠拜。**主人請醴，及揖讓入，醴以一獻之禮，主婦薦，奠酬，無幣。**及，與也。無幣，異於賓客。○「醴」疑當作「禮」。若用醴，則無酢、酬〔一〕，俟質。**壻出，主人送，再拜。**

不親迎者見婦父母之禮。

〔一〕「酢酬」，陳本作「酬酢」。

儀禮

鄭氏註　濟陽張爾岐句讀

士相見禮第三

鄭目録云：「士以職位相親，始承摯相見之禮。雜記會葬禮曰：『相見也，反哭而退。朋友，虞、祔而退。』士相見於五禮屬賓禮。大小戴及別録皆第三。」○據經初言士相見禮，次言士見於大夫，又次言大夫相見，又次言士、大夫見於君，末及見尊長諸儀，皆自士相見推之，故以「士相見」名篇。目録引雜記會葬禮，原文又有「相趍也出宮而退，相揖也哀次而退，相問也既封而退」。鄭引之者，明相見者其恩誼較朋友爲疎，較相趍、相揖、相問者爲厚也。

士相見之禮。贄〔一〕，冬用雉，夏用腒〔二〕，左頭奉之。曰：「某也願見，無由達，某子以命命某見。」贄，所執以至者。君子見於所尊敬，必執贄以將其厚意也。士贄用雉者，取其耿介，交有時，别有倫也。雉必用死者，爲其不可生服也。夏用腒，備腐臭也。左頭，頭，陽也。無由達，言久無因緣以自達也。某子，今所因緣之姓名也。以命者，稱述主人之意。今文「頭」爲「脰」。○士

〔一〕「贄」，唐石經作「摯」。本卷原本及諸校本皆「贄」「摯」錯出，下不俱校。

〔二〕「腒」字旁，原本有小注「音渠」二字。

與士相見之禮，再請返，再辭贄，而後見。賔初以贄見，次請賔反見，次主人復還贄見賔，而禮成。腒，乾雉也。某也願見，見，賢遍反。凡卑於尊曰見〔一〕。敵而曰見，謙敬之辭〔二〕。將見人，必先因所知以通誠意，主人許而後往，以其許見，故云某子以主人之命命之見也。○腒，其居反。奉，芳勇反。脰，音豆。**主人對曰：「某子命某見，吾子有辱，請吾子之就家也，某將走見。」**有，又也。某子命某往見，今吾子又自辱來，序其意也。走，猶往也。今文無「走」。○某子，亦所因者之姓名。以其前來通意，故主人自謙言其曾命某往見也。某者，主人自名也。**賔對曰：「某不足以辱命，請終賜見。」**命，謂「請吾子之就家」。○命，謂主人請就家之命。不足辱，不敢當也。**主人對曰：「某不敢爲儀，固請吾子之就家也，某將走見。」**不敢爲儀，言不敢外貌爲威儀，忠誠欲往也。固，如故也。今文「不」爲「非」。古文云「固以請」。○疏云：「固謂堅固〔三〕，堅固則如故。」**賔對曰：「某不敢爲儀，固以請。」**言如固請終賜見也〔四〕。今文「不」爲「非」。**主人對曰：「某也固辭，不得**

〔一〕「尊」下陳本有「者」字。

〔二〕「辭」，陳本作「詞」。

〔三〕「謂」，北監本疏文、賈公彦儀禮疏皆作「爲」。

〔四〕「固」，薈要本作「故」。薈要案語：「言如故請終賜見也。刊本『故』訛『固』，據上節注『固如故也』句改。」四庫考證説同。

命，將走見。聞吾子稱贄，敢辭贄。」不得命者，不得見許之命也。走，猶出也。稱，舉也。辭其贄，爲其大崇也。古文曰「某將走見」。賓對曰：「某不以贄，不敢見。」見於所尊敬而無贄，嫌大簡。主人對曰：「某不足以習禮，敢固辭。」言不足習禮者，不敢當其崇禮來見己。○不敢當其崇禮，變文言某愚陋，不足與習禮也。賓對曰：「某也不依於贄，不敢見，固以請。」言依於贄，謙自卑也。主人對曰：「某也固辭，不得命，敢不敬從。」○始聽其以贄見。以上皆賓在門外，擯者傳言以相往復。出迎于門外，再拜，賓答再拜。主人揖，入門右。賓奉贄，入門左。主人再拜受。賓再拜送贄，出。右，就右也。左，就左也。受贄於庭，既拜受送，則出矣。不受贄於堂，下人君也。今文無「也」。○凡門，出，則以西爲右，以東爲左；入，則以東爲右，以西爲左。入送贄訖，賓敬已將，故出。人君受贄於堂，此受於庭，是自下於君，不敢與同也。「今文無『也』」，指上文「某也固辭」句。主人請見，賓反見，退。主人送于門外，再拜。請見者，爲賓崇禮來，相接以矜莊，歡心未交也。賓反見，則燕矣。下云「凡燕見於君」，至「凡侍坐於君子」，博記反見之燕義。臣初見於君，再拜奠贄而出。○賓既出，主人復請賓反，入相見，將以展懽燕。註言「臣初見於君，再拜奠贄而出」，亦謂既出，君亦當遣人留之燕也。以上賓見主人。主人復見之，以其贄，曰：「曏者吾子辱使某見，請還贄於將命者。」復見之者，禮尚往來也。以其贄，謂曏時所執來者也。曏，曩也。將，猶傳也。傳命者，謂擯相也。主人對曰：「某也既得見矣，敢辭。」讓其來答己也。

○疏曰〔一〕：「上言『主人』，此亦言『主人』者，上言『主人』者，據前爲主人而言；此云『主人』者，謂前賓今在己家而説也。」此下凡稱主人者，即前賓；稱賓者〔二〕，即前主人。**賓對曰：「某也非敢求見，請還贄於將命者。」**言不敢求見，嫌褻主人，不敢當也。**主人對曰：「某也既得見矣，敢固辭。」**固，如故也。**賓對曰：「某不敢以聞，固以請於將命者。」**言「不敢以聞」，又益不敢當。○不敢以聞，謂不敢以還贄之事聞之主人，但固請於將命者而已，益自謙之辭。**主人對曰：「某也固辭，不得命，敢不從。」**許受之也。異日則出迎，同日則否。○此賓、主之辭，亦皆擯者傳道。**賓奉贄入，主人再拜受，賓再拜送贄，出。主人送于門外，再拜。**○以上還贄。

右士相見禮。

士見於大夫，終辭其贄。於其入也，一拜其辱也。賓退，送再拜。終辭其贄，以將不親答也。凡不答而受其贄，唯君於臣耳。大夫於士，不出迎，入一拜，正禮也。送再拜，尊賓。**若嘗爲臣者〔三〕，則禮辭其贄，曰：「某也辭，不得命，不敢固辭。」**禮辭，一辭其贄而許也。將不答而

〔一〕「曰」，陳本作「云」。
〔二〕「稱」上陳本有「凡」字。
〔三〕「嘗」，北監本作「常」。

聽其以贄入，有臣道也。賔入，奠贄，再拜，主人答壹拜。奠贄，尊卑異，不親授也。古文「壹」爲「一」。賔出。使擯者還其贄于門外，曰：「某也使某還贄。」還其贄者〔一〕，辟正君也。賔對曰：「某也既得見矣，敢辭。」辭君還其贄也。今文無「也」。擯者對曰：「某也命某：『某非敢爲儀也。』敢以請。」還贄者請使受之。賔對曰：「某也，夫子之賤私，不足以踐禮，敢固辭。」家臣稱私。踐，行也。言某臣也，不足以行賔客禮。賔客，所不答者不受贄。擯者對曰：「某也使某：『不敢爲儀也。』固以請。」言「使某」，尊君也。或言「命某」，傳言耳。○擯者所稱「某也」，疏云：「蓋主人之名。」賔言「某也」，則自名也。賔對曰：「某固辭，不得命，敢不從。」再拜受。受其贄而去之。

右士見於大夫。

下大夫相見，以鴈，飾之以布，維之以索，如執雉。鴈，取知時，飛翔有行列也。飾之以布，謂裁縫衣其身也。維，謂繫聯其足。○國有三卿五大夫，此下大夫，是五大夫也。索，繩也。如執雉，亦左頭奉之也。○索，悉各反。上大夫相見，以羔，飾之以布，四維之，結于面，左頭，如麛執之。上大夫，卿也。羔，取其從帥，羣而不黨也。面，前也。繫聯四足，交出背上，於胷前結之也。

〔一〕「贄」下陳本無「者」字。

如麛執之者，秋獻麛〔一〕，有成禮，如之。或曰：麛，孤之摯也。其禮，蓋謂左執前足，右執後足。今文「頭」爲「脰」。○疏云：「凡以贄相見之法，唯有新升爲臣，及聘朝，及他國君來、主國之臣見，皆執贄相見。常朝，及餘會聚，皆執笏，無執贄之禮。又執摯者，或平敵，或以卑見尊，皆用摯。尊無執摯見卑之法。檀弓云哀公執摯見己臣周豐者，彼謂下賢，非正法也。」○麛，莫兮反。**如士相見之禮。**大夫雖摯異，其儀猶如士。○士與士相見，敵者之禮也。兩大夫相見，亦敵者，故其儀如之。

右大夫相見。

始見于君，執摯至下，容彌蹙。下，謂君所也。蹙，猶促也。促，恭慤貌也。其爲恭，士、大夫一也。**庶人見於君，不爲容，進退走。**容，謂趨翔。○庶人謂在官者，府、史、胥、徒是也。其見於君，不爲趨翔之容，進退唯疾走而已，即曲禮云「庶人僬僬」。**士、大夫，則奠摯再拜稽首，君答壹拜。**言君答士、大夫一拜，則於庶人不答之。庶人之摯，鶩。古文「壹」作「一」。○案曲禮：「君於士不答拜。」此得與大夫同答一拜者，新升爲士，故答拜，或新使反也。君答一拜，疏以爲當作空首，九拜中奇拜是也。○稽，音啓。**若他邦之人，則使擯者還其摯，曰：「寡君使某還摯。」賓對曰：「君不有其外臣，臣不敢辭。」再拜稽首受。**○疏云：「賓不辭即受摯，以君所不臣。禮無受他

〔一〕「秋」，北監本作「法」。

臣摯法，賓如此法，不敢亢禮於他君〔一〕，故不辭即受之也。臣無境外之交，今得以摯見他邦君者，謂他國之君來朝，此國之臣因見之，非特行也。」

右臣見於君。

凡燕見于君，必辯君之南面。若不得，則正方，不疑君。辯，猶正也。君南面，則臣見，正北面君。或時不然，當正東面，若正西面，不得疑君所處邪鄉之。此謂特見圖事，非立賓主之燕也。疑，度之。○經本言士與士相見，遞推至見大夫，大夫與大夫相見，士、大夫見君，見禮已備。此下博言圖事、進言、侍坐、侍食、退辭、稱謂諸儀法，殆類記文體例矣〔二〕。註知此燕見是圖事，非立賓主之燕者，以燕禮君在阼階，以西面爲正也。**君在堂，升見無方階，辯君所在。**升見，升堂見於君也。君近東，則升東階。君近西，則升西階。○升堂無一定之階，或東或西，以近君者爲便，亦謂特見圖事。若立賓主之燕，則君升自阼階，賓、主人升自西階矣。疏以爲兼反見之燕，恐亦於事理不合，疏蓋太泥前「反見」註文也。

右燕見於君。

凡言，非對也，妥而後傳言。凡言，謂己爲君言事也。妥，安坐也。傳言，猶出言也。若君

〔一〕「亢」，陳本作「抗」。
〔二〕「類」，原作「顃」，據陳本、薈要本、文淵閣本、金陵書局本改。

問，可對則對，不待安坐也。古文「妥」爲「綏」。○此下言進言之法〔一〕。凡進言，唯承尊者之問而對，則不待安坐。苟非對也，則必安坐而後出言。大傳曰：「易其心而後語。」亦此旨也。註專指爲君言，似泥。疏以妥爲君安坐，亦不可從。**與君言，言使臣。與大人言，言事君。與老者言，言使弟子**〔二〕。**與幼者言，言孝弟於父兄。與衆言，言忠信慈祥。與居官者言，言忠信。**博陳燕見言語之儀也。言使臣者，使臣之禮也。大人，卿大夫也。言事君者，臣事君以忠也。祥，善也。居官，謂士以下。○所與言之人不同，則言亦各有所宜。言雖多端，大旨所主，不離乎此。衆，謂衆庶。居官，謂凡有職位者。**凡與大人言，始視面，中視抱，卒視面，毋改。衆皆若是。**始視面，謂觀其顏色可傳言未也。中視抱，容其思之，且爲敬也。卒視面，察其納己言否也。毋改，謂傳言見答應之間，當正容體以待之，毋自變動，爲嫌懈惰不虛心也〔三〕。衆，謂諸卿大夫同在此者。皆若是，其視之儀無異也。古文「毋」作「無」。今文「衆」爲「終」。○毋，音無。**若父，則遊目，毋上於面，毋下於帶。**子於父，主孝不主敬，所視廣也，因觀安否何如也。今文「父」爲「甫」〔四〕。古文「毋」爲「無」。

〔一〕「此」下陳本無「下」字。
〔二〕「弟子」，陳本作「子弟」。
〔三〕「懈」，北監本作「解」。
〔四〕「爲」，陳本作「作」。

若不言，立則視足，坐則視膝。不言，則伺其行起而已〔一〕。

右進言之法。

凡侍坐於君子，君子欠伸，問日之早晏，以食具告，改居，則請退可也。君子，謂卿大夫及國中賢者也。志倦則欠，體倦則伸。問日晏，近於久也。具，猶辯也〔二〕。改居，謂自變動也。古文「伸」作「信」，「早」作「蚤」。○欠，引氣。伸，撟體。問日早晚，御者以食具告，主人自變動其居處，皆倦怠厭客之意，故請退可也。夜侍坐，問夜，膳葷，請退可也。問夜，問其時數也。膳葷，謂食之。葷，辛物，葱薤之屬，食之以止卧。古文「葷」作「薰」。○薤，户界反。

右侍坐於君子之法。

若君賜之食，則君祭，先飯，徧嘗膳，飲而俟，君命之食，然後食。君祭先飯，於其祭食〔三〕，臣先飯，示爲君嘗食也。此謂君與之禮食。膳，謂進庶羞。既嘗庶羞，則飲，俟君之徧嘗也。今

〔一〕「伺」，陳本作「視」。
〔二〕「辯」，薈要本作「辦」。薈要案語：「具猶辦也。刊本『辦』訛『辯』，據經典釋文改。」
〔三〕「於其」，原作「食其」，據薈要本改。薈要案語：「於其祭食，臣先飯。刊本『於』訛『食』，據校宋本改。」四庫考證説同。

文「呫嘗膳」〔一〕。○若侍坐而君賜之食，則君祭而臣先飯，徧嘗庶羞，啜飲而俟，必待君命之食然後食。疏以爲此膳宰不在，則侍食者自嘗己前食，非嘗君前食，與膳宰正嘗食有異，故云「示爲君嘗食也」。又云：「此小小禮食法，非正禮食。正禮食，則公食大夫是也。彼君前無食，此君臣俱有食，故與彼異也。」○呫，音貼，他篋反。**若有將食者，則俟君之食，然後食。**將食，猶進食，謂膳宰也。膳宰進食，則臣不嘗食。周禮：「膳夫授祭，品嘗食，王乃食。」**若君賜之爵，則下席再拜稽首受爵，升席祭，卒爵而俟，君卒爵，然後授虛爵。**受爵者，於尊所。至於授爵，坐授人耳。必俟君卒爵者，若欲其釂然也。今文曰「若賜之爵」，無「君」也。○此亦燕見賜爵法。若大燕飲禮，則君卒爵而後飲。案燕禮，當無筭爵後得君賜爵，待君卒爵乃飲，是也。**退，坐取屨，隱辟而後屨**〔二〕。**君爲之興，則曰：「君無爲興，臣不敢辭。」君若降送之，則不敢顧辭，遂出。**謂君若食之飲之而退也。隱辟，俛而逡巡。興，起也。辭君興而不敢辭其降，於己太崇，不敢當也。○「君無爲興，臣不敢辭」，即臣辭興之語也。**大夫則辭，退，下**〔三〕，**比及門，三辭。**下，亦降也。○士卑，不敢辭降。大夫臣中尊者，君爲己退而降，則辭矣。○比，毗志反。

〔一〕「文」，北監本作「云」，陳本初作「文」，後改作「云」。
〔二〕「後」，陳本作「后」，唐石經、北監本皆作「后」。
〔三〕原本句讀作「大夫則辭退下」，誤。

右臣侍坐，賜食、賜飲及退去之儀。

若先生、異爵者請見之，則辭。辭不得命，則曰：「某無以見，辭不得命，將走見。」先見之。先生，致仕者也。異爵，謂卿大夫也。辭，辭其自降而來。走，猶出也。先見之者，出先拜也。曲禮曰：「主人敬賔，則先拜賔〔一〕。」○某無以見，言無故不敢輕見也。

右尊爵者來見士。

非以君命使，則不稱寡。大夫、士，則曰「寡君之老」。謂擯贊者辭也〔二〕。不稱寡者〔三〕，不言寡君之某，言姓名而已。大夫、卿、士，其使，則皆曰寡君之某。檀弓曰：「仕而未有禄者，君有饋焉，曰『獻』；使焉，曰『寡君之老〔四〕』。」○此經當有脱文，註引檀弓亦多「之老」二字。玉藻云：「大夫私事，使私人擯，則稱名；公士擯，則曰『寡大夫』『寡君之老』。」與此經相發明，謂非以君命而有事他國，則擯辭不得稱曰「寡君之某」，稱名而已。若以君命出聘，公士爲擯，下大夫則曰「寡大夫」，上大

〔一〕「敬賔」、「拜賔」之「賔」，禮記曲禮皆作「客」。

〔二〕「辭」上陳本有「之」字。

〔三〕「者」，原作「君」，據薈要本改，陳本正文作「君」，旁改作「者」。薈要案語：「不稱寡者。刊本『者』訛『君』，據經文及校宋本改。」四庫考證説同。

〔四〕「寡君」下，禮記檀弓無「之老」二字。

夫則曰「寡君之老」。**凡執幣者，不趨，容彌蹙以爲儀。**不趨，主慎也。以進而益恭爲威儀耳。今文無「容」。○疏曰〔一〕：「案小行人『合六幣』，玉、馬、皮、圭、璧、帛，皆稱幣。下文别云『執玉』，則此幣謂皮、馬、享幣及禽摯，皆是。」又云：「不趨者，不爲疾趨。」**執玉者，則唯舒武，舉前曳踵。**唯舒者，重玉器，尤慎也。武，迹也。舉前曳踵，備躓跲也。今文無「者」〔二〕。古文「曳」作「抴」。○執玉本朝聘鄰國之事，因言執贄相見，遂兼及之。舒武，舒徐其足武，不敢疾趨也。鄭乃於「舒」字斷句。○躓，音致。跲，其業反。抴，以制反。**凡自稱於君，士、大夫，則曰「下臣」。宅者，在邦，則曰「市井之臣」；在野，則曰「草茅之臣」。庶人，則曰「刺草之臣」。他國之人，則曰「外臣」。**宅者，謂致仕者。去官而居宅，或在國中，或在野。周禮載師之職：「以宅田任近郊之地。」今文「宅」或爲「託」。古文「茅」作「苗」。刺，猶剗除也。○與君言之時，其自稱有此數者之異。○刺，七亦反。

右博記稱謂與執贄之容。

〔一〕「曰」，陳本作「云」。

〔二〕「今」，原作「合」，據陳本、薈要本、文淵閣本、金陵書局本改。薈要案語：「今文無者。刊本『今』訛『合』，據各本儀禮鄭注改。」四庫考證説同。

儀禮

鄭氏註　濟陽張爾岐句讀

鄉飲酒禮第四

鄭目録云：「諸侯之鄉大夫，三年大比，獻賢者、能者於其君，以禮賓之，與之飲酒。於五禮屬嘉禮。大戴，此乃第十。小戴及别録，此皆第四。」○疏曰：「凡鄉飲酒之禮，其名有四：案此賓賢能謂之鄉飲酒，一也；又案鄉飲酒義云『六十者坐，五十者立侍』，是黨正飲酒，亦謂之鄉飲酒，二也；鄉射，州長春秋習射於州序，先行鄉飲酒，亦謂之鄉飲酒，三也；案鄉飲酒義，又有鄉大夫、士飲國中賢者，用鄉飲酒，四也。」疏言鄉飲有四，此篇所載，三年大比賓賢之禮也，常以正月行之。將射而飲，下篇所列是也，於春秋行之。黨正正齒位，於季冬蜡祭。鄉大夫飲國中賢者，則無常時。

鄉飲酒之禮。主人就先生而謀賓、介。 主人，謂諸侯之鄉大夫也。先生，鄉中致仕者。賓、介，處士賢者。周禮大司徒之職：「以鄉三物教萬民而賓興之：一曰六德，知、仁、聖、義、忠、和；二曰六行，孝、友、睦、婣、任、恤；三曰六藝，禮、樂、射、御、書、數。」鄉大夫以「正月之吉，受灋于司徒，退而頒之于其鄉吏，使各以教其所治，以考其德行，察其道藝。及三年，大比而興賢者、能者。鄉老及鄉大夫帥其吏與其衆寡，以禮禮賓之。厥明，獻賢能之書於王」，是禮，乃三年正月而一行也。諸侯之鄉大夫貢士於其君，蓋如此云。古者年七十而致仕，老於鄉里，大夫名曰父師，士名曰少師，而教學焉，恒知鄉人之賢者，是以大夫就而謀之〔一〕。賢者爲賓，其次爲介，又其次爲衆賓，而與之飲酒，是亦將獻之，以禮禮賓之也。今郡國十月，行此飲酒禮，以黨正每歲「邦索鬼神而祭祀，則以禮屬民而飲酒于序，以正齒位」之説，然此篇無正齒位之事焉。凡鄉黨飲酒，必於民聚之時，欲其見化，知尚賢尊長也。孟子曰：「天下有達尊三：爵也，德也，齒也。」○案此飲酒禮，有獻賓，有樂賓，有旅酬，有無筭爵樂，凡四大段〔二〕，而禮成。此下至「當楣北面答拜」，則將飲酒之始事，初謀賓、戒賓，次陳設，次速賓、迎賓、拜賓，凡三節。疏云周禮所言是天子鄉大夫貢士法，諸侯鄉大夫貢士法亦如之。「若據鄉貢一人，其介與衆賓不貢，但輔賓行禮，待後年還以貢之耳。大國三鄉，次國二鄉，小國一鄉，鄉送一人至君所，其君簡訖，仍更行飲酒禮賓之於王」。○索，色白反。**主人戒賓，賓拜辱，主人答拜。乃請賓，賓禮辭，許。主人再拜，賓答拜。**戒，警也，告也。拜辱，出拜其自屈辱，至己門也。請，告以其所爲來之事。不固辭者，素所有志。○主人戒賓，言主人往至賓門，欲相警告，非謂已戒之也。至請賓，方是發辭相戒耳。一辭而許者，德業既成，欲及時而試也。主人再拜，拜其許己也。**主人退，賓拜辱。**退，猶去也。去又拜辱者，以送謝之。**介亦如之。**如戒賓也。○如戒賓時拜辱、請、許諸儀也。疏云：「衆賓必當遣人戒、速，但略而不言。」

〔一〕「就」上陳本無「大夫」二字。

〔二〕「段」，原作「叚」，據陳本、薈要本、文淵閣本、金陵書局本改。案：原本「段」皆作「叚」，下不俱校。

右謀賓、戒賓。

乃席賓、主人、介。席，敷席也。夙興往戒，歸而敷席〔一〕。賓席牖前，南面。主人席阼階上，西面。介席西階上，東面。○註言敷席面位，可訂近日鄉飲隅坐之失。**衆賓之席，皆不屬焉。**席衆賓於賓席之西。不屬者，不相續也。皆獨坐，明其德各特。○疏云：「雖不屬，猶統賓爲位，同南面也。」**尊兩壺于房户間**〔二〕**，斯禁，有玄酒，在西。設篚于禁南，東肆。加二勺于兩壺。**斯禁，禁切地無足者。玄酒在西，上也。肆，陳也。○兩壺，酒與玄酒各一也。斯禁以承壺。玄酒在酒之西。設篚貯爵，在禁之南，向東陳之，其首在西。壺各有勺，以備挹酌。疏云：「士之棜禁，大夫之斯禁，名雖異，其形同。若天子、諸侯承尊之物，謂之豐，上有舟。」**設洗于阼階東南，南北以堂深，東西當東榮。水在洗東。篚在洗西，南肆。**榮，屋翼。○南北以堂深，謂以堂廉北至屋壁之遠近，爲洗去堂之遠近也，疏云「假令堂深二丈，洗去堂亦二丈，以此爲度」是也。堂上設篚，此復設篚者，上篚所貯三爵，每一爵行畢，即奠下篚，且貯餘觶也。

右陳設。

〔一〕原本句讀作「席、敷席也夙、興往戒、歸而敷席」，誤。

〔二〕「壺」，北監本作「壼」，下經文「兩壺」同。

羹定。肉謂之羹。定，猶孰也。○疏云：「言『羹定』者，以與速賓時節爲限〔一〕。」**主人速賓，賓拜辱，主人答拜，還，賓拜辱。**速，召也。還，猶退。**介亦如之。**如速賓也。**賓及衆賓皆從之。**從，猶隨也。言及衆賓，介亦在其中矣。○主人速賓而還，賓及衆賓後面隨至，非同行相隨也。**主人、一相，迎于門外。再拜賓，賓答拜。拜介，介答拜。**相，主人之吏，擯贊傳命者。○主人於羣吏中，立一人以相禮，與之迎賓於庠門外。**揖衆賓。**差益卑也。拜介、揖衆賓，皆西南面。○疏云：「賓、介、衆賓在門外，位以北爲上。主人與賓，正東西相當，則介與衆賓差在南，東面。主人正西面拜賓，則側身向西南拜介、揖衆賓矣。」**主人揖，先入。**揖，揖賓也。先入門而西面。○主人導賓先入，至内霤，西向以待。**賓厭介，入門左。介厭衆賓，入。衆賓皆入門左，北上。**皆入門西，東面。賓之屬相厭，變於主人也。推手曰揖，引手曰厭。今文皆作「揖」，又曰「衆賓皆入左」，無「門」。○疏云：「引手曰厭者，以手向身引之。」○厭，一涉反。**主人與賓三揖，至于階，三讓。主人升，賓升。主人阼階上當楣北面再拜，賓西階上當楣北面答拜。**三揖者，將進揖，當陳揖，當碑揖。楣，前梁也。復拜，拜賓至此堂，尊之。○陳，堂塗也，東西兩向堂之塗也。主人與賓三揖至階，介與衆賓亦相隨至西階下。主人升，賓乃升。爲賓之道，進宜難也。當楣拜，拜至也。

〔一〕「節爲」，陳本作「爲節」。

右速賓、迎賓、拜至。

主人坐取爵于篚，降洗。將獻賓也。○此下至「以爵降，奠於篚」，言主人獻賓、介、衆賓之儀，凡六節。**賓降。**從主人也。**主人坐奠爵于階前，辭。**重以己事煩賓也。事同曰讓，事異曰辭。**賓對。**對，答也。賓、主之辭未聞。**主人坐取爵，興，適洗，南面坐奠爵于篚下，盥洗。**已盥乃洗爵，致潔敬也。今文無「奠」。○篚下，當篚之下，非於篚也。盥洗者，盥訖，取爵擬洗，亦非謂遽已洗也。下文因賓辭，復置爵而對，對已，乃復取爵成洗。**賓進，東北面辭洗。**必進東行，示情。○賓降立當西序，至主人擬洗爵，乃進而東行，東北向主人辭洗。註云「示情」者，示謙下主人之情也。**主人坐奠爵于篚，興對。賓復位，當西序，東面。**言「復位」者，明始降時，位在此〔一〕。**主人坐取爵，沃洗者西北面。**沃洗者，主人之羣吏。○古人盥洗，並用人執器灌沃，下别有器，承其棄水，故有沃洗者。**卒洗，主人壹揖，壹讓，升。**俱升。古文「壹」作「一」。**賓拜洗。主人坐奠爵，遂拜。**降盥，**復盥，爲手坋汙。○因事曰遂。言「遂拜」者，主人坐奠爵，因不起而遂拜也。後凡言「遂」者，皆因上事。○坋，步困反。**賓降，主人辭，賓對，復位，當西序。卒盥，揖讓升。賓**

〔一〕「位」，北監本作「代」。

西階上疑立。疑，讀爲「仡然從於趙盾」之「仡」。疑，正立自定之貌〔一〕。○盾，徒本反。**主人坐取爵，實之，賓之席前，西北面獻賓。**獻，進也，進酒於賓。○主人取爵實酒獻賓，必西北面者，賓在西階，欲其就席受爵，故西北向之也。**賓西階上拜，主人少退。**少退，少避。**賓進受爵，以復位。**復位，復西階上位。○賓進席前受爵，復持此爵還西階上位。**主人阼階上拜送爵，賓少退。薦脯、醢。**薦，進也。進之者，主人有司。○薦之席前。**賓升席，自西方。**升由下也。升必中席。○疏云：「案曲禮云：『席南鄉、北鄉，以西方爲上。』今升席自西方，云『升由下』者，以賓統於主人，以東方爲上也。」**乃設折俎。**牲體枝解節折在俎〔二〕。**主人阼階東疑立。賓坐，左執爵，祭脯醢，**坐，坐於席。祭脯醢者，以右手。**奠爵于薦西，興，右手取肺，卻左手執本，坐，弗繚，右絶末以祭，尚左手，嚌之，興，加于俎，**興，起也。肺，離之。本，端厚大者。繚，猶紾也。大夫以上，威儀多，紾絶之。尚左手者，明垂紾之，乃絶其末。嚌，嘗也。○少儀云「取俎、進俎不坐」，是以取時奠爵興，至加于俎又興也。卻左手，仰其左手也。案鄉射禮取矢于楅卻手與覆手對。弗繚者，直絶末以祭不必繚也。繚祭，以手從肺本循之，至末乃絶之。絶祭不循其本，但絶末而已。大夫以上威儀

〔一〕「正」，北監本作「然」，屬上讀。
〔二〕「在」下文淵閣本無「俎」字。

多，乃繚，士則否。經文言「弗繚」，以賓固士也。他事皆從士禮，註疏獨於此處解作繚祭，不敢從。○繚，音了。坐挩手，遂祭酒，挩，拭也。古文「挩」作「説」。○坐以帨巾拭手，遂執爵祭酒。○挩，始鋭反。興，席末坐，啐酒，啐，亦嘗也。○席末，謂席之尾。祭薦、祭酒、嚌肺，皆於席中，唯啐酒於席末。降席，坐奠爵，拜，告旨，執爵興。主人阼階上答拜。降席，席西也。旨，美也。賓西階上北面坐卒爵，興，坐奠爵，遂拜，執爵興。主人阼階上答拜。卒，盡也。於此盡酒者，明此席非專爲飲食起〔一〕。

右主人獻賓。

賓降洗。將酢主人。主人降。亦從賓也。降，降立阼階東〔二〕，西面。賓坐奠爵，興辭。西階前也。○疏云：「鄉射云：『賓西階前東面坐奠爵，興，辭降。』此亦然。」主人對。賓坐取爵，適洗南，北面。○擬洗。主人阼階東，南面辭洗。賓坐奠爵于篚，興對。主人復阼階東，西面。○前獻賓，主人既盥而後辭洗，此則賓未盥而已辭洗，故主人奠爵，初在篚下，繼乃於篚，以初

〔一〕「食」，原作「酒」，據薈要本改。薈要案語：「明此席非專爲飲食起。刊本『食』訛『酒』，據賈疏及禮記鄉飲酒義改。」四庫考證説同。

〔二〕「立」下陳本有「于」字。

未聞賓命也。賓奠爵即于篚，以已聞主命也。賓東北面盥，坐取爵，卒洗，揖讓如初，升。○如獻賓時一揖一讓。主人拜洗，賓答拜，興。降盥，如主人禮。○如其從降、辭、對。賓實爵，主人之席前，東南面酢主人。○主人在阼階，賓自主席前向之，故東南面。主人阼階上拜，賓少退。主人進受爵，復位。賓西階上拜送爵。薦脯、醢。○亦主人有司。主人升席自北方。設折俎。祭如賓禮，祭者，祭薦、俎及酒，亦嚌、啐。不告旨。酒己物也。自席前適阼階上，北面坐卒爵，興，坐奠爵，遂拜，執爵興。賓西階上答拜。自席前者，啐酒席末，因從北方降，由便也。○案曲禮：「席東鄉、西鄉，以南方爲上；南鄉、北鄉，以西方爲上。」凡升席由下，降席由上。今主人當降自南方，以啐酒於席末，遂因從席北頭降，由席前以適阼階，是由便也。主人坐奠爵于序端，阼階上北面再拜崇酒。賓西階上答拜。東西墻謂之序。崇，充也，言酒惡，相充實。○疏云：「奠爵于序端者，擬後酬賓訖，取此爵以獻介也。」李之藻云：「崇，重也。」謝賓崇重己酒不嫌其惡也。

右賓酢主人。

主人坐取觶于篚，降洗，賓降，主人辭降。賓不辭洗，立當西序，東面。不辭洗者，以其將自飲。○酬酒，先自飲，乃酬賓，故註云「將自飲」。獻用爵，酬用觶。一升曰爵，三升曰觶。卒洗，揖讓升。賓西階上疑立。主人實觶酬賓，阼階上北面坐奠觶，遂拜，執觶興。賓西

階上答拜。酬，勸酒也。酬之言周，忠信爲周。○先自飲，所以勸賓也。拜賓者，通其勸意也。答拜者，答其勸己也。**坐祭，遂飲，卒觶，興，坐奠觶，遂拜，執觶興。賓西階上答拜。**○主人導飲訖。**主人降洗，賓降辭，如獻禮。升，不拜洗。**不拜洗，殺於獻。○主人爲賓洗爵，故賓降、辭如獻時，但升堂不拜耳。**賓西階上立。主人實觶，賓之席前，北面。賓西階上拜，主人少退。卒拜，進，坐奠觶于薦西。**賓已拜，主人奠其觶。○奠觶西，欲賓舉此觶也。**賓辭，坐取觶，復位。主人阼階上拜送。賓北面坐奠觶于薦東，復位。**酬酒不舉，君子不盡人之歡，不竭人之忠，以全交也。○賓辭，疏以爲辭主人復親酌己。愚以主人方酌時不辭，殆非辭酌也，仍是辭其親奠，如鄉射二人舉觶時耳[一]。

右主人酬賓。

主人揖降，賓降立于階西，當序，東面。主人將與介爲禮，賓謙，不敢居堂上。○揖降者，主人揖賓而自降，賓亦降辟階西，俟其與介爲禮也。**主人以介揖讓升，拜如賓禮。主人坐取爵于東序端，降洗，介降，主人辭降，介辭洗，如賓禮。升不拜洗。**介禮殺也。○主人與賓三揖至階之時，介與衆賓，亦相隨至階下。今此云「以介揖讓升」，唯有升堂揖讓耳，無庭中三揖矣。拜如

〔一〕「鄉射」下陳本有「禮」字。

賔禮，謂亦拜至如賔也。介西階上立。不言「疑」者，省文。主人實爵，介之席前，西南面獻介。○介席東面，介立西階上，在席南，故主人西南面向之。介西階上北面拜，主人少退。介進，北面受爵，復位。主人介右北面拜送爵，介少退。主人拜于介右，降尊以就卑也。今文無「北面」。主人立于西階東。○在介右而又稍東，以設薦之時，介方升祭，主人無事，故立於此。薦脯、醢。介升席自北方。設折俎。祭如賔禮，不嚌肺，不啐酒，不告旨。自南方降席，北面坐，卒爵，興，坐奠爵，遂拜，執爵興。主人介右答拜。不嚌、啐，下賔。○北面坐，西階上北面坐也。

右主人獻介。

介降洗，主人復阼階，降，辭如初。如賔酢之時。○降、辭如初者，介辭主人從己降，主人辭介爲己洗，一如賔酢時也。卒洗，主人盥。盥者，當爲介酌。○疏云：「主人自飲而盥者，尊介也。」介揖讓升，授主人爵于兩楹之間。就尊南授之。介不自酌，下賔。酒者賔主共之。○揖讓升，一揖一讓升也。介但授虚爵不自酌者，介卑，不敢必主人爲己飲也。介西階上立。主人實爵，酢于西階上，介右坐奠爵，遂拜，執爵興。介答拜。主人坐祭，遂飲，卒爵，興，坐奠爵，遂拜，執爵興。介答拜。主人坐奠爵于西楹南，介右再拜崇酒。介答拜。奠爵西楹南，以爵獻衆賔〔一〕。

〔一〕「爵」，陳本原同，後改作「當」。

右介酢主人。

主人復阼階，揖降，介降立于賓南。○向來主人與介行禮西階上，事訖，故復阼階。揖降者，將與衆賓爲禮也。**主人西南面三拜衆賓，衆賓皆答壹拜。**三拜、一拜，示徧，不備禮也。不升拜，賤也。○主人在阼階下，衆賓在賓、介之南，故主人西南面拜之。註「示徧」，解主人三拜；「不備禮」，解衆賓答一拜。「不升拜〔一〕，賤也」，言主人不升衆賓於堂而拜之，以其賤，故略之，與賓、介升堂拜至者異也。**主人揖升，坐取爵于西楹下，降洗，升實爵，于西階上獻衆賓。衆賓之長，升拜受者三人。**長，其老者。言「三人」，則衆賓多矣。○主人揖升，主人自升也，衆賓尚在堂下。至主人于西階上獻爵，衆賓始一一升受之耳。經文自明，疏以揖升爲揖衆賓升，非也。又記云「衆賓之長一人辭洗，如賓」，當亦從堂下東行辭之，疏以爲降辭，亦未是。**主人拜送。**於衆賓右。**坐祭，立飲，不拜既爵，授主人爵，降復位。**既，卒也。卒爵不拜，立飲立授，賤者禮簡。○一人飲畢，授爵降，次一人乃升拜受也。**衆賓獻，則不拜受爵，坐祭，立飲。**次三人以下也。不拜，禮彌簡。○亦升受，但不拜耳。**每一人獻，則薦諸其席。**謂三人也。○席次賓、介西，前經云「衆賓之席，皆不屬焉」是也。**衆賓辯有脯、醢。**亦每獻薦於其位，位在下。今文「辯」皆作「徧」。○疏云：「堂下立

〔一〕「升拜」二字陳本倒。

侍，不合有席，既不言席，知位在下。」○「辯」與「遍」同。**主人以爵降，奠于篚。**不復用也。

右主人獻衆賓。自初獻賓至此〔一〕，爲飲酒第一段。

揖讓升，賓厭介升，介厭衆賓升，衆賓序升，即席。序，次也。即，就也。今文「厭」皆爲「揖」。○此下言一人舉觶，待樂賓後，爲旅酬之端也。揖讓升，謂主人，蒙上「以爵降」之文也。衆賓序升，謂三賓，堂上有席者。**一人洗，升，舉觶于賓，**一人，主人之吏。發酒端曰舉。**實觶，西階上坐奠觶，遂拜，執觶興。賓席末答拜。坐祭，遂飲，卒觶興，坐奠觶，遂拜，執觶興。賓答拜。降洗，升實觶，立于西階上。賓拜。**賓拜，拜將受觶。○疏曰：「云『賓席末答拜』者，謂於席西南面〔二〕，非謂席上近西謂末〔三〕，以其無席上拜瀝也。已下賓拜皆然。」**進坐奠觶于薦西。賓辭，坐受以興。**舉觶不授，下主人也。言「坐受」者〔四〕，明行事相接，若親受，謙也。○案主人酬賓，亦奠觶而不親授，似酬法當然，註以爲下主人，恐宜再議。**舉觶者西階上拜送。賓坐奠觶于其所。**所，薦西也。○作樂後，立司正，賓取此觶以酬主人，以其將舉，故奠之於右。**舉觶者**

〔一〕「至」上陳本重「賓」字。
〔二〕「南」下陳本無「面」字。
〔三〕下「謂」字，陳本初作「謂」，後改作「爲」。
〔四〕「言」，原作「主」，據陳本、文淵閣本改。

降。事已。

右一人舉觶。

設席于堂廉，東上。為工布席也。側邊曰廉。燕禮曰：「席工於西階上，少東。樂正先升，北面。」此言「樂正先升，立于西階東」，則工席在階東。○此下作樂樂賓，有歌，有笙，有間，有合，凡四節。疏云：「註引燕禮，欲證工席在西階東。據樂正於西階東而立在工西，則知工席更在階東。此言近堂廉，亦在階東。彼云階東，亦近堂廉也。」**工四人，二瑟，瑟先。相者二人，皆左何瑟，後首，挎越**〔一〕**，内弦，右手相。**四人，大夫制也。二瑟，二人鼓瑟，則二人歌也。瑟先者，將入，序在前也。相，扶工也，衆賓之少者為之，每工，一人。鄉射禮曰：「弟子相工，如初入。」天子相工使視瞭者，凡工，瞽矇也，故有扶之者。師冕見，及階，子曰：「階也。」及席，子曰：「席也。」固相師之道。後首者，變于君也。挎，持也。相瑟者，則為之持瑟。其相歌者，徒相也。越，瑟下孔也。内弦，側擔之者。○燕禮「小臣左何瑟，面鼓」，謂可鼓者在前。此後首不面鼓，是變於君也。瑟底有孔，以指深入謂之挎。内弦，弦向内也〔二〕。○何，户可反。挎，口孤反。瞭，音了。擔，丁甘反。**樂正先升，立于西階東。**

〔一〕「挎」字旁，原本有小注「音枯」二字。
〔二〕「内」上陳本無「向」字。

正，長也。**工入，升自西階，北面坐。相者東面坐，遂授瑟〔一〕，乃降。**降立于西方，近其事。**工歌鹿鳴、四牡、皇皇者華。**三者皆小雅篇也。鹿鳴，君與臣下及四方之賓燕，講道修政之樂歌也〔二〕。此采其已有旨酒，以召嘉賓，嘉賓既來，示我以善道，又樂嘉賓有孔昭之明德，可則傚也。四牡，君勞使臣之來，樂歌也。此采其勤苦王事，念將父母，懷歸傷悲，忠孝之至，以勞賓也。皇皇者華，君遣使臣之樂歌也。此采其更是勞苦，自以爲不及，欲諮謀于賢知，而以自光明也。**卒歌，主人獻工。工左瑟，一人拜，不興，受爵。主人阼階上拜送爵。**一人，工之長也。凡工賤，不爲之洗。○工左瑟者，移瑟于左，身在瑟右，以便受爵也。**薦脯、醢。使人相祭。**使人，相者，相其祭酒、祭薦。**工飲，不拜既爵，授主人爵。**坐授之。**衆工則不拜受爵，祭飲，辯有脯、醢，不祭。**祭飲，獻酒重，無不祭也。今文「辯」爲「徧」。○祭飲，祭而後飲也。**大師，則爲之洗，賓、介降，主人辭降，工不辭洗。**大夫，若君賜之樂，謂之大師，則爲之洗，尊之也。賓、介降，從主人也。工，大師也。上既言獻工矣，乃言大師者，大師或瑟或歌也。其獻之，瑟則先，歌則後。○大師在瑟歌四人之內，通謂之工。獻之亦依瑟先歌後之序，但爲之洗，爲不同。

〔一〕「遂」，北監本作「送」。
〔二〕「修」，北監本作「脩」。

右升歌三終及獻工。

笙入，堂下磬南，北面立。樂南陔、白華、華黍。笙，吹笙者也，以笙吹此詩以爲樂也。南陔、白華、華黍，小雅篇也，今亡，其義未聞。昔周之興也，周公制禮作樂，采時世之詩，以爲樂歌，所以通情，相風切也，其有此篇明矣。後世衰微，幽、厲尤甚，禮樂之書，稍稍廢棄。孔子曰：「吾自衛反魯，然後樂正，雅、頌各得其所。」謂當時在者而復重雜亂者也，惡能存其亡者乎？且正考父校商之名頌十二篇于周太師，歸以祀其先王，至孔子二百年之間，五篇而已，此其信也。○磬縣南面〔一〕，其南當有擊磬者。此笙入磬南北面，在磬者之南，北面也。詩序云：「南陔，孝子相戒以養也。白華，孝子之潔白也。華黍，時和歲豐宜黍稷也。」疏謂鄭君註禮時，尚未見詩序，故云「其義未聞」。先儒又以爲有其義，亡其辭。朱子則云「笙詩有聲無辭，古必有譜，如魯鼓、薛鼓之類，而今亡矣」，爲得之。○陔，古才反。風，方鳳反。**主人獻之于西階上。一人拜，盡階，不升堂，受爵。主人拜送爵。階前坐祭立飲，不拜既爵，升授主人爵。**一人，笙之長者也。笙三人，和一人，凡四人。鄉射禮曰：「笙一人拜于下。」○一人拜，謂在地拜。鄉射記云：「三笙一和而成聲。」爾雅云〔二〕：「笙小者謂之和。」前獻歌工，在阼階上，以工在西階東也。此獻笙，在西階上，以笙在階下也。**衆笙則不拜受爵，**

〔一〕「縣」，陳本作「懸」。
〔二〕「云」，陳本作「曰」。

坐祭，立飲。辯有脯、醢〔一〕，不祭。亦受爵于西階上。薦之皆於其位，磬南。今文「辯」爲「徧」。

右笙奏三終及獻笙。

乃間歌魚麗，笙由庚；歌南有嘉魚，笙崇丘；歌南山有臺，笙由儀。間，代也，謂一歌則一吹。六者，皆小雅篇也。魚麗，言太平年豐物多也。此采其物多酒旨，所以優賓也。南有嘉魚，言太平，君子有酒，樂與賢者共之也。此采其能以禮下賢者，賢者纍蔓而歸之，與之燕樂也。南山有臺，言太平之治，以賢者爲本。此采其愛友賢者，爲邦家之基，民之父母，既欲其身之壽考，又欲其名德之長也〔二〕。由庚、崇丘、由儀，今亡，其義未聞。○間者，一歌畢，一笙繼之也。堂上歌魚麗方終，堂下笙即吹由庚，餘篇皆然。詩序云：「由庚，萬物得由其道也。崇丘，萬物得極其高大也。由儀，萬物之生，各得其宜也。」○麗，力知反。

右間歌三終。

乃合樂周南：關雎、葛覃、卷耳，召南：鵲巢、采蘩、采蘋。合樂，謂歌樂與衆聲

〔一〕「辯」，陳本作「徧」。
〔二〕「名」，原作「明」，據陳本改，北監本亦作「名」。

俱作〔一〕。周南、召南，國風篇也，王后、國君夫人房中之樂歌也。關雎言后妃之德，葛覃言后妃之職，卷耳言后妃之志，鵲巢言國君夫人之德，采蘩言國君夫人不失職，采蘋言卿大夫之妻能循其法度。昔大王、王季，居于岐山之陽，躬行召南之教，以興王業。及文王，而行周南之教以受命。大雅云：「刑于寡妻，至于兄弟，以御于家邦。」謂此也。其始一國耳，文王作邑于豐，以故地爲卿士之采地，乃分爲二國。周，周公所食。召，召公所食。於時，文王三分天下有其二，德化被于南土，是以其詩有仁賢之風者，屬之召南焉；有聖人之風者，屬之周南焉。夫婦之道〔二〕，生民之本，王政之端，此六篇者，其教之原也。故國君與其臣下及四方之賓燕，用之合樂也。鄉樂者，風也。小雅，爲諸侯之樂。大雅、頌，爲天子之樂。鄉飲酒升歌小雅，禮盛者可以進取也。燕合鄉樂，禮輕者可以逮下也。春秋傳曰：「肆夏、繁遏、渠，天子所以享元侯也。文王、大明、緜，兩君相見之樂也。」然則諸侯相與燕，升歌大雅，合小雅。天子與次國、小國之君燕，亦如之。與大國之君燕，升歌頌，合大雅。其笙、間之篇未聞。○案此合樂，即論語所謂「關雎之亂」者也。○雎，七徐反。覃，大南反。卷，九轉反。召，音邵。蘋，毗人反。**工告于樂正曰：「正歌備。」樂正告于賓，乃降。**樂正降者，以正歌備，無事也。降，立西階東，北面。○疏云：「鄭知降立西階東北面者，以其在堂上時，在西階之東北面，知降堂下亦然。在笙磬之西，亦

〔一〕「樂」下薈要本無「與」字。薈要案語：「歌樂衆聲俱作。刊本『樂』下衍『與』字，據賈疏删。」四庫考證說同。
〔二〕「夫」上陳本重「夫」字。

得監堂下之樂，故知位在此也。」

右合樂及告樂備。此作樂樂賓，是飲酒禮第二段。並上段，鄭氏以爲禮樂之正，是也。

主人降席自南方，不由北方，由便。○此下言旅酬之儀。立司正以監酒，司正安賓、表位，於是賓酬主人，主人酬介，介酬衆賓，衆賓以次皆徧焉。側降。賓、介不從。○側，特也。降謂降階。主人獨降而賓、介不從者，禮殺故也。作相爲司正，司正禮辭，許諾。主人拜，司正答拜。作，使也。禮樂之正既成，將留賓，爲有懈惰，立司正以監之。拜，拜其許。○相，即前一相迎賓門外者，至此復使爲司正也。○監，古銜反。主人升，復席。司正洗觶，升自西階，阼階上北面受命于主人。主人曰：「請安于賓。」司正告于賓。賓禮辭，許。爲賓欲去，留之。告賓於西階。司正告于主人。主人阼階上再拜，賓西階上答拜。司正立于楹間，以相拜。皆揖，復席。再拜，拜賓許也。司正既以賓許告主人，遂立楹間以相拜。賓、主人既拜，揖就席。

右司正安賓。

司正實觶，降自西階，階間北面坐奠觶，退共，少立。階間北面，東西節也。其南北當中庭。共，拱手也。少立，自正，慎其位也。已帥而正，孰敢不正？燕禮曰：「右還，北面。」○右還北面，謂降自西階，至中庭時，右還就位。○共，九勇反。坐取觶，不祭，遂飲，卒觶興，坐奠觶，遂拜，執觶興，洗〔一〕，北面坐奠觶于其所，退立于觶南。洗觶奠之，示潔敬。立於其南以察衆。○疏云：「『執觶興，洗』，不云『盥』，俗本有『盥』者誤。」今案唐石經有此字。

右司正表位。

賓北面坐取俎西之觶，阼階上，北面酬主人。主人降席，立于賓東。初起旅酬也。凡旅酬者，少長以齒，終於沃盥者，皆弟長而無遺矣。○俎西之觶，謂作樂前，一人舉觶，奠于薦右者也，今爲旅酬而舉之。前主人酬賓奠于薦東之觶不舉，故言「俎西」以別之。主人降席不言自南自北，下記云「主人、介，凡升席，自北方，降席自南方」，指此文也。註云「終于沃盥」，言酬爵之無不徧，實連無筭爵而言。下記云：「主人之贊者，西面北上，不與，無筭爵，然後與。」其實旅酬時，尚未及沃洗也。賓坐奠觶，遂拜，執觶興。主人答拜。不祭，立飲，不拜卒觶。不洗，實觶，東南面授主人。賓立飲卒觶，因更酌以鄉主人，將授。主人阼階上拜，賓少退。主人受觶。賓拜送于主人之西。旅酬同階，禮殺。○疏曰：「決上正酬時不同階，今同階，故云『禮殺』也。」賓揖，復席。酬主人訖。

右賓酬主人。

〔一〕「洗」上唐石經有「盥」字。

主人西階上酬介，介降席自南方，立于主人之西，如賓酬主人之禮。主人揖，復席。其酌實觶，西南面授介。自此以下旅酬，酌者亦如之。○主人以所受于賓之觶，往酬介，亦先拜介自飲，實觶授介，拜送於其東。註「自此以下旅酬，酌者亦如之」，謂皆西南面授之也。

右主人酬介。

司正升相旅，曰：「某子受酬。」受酬者降席。旅，序也。於是介酬衆賓，衆賓又以次序相酬〔一〕。某者，衆賓姓也。同姓，則以伯仲别之，又同，則以其字别之〔二〕。○顧炎武云：「鄉射禮『某酬某子』，註『某子者，氏』云。古人男子無稱姓者，從鄉射禮註爲得。如左傳叔孫穆子子言叔仲子、子服子之類。」〔三〕**司正退立于序端**〔四〕**，東面。**辟受酬者，又便其贊上贊下也。始升相，西階西，北面。○疏曰：「司正初時，在堂上西階西，北面命受酬者訖，退立于西序端東面者，一則案此下文『衆受酬者受自左』〔五〕，即是司正立處，故須辟之；二則東面時贊上贊下便也。」**受酬者自介右，由介東**

〔一〕「又」下陳本無「以」字。
〔二〕「字」，北監本作「序」。
〔三〕「云」，日知録、儀禮鄉射禮注文皆作「也」。「叔孫穆子」下，日知録、左傳皆無「子」字。
〔四〕「序」，陳本作「席」。
〔五〕「衆」下陳本有「賓」字。

也，尊介，使不失故位。**眾受酬者受自左，**後將受酬者，皆由西，變於介也。今文無「眾」、「酬」也〔一〕。○眾賓首一人受介酬，自介右受之。第二人以下，受其前一人酬，皆自其左受之也。凡授受之法，授由其右，受由其左。以尊介，故受由右，餘人自如常禮也。**拜、興、飲，皆如賓酬主人之禮。**嫌賓以下異也。**辯〔二〕，卒受者以觶降，坐奠于篚。**辯，辯眾賓之在下者。鄉射禮曰：「辯，遂酬在下者，皆升受酬于西階上。」○辯，辯眾賓之在下者，謂既酬堂上，又及堂下，無不徧也。引鄉射禮，證此與彼同〔三〕。**司正降復位。**觶南之位。

右介酬眾賓，眾賓旅酬。此飲酒禮之第三段。

使二人舉觶于賓、介，洗，升實觶，于西階上，皆坐奠觶，遂拜，執觶興。賓、介席末答拜。皆坐祭，遂飲，卒觶興，坐奠觶，遂拜，執觶興。賓、介席末答拜。二人，亦主人之吏。若有大夫，則舉觶于賓與大夫。燕禮曰：「媵爵者立于洗南，西面北上，序進盥洗。」○此下言無筭爵，初使二人舉觶，次徹俎，次坐燕，飲酒之終禮也。賓、介席末答拜者，賓於席西南面答，介於席南東面答也。註引燕禮，證此二人將舉觶，其盥洗亦如之也。**逆降，洗，升實觶，皆立于**

〔一〕「也」，陳本原同，後改作「者」。
〔二〕「辯」，唐石經作「辨」。
〔三〕「證」，陳本作「謂」。

西階上。賓、介皆拜。於席末拜。○逆降者，二人先後之序，與升時相反。皆進，薦西奠之，賓辭，坐取觶以興；介則薦南奠之，介坐受以興。退，皆拜送，降。賓、介奠于其所。賓言「取」，介言「受」，尊卑異文。今文曰「賓受」。○疏曰：「言『皆進』者，一人之賓所，奠觶于薦西；一人之介所，奠觶于薦南。」按此二人所舉之觶，待升坐後，賓、介各舉以酬，爲無筭爵者，即此二觶。

右二人舉觶。

司正升自西階，受命于主人。主人曰：「請坐于賓。」賓辭以俎。至此，盛禮俱成，酒清肴乾，賓主百拜，强有力猶倦焉。張而不弛，弛而不張，非文武之道。請坐者，將以賓燕也。俎者，肴之貴者。辭之者，不敢以禮殺當貴者。○前此皆立行禮，至此乃請坐燕。主人請徹俎，賓許。亦司正傳請告之。司正降，階前命弟子俟徹俎。西階前也。弟子，賓之少者。俎者，主人之吏設之，使弟子俟徹者，明徹俎，賓之義。司正升，立于序端〔一〕。待事。賓降席，北面。主人降席，阼階上北面。介降席，西階上北面。遵者降席，席東南面〔二〕。皆立，相須徹

〔一〕「序」，北監本作「席」。
〔二〕「東」上北監本無「席」字。

俎也。遵者，謂此鄉之人，仕至大夫者也。今來助主人樂賓，主人所榮而遵灋者也，因以爲名。或有無，來不來，用時事耳。今文「遵」爲「僎」，或爲「全」。賓取俎，還授司正，司正以降，賓從之。主人取俎，還授弟子，弟子以降，自西階，主人降自阼階。介取俎，還授弟子，弟子以降，介從之。若有諸公、大夫，則使人受俎〔一〕，如賓禮。衆賓皆降。取俎者，皆鄉其席。既授弟子，皆降復初入之位。○還，音旋。向席取俎，轉身以授人。註云「復初入之位」者，東階、西階相讓之位也。

右徹俎。

説屨，揖讓如初，升，坐。説屨者，爲安燕當坐也。必説於下者，屨賤，不空居堂。説屨，主人先左，賓先右。今文「説」爲「税」。乃羞。羞，進也。所進者，狗胾、醢也。鄉設骨體，所以致敬也。今進羞，所以盡愛也。敬之愛之，所以厚賢也。○胾，壯吏反。無算爵〔二〕。筭，數也。賓主燕飲，爵行無數，醉而止也。鄉射禮曰：「使二人舉觶于賓與大夫。」又曰：「執觶者洗升實觶，反奠於賓與大夫。」皆是。○疏曰：「引鄉射禮者，證此無筭爵，從首至末，更從上至下，唯醉乃止。」無算樂。燕樂

〔一〕「受」，唐石經作「授」。

〔二〕「算」，陳本、薈要本、唐石經、北監本皆作「筭」。案：下文諸本「算」、「筭」錯出，不俱校。

亦無數，或間，或合，盡歡而止也。春秋襄二十九年，吴公子札來聘，請觀于周樂，此國君之無筭。

右坐燕。此飲酒第四段〔一〕，**飲禮始畢。**

賓出，奏陔。陔，陔夏也。陔之言戒也。終日燕飲，酒罷，以陔爲節，明無失禮也。周禮鍾師：「以鍾鼓奏九夏。」〔二〕是奏陔夏，則有鍾鼓矣。鍾鼓者，天子、諸侯備用之，大夫、士，鼓而已。蓋建於阼階之西，南鼓。鄉射禮曰：「賓興，樂正命奏陔。賓降及階，陔作。賓出，衆賓皆出。」〔三〕**主人送于門外，再拜。**門東，西面拜也。賓、介不答拜，禮有終也。

右賓出。

賓若有遵者，諸公、大夫，則既一人舉觶，乃入。不干主人正禮也。遵者，諸公、大夫也。謂之賓者，同從外來耳。大國有孤，四命，謂之公。○此下言諸公、大夫來助主人樂賓，主人與爲禮之儀。遵不必至，故曰「若有」。當一人舉觶畢，瑟笙將入之時，乃入。註云「不干主人正禮」，謂主人獻酢之禮也。樂作後，又後樂賓，故此時乃入。**席于賓東，公三重，大夫再重。**席此二者於賓東，尊之，不與鄉人齒也。天子之國，三命者不齒。於諸侯之國，爵爲大夫，則不齒矣。不言遵者，遵者亦卿

〔一〕山東書局本校刊記：「張氏注『第四段』之『段』，原本作『叚』，誤，今校正。」

〔二〕二「鍾」字，陳本皆作「鐘」。案：下文諸本皆「鍾」、「鐘」錯出，不俱校。

〔三〕原本句讀作「陔作賓出」，據張爾岐鄉射禮句讀改。

大夫。○云「席于賓東」者，賓在户牖之間，酒尊在房户間，正在賓東，不容置席，則席遵者，當又在其東，但繼賓而言耳，其實在酒尊東也。「不與鄉人齒」者，衆賓之席，繼賓而西，是與相齒，此特爲位於酒尊東，不在衆人行列中，故云「不與齒」也。○重，直龍反。**公如大夫，入，主人降，賓、介降，衆賓皆降，復初位。主人迎，揖讓升。公升如賓禮，辭一席，使一人去之。**如，讀若今之「若」。主人迎之，於門内也。辭一席，謙自同於大夫。○公若大夫入，言或公入，或大夫入，其降迎皆如下文所云也。如賓禮，謂拜至、獻爵、酢爵，並如之也。○去，起吕反。**大夫則如介禮。有諸公，則辭加席，委于席端，主人不徹；無諸公，則大夫辭加席，主人對，不去加席。**加席，上席也。大夫席再重。○如介禮，其入門、升堂、獻、酢等，皆如介之殺於賓也。

右遵者入之禮。

明日，賓服鄉服以拜賜。拜賜，謝恩惠。鄉服，昨日與鄉大夫飲酒之朝服也。不言「朝服」[一]，未服以朝也。今文曰「賓服鄉服」。○此下至篇末，言鄉飲明日，拜謝、勞息諸事。**主人如賓服以拜辱。**拜賓復自屈辱也。鄉射禮曰：「賓朝服以拜賜于門外，主人不見。如賓服，遂從之，拜辱於門外，

[一]「不」，北監本作「而」。

乃退。」○引鄉射禮者，明此亦彼此賓主皆不相見〔一〕，造門外拜謝而已。**主人釋服，**釋朝服，更服玄端也。古文「釋」作「舍」。**乃息司正。**息，勞也，勞賜昨日贊執事者。獨云司正，司正，庭長也。**無介。**勞禮略也。司正爲賓。**不殺，**市買，若因所有可也。不殺則無俎。○殺，所八反。**薦脯、醢，**羞同也。**羞唯所有。**在有何物。**徵唯所欲，**徵，召也。**以告于先生、君子可也。**告，請也。先生不以筋力爲禮，於是可以來。君子，國中有盛德者。可者，召不召唯所欲。**賓、介不與。**禮瀆則褻。古文「與」爲「預」。○與，音預。**鄉樂唯欲。**鄉樂，周南、召南。六篇之中，唯所欲作，不從次也。不歌鹿鳴、魚麗者，辟國君也。

記

鄉，朝服而謀賓、介，皆使能，不宿戒。鄉，鄉人，謂鄉大夫也。朝服，冠玄端，緇帶，素韠，白屨。今郡國行鄉飲酒之禮，玄冠而衣皮弁服，與禮異。再戒爲宿戒。禮將有事，先戒而又宿戒〔二〕。○鄉，謂鄉飲酒之禮，註指人，恐義不盡。謀，即經文「就先生而謀」之也。宿戒之者，恐其容有不能，令得肄習。今鄉飲賓、介，皆使賢而能爲禮者，故不煩宿戒也。

〔一〕「皆」上陳本無「賓主」二字。

〔二〕「又」，原作「後」，據薈要本改，文淵閣本作「復」。薈要案語：「先戒而又宿戒。刊本『又』訛『後』，據校宋本改。」四庫考證説同。

記鄉服及解不宿戒。

蒲筵，緇布純。筵，席也。純，緣也。○純，章允反，又之門反。**尊，綌冪。賓至，徹之。**綌，葛也。冪，覆尊巾。**其牲，狗也，**狗，取擇人。**亨于堂東北。**祖陽氣之所始也。陽氣主養。易曰：「天地養萬物，聖人養賢以及萬民。」○亨，普庚反。**獻，用爵。其他，用觶。**爵尊，不褻用之。○其他，謂酬及旅酬。**薦脯，五挺，横祭于其上，出自左房。**挺，猶膱也。鄉射禮曰：「祭半膱，膱長尺有二寸。」在東，陽也，陽主養。房，饌陳處也。冠禮之饌，脯、醢南上。曲禮曰：「以脯脩置者，左朐右末。」○薦脯用籩，其挺五，别有半挺横於上，以待祭。脯本横設人前，横祭者，於脯爲横，於人爲縮。陳之左房，至薦時，乃出之。○挺，大頲反，本亦作脡，同。朐，其于反。**俎，由東壁〔一〕，自西階升。**亨狗既孰，載之俎，饌於東方。○及其設之，由東壁適西階，升設筵前，不由阼階也。**賓俎，脊、脅、肩、肺。主人俎，脊、脅、臂、肺。介俎，脊、脅、肫、胳、肺〔二〕。肺皆離。皆右體，進腠。**凡牲，前脛骨三，肩、臂、臑也。後脛骨二，膊、胳也。尊者俎尊骨，卑者俎卑骨。祭統曰：「凡爲

〔一〕「壁」，唐石經作「璧」。
〔二〕「胳」上北監本無「肫」字。

俎者，以骨爲上〔一〕。骨有貴賤。」凡前貴後賤。離，猶挂也。腠，理也。進理，謂前其本也。今文「胳」作「骼」。○肫、胳，即註「膞、胳」，後脛二骨也。賓、主俎各三體，而介俎肫、胳並言者，以肩、臂之下，留其貴者爲大夫俎。若有一大夫，則大夫用臑，而介用肫；若有二大夫，則大夫用臑與肫，而介用胳。用體無常，故肫、胳兩見也。○胳，音格。腠，千豆反。脛，户定反。臑，乃報反，又奴刀切，音猱〔二〕。挂，苦圭反，音奎〔三〕。

　　記器具牲羞之屬。

以爵拜者，不徒作。作，起也。言拜既爵者不徒起，起必酢主人。○不拜既爵者，則不酢也。**坐卒爵者，拜既爵。立卒爵者，不拜既爵。**隆殺各從其宜，不使相錯。唯工不從此禮。○工無目，故不使立卒爵。雖坐卒爵，不拜既爵，與立卒爵者同也。**凡奠者於左，**不飲者，不欲其妨。○主人酬賓之觶是也。**將舉，於右。**便也。○一人舉觶爲旅酬，使二人舉觶爲無筭爵〔四〕，是也。**衆賓之長，一人辭洗，如賓禮。**於三人之中，復差有尊者。餘二人，雖爲之洗，不敢辭。其下，不洗。○

〔一〕「上」，禮記祭統作「主」。四庫考證：「凡爲俎者，以骨爲主。刊本『主』訛『上』，據祭統改。」
〔二〕陳本無「又奴刀切音猱」六字。
〔三〕陳本無「音奎」二字。
〔四〕「二」上陳本無「使」字。

主人統爲衆賓三長一洗，一人進與爲禮，餘二人不敢往參，非又爲二人各一洗也。又按經文「洗，升實爵」後，始言「衆賓之長，升拜受者三人」，此時三人尚未升堂，其辭洗亦自階下東行辭之。疏於前經以主人揖升爲揖衆賓升，以此辭洗爲降辭，皆誤。**立者，東面北上，若有北面者，則東上。**賢者衆寡無常也，或統於堂，或統於門。○立者，堂下衆賓也。東面北上，統於堂也。賓多，東面立不盡，即門西，北面東上，統於門也。**樂正，與立者，皆薦以齒。**謂其飲之次也。尊樂正，同於賓黨。不言「飲」而言「薦」，以明飲也。既飲，皆薦於其位。樂正位西階東，北面。○樂正本主人官屬，故以齒於賓黨爲尊之。○與，音預。**凡舉爵，三作，而不徒爵。**謂獻賓、獻大夫、獻工，皆有薦。**樂作，大夫不入。**後樂賢者。○大夫本爲助主人樂賢來，時既後，則不入矣。**獻工與笙，取爵于上篚，既獻，奠于下篚。**明其異器，敬也。如是，則獻大夫亦然。上篚三爵。○獻賓、介、衆賓一爵，獻大夫一爵，獻工與笙又一爵，以異器示敬。**其笙，則獻諸西階上。**謂主人拜送爵也。於工，拜于阼階上者，以其坐於西階東也。古文無「上」。**磬，階間縮霤，北面鼓之。**縮，從也。霤以東西爲從。鼓，猶擊也。大夫而特縣，方賓鄉人之賢者〔一〕，從士禮也。射則磬在東。古文「縮」爲「蹙」。○周禮春官小胥：「掌正樂縣之位，王宮縣，諸侯軒縣，卿大夫判縣，士特縣。凡縣鍾磬，半爲堵，全爲肆。」宮縣，四面

〔一〕「鄉」，北監本作「卿」。

皆縣，如宮有墻也。軒縣，去其南面。判縣，又去其北面。特縣，又去其西面，特立一面而已。鍾磬編縣之，十六枚在一簴，謂之堵。鍾一堵、磬一堵，謂之肆。諸侯之卿大夫，半天子之卿大夫，西縣鍾，東縣磬。士亦半天子之士，縣磬而已。此鄉飲酒，本諸侯卿大夫，合鍾磬俱有，而直有磬者，以方賓賢，俯從士禮也。○縮，所六反。霤，力又反。從，子容反。**主人、介，凡升席，自北方，降自南方。**席南上，升由下，降由上，由便。**司正，既舉觶，而薦諸其位。**司正，主人之屬也。無獻，因其舉觶而薦之。**凡旅，不洗。**敬禮殺也。**不洗者，不祭。**不甚潔也。**既旅，士不入。**後正禮也。既旅，則將燕矣。○士本爲觀禮來。**徹俎，賓、介、遵者之俎，受者以降，遂出授從者。**送之。○從者，從賓、介、遵者來者也。○從，才用反。**主人之俎，以東。**藏於東方。**樂正命奏陔，賓出，至于階，陔作。**○命，命擊鼓者。賓出至階，其節也。**若有諸公，則大夫於主人之北，西面。**其西面者，北上，統於公。○疏曰：「若無諸公，則大夫南面西上，統於遵也〔一〕。」**主人之贊者，西面北上，不與，**贊，佐也〔二〕，謂主人之屬，佐助主人禮事，徹鼏、沃盥、設薦俎者。西面北上，統於堂也。

〔一〕「遵」，原作「尊」，據薈要本、文淵閣本改，北監本疏文、賈公彥儀禮疏亦作「遵」。薈要案語：「統于遵也。刊本『遵』訛『尊』」，據賈疏改。」

〔二〕「佐」，陳本作「助」。

與，及也。不及，謂不獻酒。○與，音預。**無算爵，然後與。**燕乃及之。○以其主人之屬，故不與獻，至燕乃得酒也〔一〕。

記禮樂儀節隆殺面位次序。

〔一〕「酒」，陳本作「爵」。

儀禮

鄭氏註　濟陽張爾岐句讀

鄉射禮第五

鄭目録云：「州長春秋以禮會民而射於州序之禮。謂之鄉者，州，鄉之屬，鄉大夫或在焉，不改其禮。射禮，於五禮屬嘉禮。大戴十一，小戴及别録皆第五。」○據註，此州長射禮，而云「鄉射」者，周禮五州爲鄉，一鄉管五州，鄉大夫或宅居一州之内，來臨此射禮；又鄉大夫大比，興賢能訖，而以鄉射之禮五物詢衆庶，亦行此禮，故名「鄉射禮」也。

鄉射之禮。主人戒賓。賓出迎，再拜，主人答再拜。乃請，主人，州長也。鄉大夫若在焉，則稱鄉大夫也。戒，猶警也，語也。出迎，出門也。請，告也，告賓以射事。不言拜辱，此爲習民以禮樂，不主爲賓己也。不謀賓者，時不獻賢能，事輕也。今郡國行此禮以季春。周禮，鄉老及鄉大夫，三年正月，獻賢能之書於王，退而以鄉射之禮五物詢衆庶。諸侯之鄉大夫，既貢士於其君，亦用此禮射而詢衆庶乎？○案此射禮，先與賓飲酒，如鄉飲酒之儀，及立司正，將旅酬[一]，乃暫止，不旅而射，射已，更旅酬坐燕，並如鄉飲，凡賓至之前、賓退之後，其儀節並不殊也。此下言將射戒賓、陳設、速賓，凡

〔一〕「旅酬」，陳本作「酬旅」。

三節，皆禮初事。註云「鄉大夫若在，則稱鄉大夫」者，謂鄉大夫來臨此禮，則州長戒賓之時，不自稱，而稱鄉大夫以戒之也。賓以州中處士賢者爲之，若大夫來爲遵，則易以公士。「五物詢衆庶」〔一〕，周禮鄉大夫職文。五物者，一曰和，六德之一也；二曰容，即六行之孝也，容爲孝者，人有孝行，則性行含容；三曰主皮，貫革也；四曰和容，行禮有容儀也；五曰興舞，比於樂節也。**賓禮辭，許。主人再拜，賓答再拜。主人退，賓送，再拜。**退，還射宮，省録射事。**無介。**雖先飲酒，主於射也，其序賓之禮略。

右戒賓。

乃席賓，南面，東上。不言於户牖之間者〔二〕，此射於序。○鄉飲酒於庠，庠有室，故言於户牖之間。此射於序，序無室，無户牖可言。約其席處，亦當户牖耳。**衆賓之席，繼而西。**言「繼」者，甫欲習衆庶，未有所殊别。○鄉飲酒，則衆賓之席不屬。**席主人於阼階上，西面。**阼階，東階。**尊於賓席之東，兩壺，斯禁，左玄酒，皆加勺。篚在其南，東肆。**斯禁，禁切地無足者也。設尊者北面，西曰左，尚之也。肆，陳也。○兩壺，酒與玄酒。篚，以貯爵、觶，尊南東向陳之，首在西。**設**

〔一〕原本句讀作「則易以公士五物詢衆庶」，誤。
〔二〕「間」下陳本無「者」字。

洗於阼階東南，南北以堂深，東西當東榮。水在洗東。篚在洗西，南肆。榮，屋翼也。○下篚，亦以貯觶。○深，申鴆反。**縣於洗東北，西面。**此縣，謂磬也。縣於東方，辟射位也。但縣磬者，半天子之士，無鍾。○鍾、磬編縣之，十六枚在一虡謂之堵〔一〕，鍾一堵、磬一堵謂之肆。天子之卿大夫判縣，東西各一肆，士特縣，唯東一肆。諸侯之卿大夫、士，半於天子之卿大夫、士。卿大夫判縣者，分一肆於兩廂，東縣磬，西縣鍾。士特縣，分取磬而已。州長，諸侯之士，故但磬無鍾也。○縣，音玄。**乃張侯，下綱不及地，武。**侯，謂所射布也。綱，持舌繩也。武，迹也。中人之迹，尺二寸。侯象人，綱即其足也，是以取數焉。○侯制，有中、有躬、有舌、有綱、有縜。中，其身也，方一丈。倍中以爲躬，中之上下，横接一幅，各二丈，謂之躬。倍躬爲左右舌，用布四丈接於躬上，左右各出一丈，爲舌。下舌半上舌，用布三丈接躬下，左右各出五尺也。其持舌之繩，謂之綱。維其綱於榦者，又謂之縜。上下各有綱，下綱去地之節，則尺二寸。**不繫左下綱，中掩束之。**事未至也。○侯向堂爲面，以西爲左。射事未至，故且不繫左下綱，並綱與舌向東掩束之，待司馬命張侯，乃脱束繫綱也。○中，丁仲反。**乏，參侯道，居侯黨之一，西五步。**容，謂之乏，所以爲獲者御矢也。侯道五十步，此乏去侯，北十丈、西三丈〔二〕。○乏狀

〔一〕「虡」，文淵閣本作「簴」。
〔二〕「三」，北監本作「二」。

類曲屏〔一〕，以革爲之。唱獲者於此容身，故謂之容。矢力不及，故謂之乏。黨，旁也。三分侯道而居旁之一，偏西者五步，此設乏之節也。侯道五十步，步六尺，計三十丈，乏居三之一西五步，故云「北十丈西三丈」。必於此者，取可察中否，唱獲聲達堂上也。

右陳設。

羹定。肉，謂之羹。定，猶熟也，謂狗熟可食。○定，多佞反。主人朝服，乃速賓。賓朝服出迎，再拜，主人答再拜。退，賓送再拜。速，召也。射賓輕也。戒時玄端。今郡國行此鄉射禮，皮弁服，與禮爲異。賓及衆賓，遂從之。

右速賓。

及門，主人一相，出迎于門外，再拜，賓答再拜。相，主人家臣，擯贊傳命者。○此下言飲賓之事。迎賓拜至，主人獻賓，賓酢主人，主人酬賓，主人獻衆賓，一人舉觶，爲旅酬之端，遵入、主人獻遵自酢，工笙合樂樂賓，主人獻工與笙，乃立司正以安賓察衆，凡十節，皆與鄉飲酒禮同。此爲射而飲，其後即詳射事。○相，息亮反。揖衆賓。差卑，禮宜異。○同是鄉人無爵者，唯據立爲賓者尊，故於衆賓云「差卑」。主人以賓揖，先入。以，猶與也。先入，入門右，西面。賓厭衆賓，衆賓皆入

〔一〕「狀」，薈要本作「壯」。

門，左，東面北上，賓少進。引手曰厭。少進，差在前也。今文皆曰「揖衆賓」。主人以賓三揖，皆行，及階，三讓，主人升一等，賓升。三讓而主人先升者，是主人先讓於賓。不俱升者，賓客之道，進宜難也。○疏云：「言『皆行』者，賓主既行，衆賓亦行。」主人阼階上，當楣北面再拜。賓西階上，當楣北面答再拜。主人拜賓至此堂。

右迎賓、拜至。

主人坐取爵于上篚，以降。將獻賓也。賓降。從主人也。主人阼階前西面坐奠爵，興辭降。重以主人事煩賓也。今文無「阼階」。賓對。對，答。主人坐取爵，興，適洗，南面坐奠爵于篚下，盥洗。盥手，又洗爵，致潔敬也[一]。古文「盥」皆作「浣」。賓進，東北面辭洗。必進者，方辭洗，宜違位也。言「東北面」，則位南於洗矣。○鄉飲酒此處註異，彼於「東」字句，此於「進」字句。主人坐奠爵于篚，興對。賓反位。反從降之位也。鄉飲酒曰：「當西序，東面[二]。」主人卒洗，壹揖，壹讓，以賓升。賓西階上北面拜洗，主人阼階上北面奠爵，遂答拜。乃降，

[一]「致」，原作「飲」，據薈要本改。薈要案語：「致潔敬也。刊本『致』訛『飲』，據校宋本及禮記鄉飲酒義改。」四庫考證説同。

[二]「面」，北監本作「西」。

乃降，將更盥也。古文「壹」皆作「一」。賓降，主人辭降，賓對。主人卒盥，壹揖壹讓升。賓升，西階上疑立。疑，止也。有矜莊之色。○疑，魚乙反。主人坐取爵，實之，賓席之前，西北面獻賓。進於賓也。凡進物曰獻。賓西階上北面拜，主人少退。少退，猶少辟也。賓進受爵于席前，復位。復位，西階上位。主人阼階上拜送爵，賓少退。薦脯、醢。薦，進。賓升席，自西方。賓升降由下也。○疏云：「以主人在東，又於席西拜便，故升降由下。」乃設折俎。牲體枝解節折，以實俎也。主人阼階東疑立。賓坐，左執爵，右祭脯醢，奠爵于薦西，興取肺，坐絶祭，卻左手執本，右手絶末以祭也。肺離，上爲本，下爲末。○註「卻左手執本」，用鄉飲酒文。尚左手，嚌之，嚌，嘗也。右手在下，絶以授，口嘗之。興加于俎，坐捝手，執爵，遂祭酒，興，席末坐啐酒，捝，拭也。啐，嘗也。古文「捝」作「説」。降席，坐奠爵，拜，告旨〔一〕，降席，席西也。旨，美也。○告主人曰〔二〕：「旨酒。」執爵興。主人阼階上答拜。賓西階上北面坐卒爵，興，坐奠爵，遂拜，執爵興。卒，盡。主人阼階上答拜。

右主人獻賓。

〔一〕原本句讀作「降席、坐奠爵拜告旨」，誤。

〔二〕「告」上陳本無○。

賔以虚爵降。將洗以酢主人。主人降。從賔也。降立阼階東，西面，當東序。賔西階前東面坐奠爵，興，辭降。主人對。賔坐取爵，適洗，北面坐奠爵于篚下，興，盥洗。賔北面盥洗，自外來。主人阼階之東，南面辭洗。賔坐奠爵于篚，興對。主人反位。反位，從降之位也。主人辭洗，進也。賔卒洗，揖讓如初，升。○如初者[一]，一揖一讓如獻賔時。主人拜洗，賔答拜，興。降盥，如主人之禮。賔升，實爵，主人之席前，東南面酢主人。酢，報。主人阼階上拜，賔少退。主人進受爵，復位。賔西階上拜送爵。薦脯、醢。主人升席，自北方。乃設折俎。祭如賔禮，祭薦、俎及酒，亦嚌、啐[二]。不告旨。酒己物。自席前，適阼階上，北面坐卒爵，興，坐奠爵，遂拜，執爵興。賔西階上北面答拜。自，由也。啐酒於席末，由前降，便也。主人坐奠爵于序端[三]，阼階上再拜崇酒。賔西階上答再拜。序端，東序頭也。崇，充也，謝酒惡相充滿也。○奠爵序端，擬獻衆賔用之。

右賔酢主人[四]。

[一]「如」上陳本無○。
[二]「嚌」，北監本作「齊」。
[三]「序」，陳本作「席」。
[四]陳本無標目「右賔酢主人」五字。

主人坐取觶于篚，以降。將酬賓。賓降。主人奠觶辭降。賓對，東面立。主人坐取觶，洗，賓不辭洗。不辭洗，以其將自飲。卒洗，揖讓升。賓西階上疑立。主人實觶，酬之，阼階上北面坐奠觶，遂拜，執觶興。酬，勸酒。賓西階上北面答拜。主人坐祭，遂飲，卒觶，興，坐奠觶，遂拜，執觶興。賓西階上北面答拜。○主人先自飲，所以爲勸也。主人降洗，賓降辭，如獻禮。以將酌己。升，不拜洗。酬禮殺也。賓西階上立。主人實觶，賓之席前，北面[一]。酬賓。賓西階上拜。主人坐奠觶于薦西。賓辭，坐取觶以興，反位。賓辭，辭主人復親酌己。主人阼階上拜送。賓北面坐奠觶于薦東[二]，反位。酬酒不舉。

右主人酬賓。

主人揖降，賓降，東面立于西階西，當西序。主人將與衆賓爲禮，賓謙，不敢獨居堂。主人西南面三拜衆賓，衆賓皆答壹拜[三]。三拜，示徧也。壹拜，不備禮也。獻賓畢，乃與衆賓拜，敬不能並。主人揖升，坐取爵于序端，降洗，升實爵，西階上獻衆賓。衆賓之長，升拜受

[一]「北」，北監本作「不」。
[二]「坐」上陳本無「北面」二字。
[三]「壹」，北監本作「一」。

者三人。長，其老者。言「三人」，則衆賓多矣。國以多德行道藝爲榮，何常數之有乎？主人拜送。拜送爵於衆賓右。坐祭，立飲，不拜既爵，授主人爵，降復位。既，盡。○降復賓南東面位。衆賓皆不拜，受爵，坐祭，立飲。自第四以下，又不拜受爵，禮彌略。○亦升受，但不拜。每一人獻，則薦諸其席。諸，於。○此堂上三人有席者〔一〕。衆賓辯有脯、醢。薦於其位。○堂下之位。主人以虚爵降，奠于篚。不復用。

右主人獻衆賓。

揖讓升，賓厭衆賓升，衆賓皆升，就席。一人洗，舉觶于賓，一人，主人之吏。升實觶，西階上坐奠觶，拜，執觶興。賓席末答拜。舉觶者坐祭，遂飲，卒觶，興，坐奠觶，拜，執觶興。賓答拜。降洗，升實之，西階上北面。將進奠觶。賓拜。拜受觶。舉觶者進坐奠觶于薦西。不授，賤不敢也。賓辭，坐取以興。若親受然。舉觶者西階上拜送。賓反奠于其所。舉觶者降。○射後，賓將舉之爲旅酬，故奠于薦西。

右一人舉觶。

大夫若有遵者，則入門左。謂此鄉之人爲大夫者也。謂之遵者，方以禮樂化民，欲其遵法之

〔一〕薈要本「於」下有「也」字，與「此堂上」句相連，無○。

也。其士也，於旅乃入。鄉大夫、士非鄉人，禮亦然，主於鄉人耳。今文「遵」爲「僎」。○言「若有」者，或有或無不定也。按鄉飲酒，於篇末略言遵者之禮，此經乃著其詳，正所云「如介禮」者也。主人降。迎大夫於門内也。不出門，別於賓。賓及衆賓皆降，復初位。不敢居堂俟大夫入也。初位，門内東面。主人揖讓，以大夫升。拜至，大夫答拜。主人以爵降，大夫降，主人辭降，大夫辭洗，如賓禮。席於尊東。尊東，明與賓夾尊也。不言東上，統於尊也。○遵席西上。升，不拜洗。主人實爵，席前獻于大夫。大夫西階上拜，進受爵，反位。主人大夫之右，拜送。大夫辭加席，主人對，不去加席。辭之者，謙不以己尊加賢者也。不去者，大夫再重席，正也。賓一重席。○疏云：「公士爲賓，亦一重。」乃薦脯、醢。大夫升席。設折俎。祭如賓禮，不嚌肺，不啐酒，不告旨，西階上卒爵，拜。主人答拜。凡所不者，殺於賓也。大夫升席由東方。大夫降洗，將酢主人也。大夫若衆，則辯獻，長乃酢。主人復阼階，降，辭如初。卒洗，主人盥。盥者，雖將酌自飲，尊大夫，不敢褻。揖讓升。大夫授主人爵于兩楹間，復位。主人實爵，以酢于西階上，坐奠爵，拜。大夫答拜。坐祭，卒爵，拜。大夫答拜。主人坐奠爵于西楹南，再拜崇酒。大夫答拜。主人復阼階，揖降。將升賓。○奠爵楹南，擬旅時獻士用之。大夫降，立于賓南。雖尊，不奪人之正禮。○賓及衆賓，自大夫升堂時，已立西階下。主人揖讓，以賓升，大夫及衆賓皆升，就席。

右遵入獻酢之禮。

席工于西階上，少東。樂正先升，北面立于其西。言「少東」者，明樂正西側階。不欲大東，辟射位。○按鄉飲酒不射，席工亦與此同。此註云「辟射位」，恐非經意，或是欲其當賓席耳。**工四人，二瑟，瑟先。相者皆左何瑟，面鼓，執越，内弦，右手相。入，升自西階，北面，東上。工坐。相者坐授瑟，乃降。**瑟先，賤者先就事也。相，扶工也。面，前也。鼓在前，變於君也。執越、内弦、右手相，由便也。越，瑟下孔，所以發越其聲也。前越言「執」者，内有弦結，手入之淺也。相者降，立西方。○面鼓者，瑟首在前也。鼓謂可鼓處。與鄉飲酒不同者，在鄉飲酒，欲其異於燕，在鄉射，欲其異於大射，皆爲變於君也。**笙入，立于縣中，西面。**堂下樂，相從也。縣中，磬東立，西面。○縣，音玄。**乃合樂，周南關雎、葛覃、卷耳，召南鵲巢、采蘩、采蘋。**不歌、不笙、不間，志在射，略於樂也。不略合樂者，周南、召南之風，鄉樂也，不可略其正也。昔大王、王季、文王，始居岐山之陽，躬行以成王業〔一〕，至三分天下，乃宣周南、召南之化，本其德之初，「刑于寡妻，至于兄弟，以御于家邦」，故謂之鄉樂，用之房中，以及朝廷饗燕〔二〕、鄉射、飲酒。此六篇，其風化之原也，是以

〔一〕「躬」，原作「射」，據陳本、薈要本、文淵閣本、金陵書局本改。薈要案語：「躬行以成王業。刊本『躬』訛『射』，據各本鄭注改。」四庫考證説同。

〔二〕「廷」，北監本作「庭」。

合金石絲竹而歌之。工不興，告于樂正，曰：「正歌備。」不興者，瞽矇禮略也。樂正告于賓〔一〕，乃降。樂正降者，堂上正樂畢也。降立西階東，北面。○疏云：「云『正樂』者，對後無算樂非正樂也。下射雖歌騶虞，亦是堂下非堂上，故以堂上決之也。」

右合樂樂賓。

主人取爵于上篚，獻工。大師，則爲之洗，尊之也。君賜大夫樂，又從之以其人，謂之大師也。賓降，主人辭降，大夫不降，尊也。工不辭洗，卒洗，升實爵。工不興，左瑟，一人拜受爵。左瑟，辭主人授爵也〔二〕。一人，無大師，則工之長者。○左瑟者，身在瑟右，向主人也。主人阼階上拜送爵。薦脯、醢。使人相祭。人，相者。工飲，不拜既爵，授主人爵。衆工不拜，受爵，祭飲，辯有脯、醢，不祭。祭飲不興受爵，坐祭坐飲。不洗，遂獻笙于西階上。不洗者，賤也。衆工而不洗矣，而著笙不洗者〔三〕，笙賤於衆工，正君賜之，猶不洗也。笙一人拜于下，盡階，不升堂，受爵。主人拜送爵。階前坐祭立飲，不拜既爵，升授主人爵。衆笙不拜，受

〔一〕「樂」字北監本誤作小字。

〔二〕「辭」，陳本原同，後改作「避」。

〔三〕「著」，原作「衆」，據薈要本改。薈要案語：「而著笙不洗者。刊本『著』訛『衆』，據校宋本改。」四庫考證說同。

爵，坐祭立飲。辯有脯、醢，不祭。主人以爵降，奠于篚。反升，就席。亦揖讓以賓升，衆賓皆升。

右獻工與笙。

主人降席，自南方，禮殺，由便。側降。賓不從降。作相爲司正，司正禮辭，許諾。主人再拜，司正答拜。爵備樂畢，將留賓以事，爲有懈倦失禮，立司正以監之，察儀法也。詩云：「既立之監，或佐之史。」主人升就席。司正洗觶，升自西階，由楹內，適阼階上，北面受命于主人。洗觶者，當酌以表其位，顯其事也。楹內，楹北。○受命，受請安于賓之命。西階上，北面請安于賓。傳主人之命。賓禮辭，許。司正告于主人，遂立于楹間以相拜。相，謂贊主人及賓相拜之辭[一]。主人阼階上再拜，賓西階上答再拜，皆揖就席。爲已安也。今文「揖」爲「升」。司正實觶，降自西階，中庭，北面坐奠觶，興，退，少立。奠觶，表其位也。少立，自修正[二]，慎其位也。古文曰「少退立」。進，坐取觶，興，反坐，不祭，遂卒觶，興，坐奠觶，拜，執觶興，洗，北面坐奠于其所，今文「坐取觶」無「進」，又曰「坐奠之拜」。興，少退，北面立于觶南。立

〔一〕「辭」，陳本作「禮」。
〔二〕「修」，北監本作「脩」。

觶南，亦其故擯位。**未旅。**旅，序也。未以次序相酬，以將射也。旅則禮終也。○鄉飲酒立司正即行旅酬，今此禮主於射，故且未旅，急在射也。

右立司正。

三耦俟于堂西，南面東上。司正既立，司射選弟子之中德行道藝之高者，以爲三耦，使俟事於此。○自此以下，始言射事。射凡三番：第一番三耦之射，獲而不釋獲；第二番賓、主、大夫、衆賓耦射，釋獲，升飲；第三番以樂節射。此下至「乃復求矢，加于楅」，言三耦之射。司射請射于賓，命弟子納射器，比三耦，司馬命張侯、又命倚旌，樂正遷樂器，三耦取弓矢，司射誘射，乃作三耦射，司馬命設楅取矢，凡九節，射之第一番也。**司射適堂西，袒、決、遂，取弓于階西，兼挾乘矢，升自西階，階上北面告于賓，曰：「弓矢既具，有司請射。」**司射，主人之吏也。於堂西袒、決、遂者，主人無次，隱蔽而已。袒，左免衣也。決，猶闓也，以象骨爲之，著右大擘指，以鉤弦。闓，體也。遂，射韝也，以韋爲之，所以遂弦者也。其非射時，則謂之拾。拾，斂也，所以蔽膚斂衣也。方持弦矢曰挾。乘矢，四矢也。大射曰：「挾乘矢，於弓外見鏃於弣南，巨指鉤弦[一]。」古文「挾」皆作「接」。○袒，徒旱反。挾，音協。乘，繩證反。闓，音開。擘，補革反。韝，古侯反。鏃，七木反。弣，芳甫反[二]。**賓對**

〔一〕「南」，文淵閣本、儀禮大射儀皆作「右」，屬下讀。
〔二〕「芳」，文淵閣本作「方」。

曰：「某不能，爲二三子許諾。」言「某不能」，謙也。二三子，謂衆賓已下。○爲，于僞反。司射適阼階上，東北面告于主人，曰：「請射于賓，賓許。」

右司射請射。

司射降自西階，階前西面，命弟子納射器。弟子，賓黨之年少者也。納，内也。射器，弓、矢、決、拾、旌、中、籌、楅、豐也。賓黨東面，主人之吏西面。○楅，音福。乃納射器，皆在堂西。賓與大夫之弓，倚于西序，矢在弓下，北括。衆弓倚于堂西，矢在其上。上，堂西廉。矢亦北括。○倚，於綺反。括，古活反。主人之弓矢，在東序東。亦倚于東序也。矢在其下，北括。

右弟子納射器。

司射不釋弓矢，遂以比三耦于堂西。三耦之南，北面，命上射曰：「某御於子。」命下射曰：「子與某子射。」比，選次其才相近者也。古文曰「某從於子」。○御，進也，侍也。進而侍射於子，尊辭也。○比，毗志反。

右司射比三耦。

司正爲司馬。兼官，由便也。立司正，爲莅酒爾〔一〕，今射，司正無事。司馬命張侯。弟子

〔一〕「爾」，陳本、薈要本作「耳」。

説束，遂繫左下綱。事至也。今文「説」皆作「稅」。○説，土活反。司馬又命獲者倚旌于侯中。爲當負侯也。獲者，亦弟子也。謂之獲者，以事名之。獲者由西方，坐取旌，倚于侯中，乃退。

右司馬命張侯、倚旌。

樂正適西方，命弟子贊工，遷樂于下。當辟射也。贊，佐也[一]。遷，徙也。弟子相工，如初入，降自西階，阼階下之東南，堂前三笴，西面北上坐。笴，矢幹也。今文無「南」。○相工如初入者，亦左何瑟、右手相也。矢幹長三尺，三笴者，去堂九尺也。○笴，古可反。樂正北面立于其南。北面，鄉堂[二]，不與工序也。

右樂正遷樂。

司射猶挾乘矢[三]，以命三耦：「各與其耦讓取弓矢，拾。」猶，有故之辭。拾，更也。○「各與其耦讓取弓矢，拾」，即司射之所以命三耦者。拾，其劫反。更，迭也。○拾，其劫反，除「決

〔一〕「佐」，陳本作「助」。
〔二〕「鄉」，陳本作「向」。
〔三〕「挾」，陳本作「狹」。

拾」之外皆同。**三耦皆袒、決、遂。有司左執弣，右執弦，而授弓，**有司，弟子納射器者也。凡納射器者，皆執以俟事。**遂授矢。**受於納矢而授之。**三耦皆執弓，搢三而挾一个。**未違俟處也。搢，插也，插於帶右。**司射先立于所設中之西南，東面。**○中，謂鹿中，以釋獲者。其設之之處[一]，南當楅，西當西序[二]。此時尚未設中，云「所設中之西南」者，擬將來設中之處也。**三耦皆進，由司射之西，立于其西南，東面北上而俟。**

右三耦取弓矢俟射。

司射東面立于三耦之北，搢三而挾一个。爲當誘射也。固東面矣，復言之者，明卻時還。○據註及疏，言司射本立于中之西南，今命三耦已，復還立此。經上文「先」字，非「先後」之「先」，乃「舊先」之「先」。愚詳經文，似當仍作「先後」字爲妥。此復言之者，欲言其將誘射，故復從立處説起耳。**揖進。當階，北面揖。及階，揖。升堂，揖。豫則鉤楹内，堂則由楹外。當左物，北面揖。**鉤楹，繞楹而東也。序無室，可以深也。周立四代之學於國，而又以有虞氏之庠爲鄉學[三]，鄉

[一]「處」上陳本不重「之」字。
[二]「當」下陳本無「西」字。
[三]「庠」，北監本作「序」。

飲酒義曰「主人迎賓於庠門外」是也。庠之制，有堂有室也。今言「豫」者，謂州學也，讀如「成周宣榭災」之「榭」，周禮作「序」。凡屋無室曰榭，宜從「榭」。州立榭者，下鄉也。左物，下物也。今文「豫」爲「序」。序乃夏后氏之學，亦非也。○射者升堂揖訖，東行向物。豫無室，物近北，故鉤楹北而東。庠之堂有室，物近南，故由楹南而東也。物者，以丹若墨畫地作十字形，射者履之以射。左物，下射所履，故云「下物」也。○豫，音榭，出註。**及物，揖。左足履物，不方足，還，視侯中，俯正足。**方，猶併也。志在於射，左足至，右足還。併足則是立也。南面視侯之中，乃俯視併正其足。○左足履物，不及併足，右足初旋，已南面視侯，乃俯正足而立，是其志在於射也。**不去旌。**以其不獲。**誘射，**誘，猶教也。**將乘矢。**將，行也。行四矢，象有事於四方。**執弓不挾，右執弦。**不挾，矢盡。**南面揖，揖如升射，降。出于其位南，適堂西，改取一个**[一]，**挾之，**改，更也。不射而挾之，示有事也。今文曰「適序西」。○司射位在所設中之西南，東面，今乃出其位南，北迴適堂西者，疏以爲教衆耦威儀之法故也。衆耦射畢，皆當自此適堂西釋弓、脱決拾也。**遂適階西，取扑，搢之，以反位。**扑，所以撻犯教者。書云：「扑作教刑。」○反位，所設中之西南東面也。

右司射誘射。

〔一〕「取」，北監本作「作」。

司馬命獲者執旌以負侯。欲令射者見侯與旌，深有志於中。○上文命張侯、倚旌，疏云：「同是西階前。」至此未有他事，當亦西階前命之也。獲者適侯，執旌負侯而俟。俟，待也。今文「俟」爲「立」。司射還，當上耦，西面作上耦射。還，左還也。作，使也。○三耦在司射之西南東面，今欲西面命射，故知左還。司射反位。上耦揖進，上射在左，並行。當階，北面揖。及階，揖。上射先升三等，下射從之，中等。中，猶間也。上射升堂，少左，下射升。上射揖，並行。並，併也。併東行。○升堂少左，辟下射升階也。皆當其物，北面揖。及物，揖。皆左足履物，還，視侯中，合足而俟。○當物，上射當右物，下射當左物。履物還視侯中，皆儆誘射之儀。司馬適堂西，不決、遂，袒執弓，不決、遂，因不射，不備。出于司射之南，升自西階，鉤楹，由上射之後，西南面，立于物間，右執簫，南揚弓，命去侯。鉤楹，以當由上射者之後也。簫，弓末也。大射曰：「左執弣。」揚，猶舉也。獲者執旌許諾，聲不絕，以至于乏，坐，東面偃旌，興而俟。聲不絕，不以宮商，不絕而已。鄉射威儀省。偃，猶仆也。○仆，音赴。司馬出于下射之南，還其後，降自西階，反由司射之南，適堂西，釋弓，襲，反位，立于司射之南。圍下射者，明爲二人命去侯。司射進，與司馬交于階前，相左，由堂下西階之東，北面視上射，命曰：「無射獲，無獵獲。」上射揖。司射退，反位。射獲，謂矢中人也。獵，矢從傍〔一〕。○疏云：「相左之時，在西階之西，司馬由北而西行，司射由南而東行，各以左相近〔二〕，故云『相左』也。」○「無射」之「射」，食亦反。**乃射，上射既發，挾弓矢，而后下射射，拾發，以將乘矢。**后，後也，當從「后」。○上射發第一矢，復挾二矢，下射乃發矢，如是更發，以至四矢畢。**獲者坐而獲，**射者中，則大言獲。獲，得也。射，講武，田之類，是以中爲獲也。**舉旌以宫，偃旌以商，**宫爲君，商爲臣，聲和律吕相生。**獲而未釋獲。**但大言獲，未釋其算。○釋算，所以識中之多寡〔三〕。註上下文，皆言「大言獲」，疏乃以宫爲大言獲，商爲小言獲，是一矢而再言獲，恐未是。或一聲漸殺，各有所合歟？**卒射，皆執弓，不挾。南面揖，揖如升射。**不挾，亦右執弦，如司射。**上射降三等，下射少右，從之，中等。並行，上射於左，**降下。○並行，既降階而並行。**與升射者相左，交于階前，相揖，**○相左者〔四〕，降者由西，升者由東也。**由司馬之南，適堂西，釋弓，説決、拾，襲而俟于堂西，南面東上。三耦卒射，亦如之。司射去扑，倚于西階之西，升堂，北面告于賓，曰：「三耦卒射。」**去扑乃升，不敢佩刑器即尊者之側。**賓揖。**以揖然之。

〔一〕「傍」，陳本、文淵閣本作「旁」。
〔二〕「近」，賈公彦儀禮疏作「迎」。
〔三〕「識」下陳本原無「中」字，後補，上有浮貼：「所以識之多寡。『之』字上恐有脱字。」
〔四〕「相」上陳本無○。

右三耦射。

司射降，搢扑，反位。司馬適堂西，袒執弓，由其位南，進，與司射交于階前，相左，升自西階，鉤楹，自右物之後，立于物間，西南面，揖弓，命取矢。揖，推之也。獲者執旌許諾，聲不絕，以旌負侯而俟。俟弟子取矢，以旌指教之。司馬出于左物之南，還其後，降自西階，遂適堂前，北面立于所設楅之南，命弟子設楅。楅，猶幅也，所以承笴齊矢者。○所設楅，謂所擬以設楅之處。乃設楅于中庭，南當洗，東肆。東肆，統於賓〔一〕。○疏云：「弟子設楅，司馬教之。」司馬由司射之南，退，釋弓于堂西，襲，反位。弟子取矢，北面坐委于楅，北括，乃退。司馬襲進，當楅南，北面坐，左右撫矢而乘之。撫，拊之也。就委矢，左右手撫，而四四數分之也。上既言襲矣，復言之者，嫌有事即袒也。凡事，升堂乃袒。○疏云：「若司射，不問堂上堂下，有事即袒。」○拊，芳甫反〔二〕。數，所主反。若矢不備，則司馬又袒執弓，如初，升命曰：「取矢不索。」索，猶盡也。弟子自西方，應曰「諾」，乃復求矢，加于楅。增故曰加。鄉獲者許諾，至此弟子曰諾，事同，互相明。

〔一〕「賓」，原作「尊」，據陳本改，北監本亦作「賓」。

〔二〕「芳」，原作「者」，據陳本、金陵書局本及上下文釋音改。

右取矢委楅。第一番射事竟。

司射倚扑于階西，升，請射于賓，如初。賓許諾。賓、主人、大夫，若皆與射，則遂告于賓。適阼階上，告于主人。主人與賓爲耦。言「若」者，或射或否，在時欲耳。射者，繹己之志，君子務焉。大夫，遵者也。告賓曰：「主人御于子。」告主人曰：「子與賓射。」〇自此至「釋獲者少西辟薦，反位」〔一〕，言賓、主、大夫、衆賓耦射，釋獲、升飲之儀，射之第二番也。司射請射比耦，三耦取矢于楅，衆耦受弓矢序立，乃設中爲釋獲之射，三耦射，賓、主人射，大夫射，衆賓射，司馬取矢乘矢，司射視釋獲者數獲，設豐飲不勝者，獻獲者，獻釋獲者，凡十三節。**遂告于大夫。大夫雖衆，皆與士爲耦。以耦告于大夫曰**〔二〕：**「某御于子。」**大夫皆與士爲耦，謙也。來觀禮，同爵自相與耦，則嫌自尊別也。大夫爲下射，而云「御于子」，尊大夫也。士，謂衆賓之在下者，及羣士來觀禮者也。禮，一命已下，齒於鄉里。**西階上，北面作衆賓射。**作，使。**司射降，搢扑，由司馬之南，適堂西，立比衆耦。**衆耦，大夫耦及衆賓也。命大夫之耦曰：「子與某子射。」其命衆耦，如三耦。**衆賓將與射者，皆降，由司馬之南，適堂西，繼三耦而立，東上，大夫之耦爲上，若有東面者，則**

〔一〕「者」下陳本無「少西」二字。
〔二〕「告」上北監本無「以耦」二字。

北上。言「若有」者，大夫、士來觀禮及衆賓多無數也。○司馬，位在司射之南。若有東面者，或賓多，南面列不盡也。**賓、主人與大夫，皆未降。**言「未降」者，見其志在射。○三耦卒射，乃降就其耦，俱升射也。**司射乃比衆耦，辯。**衆賓射者降，比之，耦乃徧。

右司射請射、比耦。

遂命三耦拾取矢，司射反位。反位者，俟其袒、決、遂來。○遂命者，承上比耦畢，遂命之也。**三耦拾取矢，皆袒、決、遂，執弓，進立于司馬之西南。**必袒、決、遂者，明將有射事。**司射作上耦取矢。**作之者，還當上耦，如作射。**司射反位。上耦揖進，當楅，北面揖。及楅，揖，**當楅，楅正南之東西。○上耦發位東行時，一南一北並行。及至楅南，北面向楅，亦一東一西相並也。**上射東面，下射西面。上射揖進，坐，橫弓，郤手自弓下取一个，兼諸弣，順羽，且興，執弦而左還，退反位，東面揖。**橫弓者，南踣弓也。郤手由弓下取矢者，以左手在弓表，右手從裏取之，便也。兼，并矢於弣，當順羽，既又當執弦也。順羽者，手放而下，備不整理也。不言毋周，在阼非君，周可也。○疏曰：「言『順羽，且興』者，謂以右手順羽之時，則興，故云『且興』也。言『左還』者，以左手向外而西回。『東面揖』者，揖下射使取矢也。」註云「不言毋周」，對大射禮而言。彼有君在阼，周則背君故也。○弣，芳甫反。踣，蒲北反。**下射進，坐橫弓，覆手自弓上取一个，興，其他如上射。**覆手由弓上取矢者，以左手在弓裏，右手從表取之，亦便。○亦南踣弓，左手執弓，仰而向上，故右手覆搭矢爲便也。**既拾取乘矢，揖，皆左還，南面揖，皆少進，當楅南，皆左還，北面，搢三，挾一个，**楅南，鄉當楅之位〔一〕。○拾取乘矢，更遞而取，各得四矢也〔二〕。楅南，前者進時，北面揖之位也。今退至此，皆左還北面，搢三矢而挾一矢。**揖，皆左還，上射於右，**上射轉居右，便其反位也。下射左還，少南行，乃西面。○搢挾已而揖，皆左還西面並行。前者進時，上射在北，是在左。今仍在北，是於右。取其反位，北上爲便也。**與進者相左，相揖，退反位**〔三〕。相左，皆由進者之北。○進者自南東行，反位者自北西行，故得相左。**三耦拾取矢，亦如之。後者遂取誘射之矢，兼乘矢而取之，以授有司于西方，而后反位。**取誘射之矢，挾五个，弟子逆受於東面位之後。○以授者，以誘射之矢授也。

右三耦拾取矢。

衆賓未拾取矢，皆袒、決、遂，執弓，搢三挾一个，由堂西進，繼三耦之南而立，東面北上，大夫之耦爲上。未，猶不也。衆賓不拾者，未射，無楅上矢也。言此者，嫌衆賓、三耦同倫。

〔一〕「鄉」，陳本作「向」。
〔二〕「四」，陳本作「乘」。
〔三〕「反」上北監本無「退」字。

初時有射者，後乃射有拾取矢禮也。○衆賓初射，當於堂西受弓矢於有司，故不拾取矢。案三耦初射時，亦云「各與其耦讓取弓矢，拾」，則衆賓不拾取矢，又不僅以未射也。

右衆賓受弓矢序立。

司射作射如初。一耦揖升如初。司馬命去侯，獲者許諾。司馬降，釋弓反位。司射猶挾一个，去扑，與司馬交于階前，升，請釋獲于賓。猶，有故之辭。司射既誘射，恒執弓挾矢，以掌射事，備尚未知，當教之也。今三耦卒射，衆足以知之矣〔一〕，猶挾之者，君子不必也。賓許。降，搢扑，西面立于所設中之東，北面命釋獲者設中，遂視之。視之，當教之。○疏云：「教之，謂教其釋算，安置左右，及數算告勝負之事。」釋獲者執鹿中，一人執算以從之。鹿中，謂射於榭也。於庠，當兕中。○中，形如伏獸，鑿其背以受八算。算，射籌也。釋獲者坐設中，南當楅，西當西序，東面，興受算，坐實八算于中，横委其餘于中西，南末，興，共而俟。興還北面受算，反東面實之。○共，九勇反。司射遂進，由堂下，北面命曰：「不貫不釋。」貫，猶中也。不中正，不釋算也。古文「貫」作「關」。○貫，古亂反。上射揖。司射退反位。釋獲者坐取中之八算，改實八算于中，興，執而俟。執所取算。○八算者，人四矢，一耦八矢，一矢則一算。實八

〔一〕「矣」，北監本作「侯」。

算，擬後來者用之〔一〕。

右司射作射、請釋獲。

乃射。若中，則釋獲者坐而釋獲，每一个，釋一算，上射於右，下射於左。若有餘算，則反委之。委餘算，禮尚異也。委之，合於中西。○釋，猶舍也，以所執之算，坐而舍于地。中首東鄉，其南爲右，其北爲左，中西則其後也。○中，丁仲反。又取中之八算，改實八算于中，興，執而俟。三耦卒射。

右三耦釋獲而射。

賓、主人、大夫揖，皆由其階降，揖。主人堂東袒、決、遂，執弓，搢三挾一个。賓於堂西，亦如之。皆由其階，階下揖，升堂揖，主人爲下射，皆當其物，北面揖，及物揖，乃射。卒，南面揖，皆由其階，階上揖，降階揖。賓序西，主人序東，皆釋弓，説決、拾，襲，反位。升，及階揖，升堂揖，皆就席。或言「堂」，或言「序」，亦爲庠、榭互言也。賓、主人射，大夫止於堂西。

右賓、主人射。

大夫袒、決、遂，執弓，搢三挾一个，由堂西，出于司射之西，就其耦。大夫爲下射。

〔一〕「一耦」至「用之」十八字，陳本但作一「也」字。

揖進，耦少退。揖如三耦。及階，耦先升。卒射，揖如升射，耦先降。降階，耦少退。皆釋弓于堂西，襲。耦遂止于堂西，大夫升就席。耦於庭下不並行，尊大夫也。在堂如上射之儀，近其事，得申。

右大夫與耦射。

衆賓繼射，釋獲皆如初。司射所作，唯上耦。於是言「唯上耦」者，嫌賓、主人射亦作之。大射，三耦卒射，司射請于公與賓〔一〕。○疏云：「記云：『賓、主人射，則司射擯升降。』是雖不作，猶爲擯相之，但不請也。」卒射，釋獲者遂以所執餘獲，升自西階，盡階，不升堂，告于賓曰：「左右卒射。」降，反位，坐委餘獲于中西，興，共而俟。司射不告卒射者，釋獲者於是有事，宜終之也。餘獲，餘算也。無餘算，則空手耳。俟，俟數也。

右衆賓繼射，釋獲告卒射。

司馬袒、決執弓，升命取矢，如初。獲者許諾，以旌負侯，如初。司馬降，釋弓，反位。弟子委矢，如初。大夫之矢，則兼束之以茅，上握焉。兼束大夫矢，優之，是以不拾也。束於握上，則兼取之，順羽便也。握，謂中央也。不束主人矢，不可以殊於賓也。言「大夫之矢」，則矢

〔一〕「與」，北監本作「及」。

有題識也。肅慎氏貢楛矢，銘其括。今文「上」作「尚」。○楛，音户。**司馬乘矢如初。**

右司馬命取矢、乘矢。

司射遂適西階西，釋弓，去扑，襲，進由中東，立于中南，北面視算。釋弓去扑，射事已。**釋獲者東面于中西坐，先數右獲。**固東面矣，復言之者，爲其少南就右獲。○右獲，上射之獲。**二算爲純，**純，猶全也。耦陰陽。**一純以取，實于左手。十純，則縮而委之。**縮，從也。於數者，東西爲從。古文「縮」皆爲「蹙」。**每委，異之。**易校數。**有餘純，則横於下。**又異之也。自近爲下[一]。**一算爲奇，奇，則又縮諸純下。**奇，猶虧也。又從之。**興，自前適左，東面，**起，由中東，就左獲，少北於故，東面鄉之。**坐，兼斂算，實于左手，一純以委，十則異之，**變於右。○於右獲，則自地而實於左手，數至十純則委之。於左獲，則自左手而委於地，數至十純則異之，是其變也。其從横之法則同。**其餘如右獲。**謂所縮所横。**司射復位。釋獲者遂進取賢獲，執以升，自西階，盡階，不升堂，告于賓。**賢獲，勝黨之算也。齊之而取其餘。○賢，猶多也。賢獲，所多之算。**若右勝，則曰：「右賢於左。」若左勝，則曰：「左賢於右。」以純數告，若有奇者，亦曰奇。**賢，猶勝也。言「賢」者，射之以中爲雋也。假如右勝，告曰：「右賢於左，若干純，若干

[一]「爲」，文淵閣本作「而」。

奇〔一〕。」若左右鈞，則左右皆執一算以告，曰：「左右鈞。」降復位，坐，兼斂算，實八算于中，委其餘于中西，興，共而俟。○斂算或實、或委，爲後射豫設也。

右數獲。

司射適堂西，命弟子設豐。將飲不勝者。設豐，所以承其爵也。豐形蓋似豆而卑。弟子奉豐，升設于西楹之西，乃降。勝者之弟子，洗觶，升酌，南面坐奠于豐上，降，袒執弓，反位。勝者之弟子，其少者也。耦不酌，下無能也。酌者不授爵，略之也。執弓反射位，不俟其黨。已酌，有事。司射遂袒執弓，挾一个，搢扑，北面于三耦之南，命三耦及衆賓：勝者，皆袒、決、遂，執張弓；執張弓，言能用之也。右手執弦，如卒射。不勝者，皆襲，説決、拾，卻左手，右加弛弓于其上，遂以執弣。固襲、説決拾矣，復言之者，起勝者也。執弛弓，言不能用之也。兩手執弣，又不得執弦。○弛，尸紙反〔二〕。司射先反位〔三〕。居前，俟所命來。○所命，謂三耦、衆賓。三耦及衆射者，皆與其耦，進立于射位，北上。司射作升飲者，如作射。一耦進、

〔一〕二「干」字，原皆作「于」，據陳本、薈要本、文淵閣本、金陵書局本改。
〔二〕「尸」，陳本作「矢」。
〔三〕「反」，北監本作「及」。

揖，如升射。及階，勝者先升堂，少右。先升，尊賢也。少右，辟飲者也，亦相飲之位。○疏云：「相飲者，皆北面於西階，授者在東，飲者在西。」不勝者進，北面坐取豐上之觶，興，少退，立卒觶，進，坐奠于豐下，興，揖。立卒觶，不祭不拜。受罰爵，不備禮也。右手執觶，左手執弓。不勝者先降，後升先降，略之，不由次。與升飲者相左，交于階前，相揖，出于司馬之南，遂適堂西，釋弓，襲而俟。俟復射。有執爵者，主人使贊者代弟子酌也。於既升飲，而升自西階，立于序端。執爵者坐取觶，實之[一]，反奠于豐上，升飲者如初。每者輒酌，以至於徧。三耦卒飲。賓、主人、大夫不勝，則不執弓。執爵者取觶降洗，升實之，以授于席前。優尊也。受觶，以適西階上，北面立飲，受罰爵者，不宜自尊別。卒觶，授執爵者，反就席。大夫飲，則耦不升。以賓、主人飲，耦在上，嫌其升。若大夫之耦不勝，則亦執弛弓，特升飲。尊者可以孤，無能對。衆賓繼飲射爵者辯，乃徹豐與觶。徹，猶除也。設豐者反豐於堂西，執爵者反觶於篚。

右飲不勝者。

司馬洗爵，升實之以降，獻獲者于侯。鄉人獲者賤，明其主以侯爲功，得獻也。薦脯、醢，

[一] 原本句讀作「執爵者坐取觶實之」，誤。

設折俎，俎與薦，皆三祭。皆三祭，爲其將祭侯也。祭侯，三處也。〇皆三祭，脯之半脡、俎之離肺，皆三也。**獲者負侯，北面拜受爵。司馬西面拜送爵。**負侯，負侯中也。拜送爵不同面者，辟正主也。其設薦、俎，西面錯，以南爲上。爲受爵于侯，薦之於位。古文曰「再拜受爵」。〇負侯北面拜受爵，是受爵於侯。下云「左个之西北三步，東面設薦」，是薦之於位。經言「東面」，註云「西面錯」者，據設人而言。**獲者執爵，使人執其薦與俎從之，適右个，設薦、俎。**獲者，以侯爲功，是以獻焉。人，謂主人贊者，上設薦、俎者也。爲設籩在東，豆在西，俎當其北也。言使設，新之。〇侯東方幹爲右个，以北面爲正也。〇个，音幹。**獲者南面坐，左執爵，祭脯醢，執爵興，取肺，坐祭，遂祭酒，**爲侯祭也，亦二手祭酒，反注，如大射。**興。適左个。中，亦如之**[一]。先祭左个。後中者，以外即之至中，若神在中也。**左个之西北三步，東面設薦、俎。獲者薦右東面立飲，不拜既爵。**不就乏者，明其享侯之餘也。立飲薦右，近司馬，於是司馬北面。**司馬受爵，奠于篚，復位。獲者執其薦，使人執俎從之，辟設于乏南。**遷設薦、俎就乏，明己所得禮也。言辟之者，不使當位，辟舉旌、偃旌也。設于南，右之也。凡他薦、俎，皆當其位之前。〇辟，扶益反。**獲者負侯而俟。**〇俟後復射也。

[一]「亦」，唐石經作「皆」。

右司馬獻獲者。

司射適階西，釋弓矢，去扑，説決、拾，襲。適洗，洗爵，升實之，以降，獻釋獲者于其位，少南。薦脯醢、折俎，有祭。不當其位，辟中。釋獲者薦右東面拜受爵。司射北面拜送爵。釋獲者就其薦，坐，左執爵，祭脯醢〔一〕，興取肺，坐祭，遂祭酒，興，司射之西，北面立飲，不拜既爵。司射受爵，奠于篚。釋獲者少西辟薦，反位。辟薦少西之者，爲復射，妨司射視算也，亦辟俎。

右司射獻釋獲者。第二番射事竟。

司射適堂西，袒、決、遂，取弓于階西，挾一个，搢扑，以反位。爲將復射。○司射獻釋獲者，事畢反位。自此下至「退中與算而俟」〔二〕，言以樂節射之儀。司射又請射命耦，三耦、賓、主人、大夫、衆賓皆拾取矢，司射作上射升射、請以樂爲節，三耦、賓、主人、大夫、衆賓卒射，又命取矢乘矢，又視算數獲，又設豐飲不勝者，又拾取矢授有司，乃説侯綱、退旌、退楅、退中與算，共九節，射之第三番也。司射去扑，倚于階西，升請射于賓，如初。賓許。司射降，搢扑，由司馬之南，適堂

〔一〕「祭」，薈要本作「薦」。
〔二〕「此」下陳本有「以」字。

西，命三耦及衆賓：皆袒、決、遂執弓就位。位，射位也。不言「射」者，以當序取矢。○位，司馬之西南東面位也。司射先反位。言先三耦及衆賓也。既命之，即反位，不俟之也。鄉不言先三耦，未有拾取矢位，無所先。○初三耦在司射西南，及司馬立司射之南，三耦拾取矢，移位於司馬之西南，是拾取矢時射位始定，故註云「未有拾取矢位，無所先」也。又射者堂下凡三位：堂西南面，比耦之位；司射西南東面，三耦初射之位；司馬西南東面，則拾取矢以後至終射之位也。○先，悉薦反，下同。三耦及衆賓，皆袒、決、遂，執弓，各以其耦，進，反于射位。以，猶與也。今文「以」爲「與」。

右司射又請射、命耦反射位。

司射作拾取矢。三耦拾取矢如初，反位。賓、主人、大夫降揖如初。主人堂東，賓堂西，皆袒、決、遂執弓。皆進階前揖，南面相俟而揖行也。及楅揖，拾取矢如三耦，及楅，當楅東西也。主人西面，賓東面，相揖拾取矢。不北面揖，由便也。卒，北面搢三挾一个，亦於三耦爲之位。○與三耦搢三挾一之處同也。揖退。皆已揖左還，各由其塗反位。賓堂西，主人堂東，皆釋弓矢，襲。及階揖，升堂揖，就席。將袒，先言主人。將襲，先言賓，尊賓也。大夫袒、決、遂，執弓，就其耦。降袒、決、遂於堂西，就其耦於射位，與之拾取矢。揖皆進，如三耦。耦東面，大夫西面。大夫進，坐說矢束，說矢束者，下耦，以將拾取。興反位。而后耦揖進，坐兼取乘矢，順羽而興，反位，揖。兼取乘矢者，尊大夫，不敢與之拾也。相下相尊，君子之所以相接也。大夫進坐，亦兼取乘矢，如其耦，北面搢三挾一个。亦於三耦爲之位。揖退。耦反位。大夫遂適序西，釋弓矢，襲，升即席。大夫不序於下，尊也。衆賓繼拾取矢，皆如三耦，以反位。

右三耦、賓、主人、大夫、衆賓皆拾取矢。

司射猶挾一个以進〔一〕，作上射如初。一耦揖升如初。進，前也。鄉言「還，當上耦，西面」，是言「進」，終始互相明也。今文或言「作升射」。司馬升，命去侯。獲者許諾。司馬降，釋弓反位。司射與司馬交于階前，去扑，襲，升請以樂樂于賓。賓許諾。司射降，搢扑，東面命樂正，曰：「請以樂樂于賓，賓許。」東面，於西階之前也。不就樂正命之者，傳尊者之命於賤者，遥號命之可也。樂正亦許諾，猶北面不還，以賓在堂。○樂樂，下字音洛。司射遂適階間，堂下北面命曰：「不鼓不釋。」不與鼓節相應，不釋算也。鄉射之鼓五節，歌五終，所以將八矢。一節之間，當拾發，四節四拾，其一節先以聽也。上射揖。司射退反位。樂正東面命大師，曰：「奏騶虞，間若一。」東面者，進還鄉大師也。騶虞，國風召南之詩篇也。射義曰：「騶虞者，樂官備

〔一〕「射」，原作「正」，據陳本、文淵閣本、金陵書局本改。

也。」其詩有「一發五豝、五豵，于嗟騶虞」之言，樂得賢者衆多，嘆思至仁之人，以充其官。此天子之射節也，而用之者，方有樂賢之志，取其宜也。其他賓客、鄉大夫則歌采蘋。間若一者，重節。○疏云：「云『間若一者，重節』者，謂五節之間，長短希數皆如一，則是重樂節也。」大師不興，許諾。樂正退反位。

右司射請以樂節射。

乃奏騶虞以射。三耦卒射，賓、主人、大夫、衆賓繼射，釋獲如初。卒射，降。皆應鼓與歌之節，乃釋算。降者，衆賓。○賓、主人、大夫，卒射皆升堂。釋獲者執餘獲，升告左右卒射，如初。卒，已也。今文曰「告于賓」。

右三耦、賓、主人、大夫、衆賓以樂射。

司馬升，命取矢。獲者許諾。司馬降，釋弓反位。弟子委矢，司馬乘之，皆如初。

右樂射取矢、數矢。

司射釋弓視算，如初。算，獲算也。今文曰「視數」也。釋獲者以賢獲與鈞，告，如初，降復位。

右樂射視算、告獲。

司射命設豐。設豐、實觶，如初。遂命勝者執張弓，不勝者執弛弓。升飲，如初。

右樂射飲不勝者。

司射猶袒、決、遂，左執弓，右執一个，兼諸弦，面鏃，適堂西，以命拾取矢，如初。側持弦矢曰執。面，猶尚也。并矢於弦，尚其鏃，將止，變於射也。〇方持弦矢曰挾者，矢横弦上而持之。側持弦矢曰執者，矢順并於弦而持之。尚其鏃者，鏃向上也。司射反位。三耦及賓、主人、大夫、衆賓，皆袒、決、遂，拾取矢，如初。矢不挾，兼諸弦弣以退，不反位，遂授有司于堂西。不挾，亦皆執之如司射也〔一〕。不以反射位，授有司者，射禮畢。〇兼諸弦弣，疏以爲一矢并於弦，三矢并於弣。辯拾取矢，揖，皆升就席。謂賓、大夫及衆賓也。相俟堂西，進立于西階之前。主人以賓揖升，大夫及衆賓從升。立時，少退于大夫。三耦及弟子，自若留下。〇衆賓，謂堂上三賓。

右拾取矢授有司。

司射乃適堂西，釋弓，去扑，説決、拾，襲，反位。〇司射扑在階西，今於堂西釋弓，亦去扑，以不復射也。司馬命弟子説侯之左下綱而釋之，説，解也。釋之，不復射，奄束之〔二〕。命獲

〔一〕「皆」，北監本作「謂」。

〔二〕「奄」，山東書局本作「掩」。山東書局本校刊記：「『司馬命弟子説侯之左下綱而釋之』注『釋之，不復射，掩束之』之『掩』，原本作『奄』，阮刻注疏同。今遵欽定儀禮注疏作『掩』。」

者以旌退，命弟子退楅。司射命釋獲者退中與算而俟。諸所退，皆俟堂西，備復射也。旌言「以」者，旌恒執也。獲者、釋獲者，亦退其薦、俎。○註云「備復射」者，旅酬後，容欲燕射也。

右退諸射器。射事竟。

司馬反爲司正，退復觶南而立。當監旅酬。○此下言射訖飲酒之事。旅酬，二人舉觶，徹俎，坐燕，送賓，以至明日拜賜，息司正諸儀，並同鄉飲酒禮。觶南者，司正北面監衆之位。樂正命弟子贊工即位。弟子相工，如其降也，升自西階，反坐。贊工，遷樂也。降時如初入。樂正反自西階東，北面。○西階東、北面，樂正告樂備後降立之位。遷樂于下，則立阼階東南北面。今當命弟子，又復來此也。遷工反位，爲旅酬後將有無算樂也。賓北面坐取俎西之觶興，阼階上北面酬主人。主人降席，立于賓東。賓坐奠觶，拜，執觶興。主人荅拜。賓不祭，卒觶，不拜。不洗，實之，進東南面。所不者，酬而禮殺也。賓立飲。○俎西之觶〔一〕，將射前，一人舉觶于賓，賓奠于薦西者也。主人阼階上北面拜，賓少退。少退，少逡遁也〔二〕。主人進受觶。賓主人之西，北面拜送。旅酬而同階，禮殺也。賓揖就席。主人以觶適西階上酬大夫，大夫降席，

〔一〕「俎」，文淵閣本作「遁」。

〔二〕「遁」，陳本作「巡」。

立于主人之西，如賓酬主人之禮。其既實觶，進西南面，立鄉所酬〔一〕。主人揖就席。若無大夫，則長受酬，亦如之。長，謂以長幼之次酬衆賓。○註「衆賓」，謂堂上三賓。司正升自西階相旅，作受酬者曰：「某酬某子。」某者，字也。某子者，氏也。稱酬者之字，受酬者曰某子，旅酬下爲上，尊之也。春秋傳曰：「字不若子。」此言「某酬某子」者，射禮略於飲酒。飲酒言「某子受酬」，以飲酒爲主。受酬者降席。司正退立于西序端，東面。退立，俟後酬者也。始升相，立階西北面。衆受酬者，拜、興、飲，皆如賓酬主人之禮。辯，遂酬在下者，皆升受酬于西階上。在下，謂賓黨也。鄉飲酒記曰：「主人之贊者〔二〕，西面北上，不與，無算爵，然後與。」此異於賓。○疏云：「引鄉飲酒記者，欲見主黨不與酬之義。」卒受者以觶降，奠于篚。

右旅酬。

司正降復位。使二人舉觶于賓與大夫。二人，主人之贊者。○以起無算爵。舉觶者皆洗觶，升實之，西階上北面，皆坐奠觶，拜，執觶興。賓與大夫皆席末答拜。舉觶者皆坐祭，遂飲，卒觶，興，坐奠觶，拜，執觶興。賓與大夫皆答拜。舉觶者逆降，洗，升實觶，皆

〔一〕「鄉」，陳本作「向」。
〔二〕「贊」，北監本作「奠」。

立于西階上，北面東上。賓與大夫拜。舉觶者皆進，坐奠于薦右。坐奠之，不敢授。賓與大夫辭，坐受觶以興。辭，辭其坐奠觶。舉觶者退反位，皆拜送，乃降。賓與大夫坐[一]，反奠于其所，興。不舉者，盛禮已崇。古文曰「反坐」。○退反位，反西階上北面飲酬之位。若無大夫，則唯賓。長一人舉觶，如燕禮媵爵之爲。

右司正使二人舉觶。

司正升自西階，阼階上受命于主人，適西階上北面請坐于賓。請坐，欲與賓燕，盡殷勤也。至此，盛禮已成，酒清肴乾，强有力者猶倦焉。賓辭以俎。俎者，肴之貴者也。辭之者，不敢以燕坐褻貴肴。反命于主人。主人曰：「請徹俎。」賓許。司正降自西階，階前命弟子俟徹俎。弟子，賓黨也。俎者，主人贊者設之。今賓辭之，使其黨俟徹，順賓意也。上言「請坐于賓」，此言「主人曰」，互相備耳。司正升立于序端。賓降席，北面。主人降席自南方，阼階上北面。大夫降席，席東南面。俟弟子升受俎[二]。賓取俎，還授司正。司正以降，自西階。賓從之降，遂立于階西，東面。司正以俎出，授從者。授賓家從來者也。古者與人飲食，必歸其盛

[一]「夫」下北監本無「坐」字。
[二]「受」下文淵閣本無「俎」字。

者，所以厚禮之。**主人取俎，還授弟子。弟子受俎，降自西階以東。主人降自阼階，西面立。**以東，授主人侍者。**大夫取俎，還授弟子。弟子以降，自西階，遂出授從者。大夫從之降，立于賓南。**凡言「還」者，明取俎各自鄉其席。**衆賓皆降，立于大夫之南，少退，北上。**從降，亦爲將燕。

右請坐燕因徹俎〔一〕。

主人以賓揖讓，説屨，乃升。大夫及衆賓皆説屨，升，坐。説屨者，將坐，空屨褻賤，不宜在堂也。説屨則摳衣，爲其被地。○疏云：「尊卑在室，則尊者説屨在户内，其餘説屨於户外〔二〕。尊卑在堂，則亦尊者一人説屨在堂，其餘説堂下。是以燕禮、大射臣皆説屨階下，公不見説屨之文，明公舄在堂。此鄉飲酒賓、主人行敵禮〔三〕，故皆説屨堂下也。」**乃羞。**羞，進也。所進者，狗胾、醢也。燕設啗具，所以案酒。○啗，徒覽反。**無算爵。使二人舉觶。賓與大夫不興，取奠觶飲，卒觶不拜。**二人，謂鄉者二人也。使之升立于西階上。賓與大夫將旅，當執觶也。卒觶者固不拜矣，著之

〔一〕「因」下陳本有「請」字。
〔二〕「其」，賈公彦儀禮疏作「自」，下「其餘」之「其」同。「於」，陳本作「在」。
〔三〕「飲」，原作「射」，據文淵閣本改，北監本疏文、賈公彦儀禮疏亦作「飲」。

者，嫌坐卒爵者拜既爵。此坐于席，禮既殺，不復崇。**執觶者受觶，遂實之。賓觶，以之主人，大夫之觶，長受，**長，衆賓長。**而錯，皆不拜。**錯者，實主人之觶，以之次賓也；實賓長之觶，以之次大夫。其或多者，迭飲於坐而已。皆不拜受，禮又殺也。○大夫與衆賓等，則得交相酬。或大夫多於賓，或賓多於大夫，則多者無所酬，自與其黨迭飲也〔一〕。**辯，卒受者興，以旅在下者，于西階上。**衆賓之末，飲而酬主人之贊者，大夫之末，飲而酬賓黨，亦錯焉。不使執觶者酌，以其將旅酬，不以己尊於人也。其末若皆衆賓，則先酬主人之贊者。若皆大夫，則先酬賓黨而已。執觶者酌在上辯，降復位。**長受酬，酬者不拜，乃飲，卒觶，以實之，**言「酬者不拜」者，嫌酬堂下，異位，當拜也。古文曰「受酬者不拜」〔二〕。**受酬者不拜受。**禮殺，雖受尊者之酬〔三〕，猶不拜。**辯旅，皆不拜。**主人之贊者，於此始旅，嫌有拜。**執觶者皆與旅。**嫌已飲，不復飲也。上使之勸人耳，非逮下之惠也，亦自以齒與於旅也。**卒受者以虛觶降奠于篚。執觶者洗升實觶，反奠于賓與大夫。**復奠之者，燕以飲酒爲歡，醉乃止，主人之意也。今文無「執觶」，及「賓觶」、「大夫之觶」，皆爲

〔一〕「飲」下陳本無「也」字。

〔二〕「酬」上北監本無「受」字。

〔三〕「尊」上陳本無「受」字。

「爵」。「實觶」，「觶」爲「之」。○旅於西階上，故卒受者降奠觶。復奠于賓、大夫者，當復相酬以徧，所謂「無算爵」也。無算樂。合鄉樂，無次數。

右坐燕、無算爵、無算樂。射後飲酒禮竟。

賓興，樂正命奏陔。陔，陔夏，其詩亡。周禮賓醉而出，奏陔夏。陔夏者，天子、諸侯以鍾鼓，大夫、士，鼓而已。賓降及階，陔作。賓出，衆賓皆出。主人送于門外，再拜。拜送賓于門東，西面。賓不答拜，禮有終。

右賓出送賓。

明日，賓朝服以拜賜于門外，拜賜，謝恩惠也。主人不見。如賓服，遂從之，拜辱于門外，乃退。不見，不褻禮也。拜辱，謝其自屈辱。

右明日拜賜。

主人釋服，乃息司正。釋服，説朝服，服玄端也。息，猶勞也。勞司正，謂賓之，與之飲酒，以其昨日尤勞倦也。月令曰：「勞農以休息之。」無介。勞禮略，貶於飲酒也。此已下皆記禮之異者。不殺。無俎故也。使人速。速，召賓。迎于門外，不拜。入升，不拜至，不拜洗。薦脯、醢，無俎。賓酢主人，主人不崇酒。不拜衆賓。既獻衆賓，一人舉觶，遂無算爵。言「遂」者，明其間闕也。賓坐奠觶于其所，擯者遂受命于主人，請坐于賓，賓降説屨升坐矣。不言「遂請坐」者，請坐主于無算爵。**無司正。**使擯者而已，不立之。**賓不與。**昨日至尊，不可褻也。古文「與」作「豫」。**徵唯所欲，**徵，召也。謂所欲請呼。**以告于鄉先生、君子可也。**告，請也。鄉先生，鄉大夫致仕者也。君子，有大德行不仕者。**羞唯所有。**用時見物。**鄉樂唯欲。**不歌雅、頌，取周、召之詩，在所好。

右息司正。

記

大夫與，則公士爲賓。不敢使鄉人加尊於大夫也。公士，在官之士。鄉賓主用處士。**使能，不宿戒。**能者敏於事，不待宿戒而習之。

其牲，狗也，狗取擇人。**亨于堂東北。**鄉飲酒義曰：「祖陽氣之所發也。」

尊，綌冪。賓至，徹之。以綌爲冪，取其堅潔。

蒲筵，緇布純。筵，席也。純，緣。**西序之席，北上。**衆賓統於賓。○堂上自正賓外，衆賓三人而已。今乃有西序東面之席，豈三人非定法歟？疏以爲「大夫多，尊東不受，則於尊西，賓近於西，則三賓東面」，未知然否。要之爲地狹不容者擬設耳。

獻用爵，其他用觶。爵尊，不可褻也。**以爵拜者，不徒作。**以爵拜，謂拜既爵。徒，猶空也。作，起也。不空起，言起必酢主人。

薦，脯用籩，五膱，祭半膱，横于上，醢以豆，出自東房，膱長尺二寸。脯用籩，籩宜乾物也。醢以豆，豆宜濡物也。膱，猶脡也，爲記者異耳。祭横于上，殊之也，於人爲縮。膱廣狹未聞也。古文「膱」爲「胾」，今文或作「植」。○曲禮云：「以脯脩置者〔一〕，左朐右末。」是横設人前，祭半脡横其上，於脯爲横，於人則爲縮也。○膱，音職。

俎由東壁，自西階升。狗既亨，載于東方。**賓俎，脊、脅、肩、肺。主人俎，脊、脅、臂、肺。肺皆離。**皆右體也，進腠。以骨名肉，貴骨也。賓俎用肩，主人用臂，尊賓也。離，猶挃也。腠，膚理也。進理，謂前其本〔二〕。右體，周所貴也。若有尊者，則俎其餘體也。○註「尊者」當作「遵者」。經云「大夫若有遵者」，此所指正大夫也。餘體，謂臑，若膊，若胳也。

凡舉爵，三作，而不徒爵。謂獻賓、獻大夫、獻工，皆有薦。

凡奠者於左，不飲，不欲其妨。**將舉者於右。**便其舉也。

衆賓之長，一人辭洗，如賓禮。尊之於其黨。○疏云：「獻三賓之時，主人唯爲長者一人洗爵。」愚謂此爲衆賓統一洗，但辭之者一人耳。

〔一〕「脩」，原作「修」，據陳本改，禮記曲禮亦作「脩」。

〔二〕「前」，北監本作「首」。

若有諸公，則如賓禮，大夫如介禮。無諸公，則大夫如賓禮。尊卑之差。諸公，大國之孤也。○鄉射無介，此以飲酒禮中之賓、介，明其差等也。樂作，大夫不入。後樂賢也。

樂正與立者齒。謂其飲之次也。尊樂正，同於賓黨。鄉飲酒記曰：「與立者，皆薦以齒。」

三笙一和而成聲。三人吹笙，一人吹和，凡四人也。爾雅曰：「笙小者謂之和。」○和，户卧反〔一〕。

獻工與笙，取爵于上篚，既獻，奠于下篚。其笙，則獻諸西階上。奠爵于下篚，不復用也。今文無「與笙」。

立者，東面北上。賓黨。○疏云：「此謂來觀禮者，與堂下衆賓齒。」

司正既舉觶，而薦諸其位。薦於觶南。

三耦者，使弟子，司射前戒之。弟子，賓黨之少者也。前戒，謂先射請，戒之。○請射于賓之前，即戒之也。

司射之弓矢與扑，倚于西階之西。便其事也。○扑，普卜反。

司射既袒、決、遂而升，司馬階前命張侯，遂命倚旌。著並行也。古文曰「遂命獲者倚旌」。○司射升堂告賓請射之時，司馬階前即命張侯、倚旌。經文序司射事訖，乃及司馬，故記著其行

〔一〕「卧」，陳本作「固」。

事相並也〔一〕。

凡侯，天子熊侯，白質；諸侯麋侯，赤質；大夫布侯，畫以虎、豹；士布侯，畫以鹿、豕。此所謂獸侯也，燕射則張之。鄉射及賓射，當張采侯二正。而記此者，天子、諸侯之燕射，各以其鄉射之禮而張此侯，則經「獸侯」是也，由是云焉。白質、赤質，皆謂采其地。其地不采者，白布也。熊、麋、虎、豹、鹿、豕，皆正面畫其頭，象於正鵠之處耳。君畫一，臣畫二，陽奇陰耦之數也。燕射射熊、虎、豹〔二〕，不忘上下相犯〔三〕；射麋、鹿、豕，志在君臣相養。其畫之，皆毛物之。○侯制有三，大射，賓射，燕射。大射之侯用皮：王三等，虎、熊、豹；諸侯二等，熊、豹；卿大夫用麋。所謂「棲皮之鵠」，梓人云「張皮侯而棲鵠則春以功」是也。賓射之侯用布，畫以爲正：王五正，中朱，次白，次蒼，次黄，而玄在外；諸侯三正，損玄、黄；大夫、士二正，去白、蒼，畫朱、緑。所謂「畫布曰正」，梓人云「張五采之侯則遠國屬」是也。燕射之侯畫獸以象正鵠，此記所言是也，梓人亦云「張獸侯以息燕」也〔四〕。此鄉射當張采侯二正，而記燕射之侯者，以燕射亦用此鄉射之禮，但張侯爲異耳。疏云：「據大射之侯。若賓射

〔一〕「司馬」至「並也」句，文淵閣本作：「司馬即階令倚旌，此皆同時，故鄭云著並行事也。」案：文淵閣本與賈公彦儀禮疏同。

〔二〕「熊」，北監本作「燕」。

〔三〕「忘」，陳本作「妄」。「下」，北監本作「不」。

〔四〕「侯」下周禮梓人有「則王」二字。

之侯，則三分其侯，正居一焉。若燕射之侯，則獸居一焉。故云象其正鵠之處。」**凡畫者，丹質。**賔射之侯、燕射之侯，皆畫雲氣於側以爲飾。必先以丹采其地，丹淺於赤。

射自楹間，物長如笴，其間容弓，距隨長武。自楹間者，謂射於庠也〔一〕。楹間，中央，東西之節也。物，謂射時所立處也。謂之物者，物猶事也，君子所有事也。長如笴者，謂從畫之長短也。笴，矢幹也，長三尺，與跬相應，射者進退之節也。間容弓者，上下射相去六尺也。距隨者，物横畫也。始前足至東頭，爲距。後足來合而南面，爲隨。武，跡也，尺二寸。○榭鉤楹内，堂由楹外，雖不同，皆當以楹中央爲東西之節。註云「謂射於庠」，恐未是。**序則物當棟，堂則物當楣。**是制五架之屋也。正中曰棟，次曰楣，前曰庪。○序無室，堂有室，故物深淺異設。此物南北之節也。

命負侯者，由其位。於賤者禮略。○司馬自在己位，遥命之。

凡適堂西，皆出入于司馬之南。唯賔與大夫，降階，遂西取弓矢〔二〕。尊者宜逸，由便也。

旌，各以其物。旌，總名也。雜帛爲物，大夫、士之所建也。言「各」者，鄉射或於庠，或於榭〔三〕。

〔一〕「射」上陳本無「謂」字。

〔二〕「遂」，北監本作「送」。

〔三〕「榭」，北監本作「謝」。

○疏云：「周禮司常云九旗：『通帛爲旜，雜帛爲物，全羽爲旞，析羽爲旌。』各別。今名物爲旌者，散文通，故云『旌，總名也』。通帛者，通體並是絳帛。雜帛者，中絳，緣邊白也。大夫、士同建物，而云『各』者，大夫五仞，士三仞，不同也。」旌，射時獲者所執，各用平時所建，故云「各以其物」也。**無物，則以白羽與朱羽糅，杠長三仞，以鴻脰韜上，二尋。**無物者，謂小國之州長也。其鄉大夫一命，其州長士不命，不命者無物。此翿旌也，翿亦所以進退衆者。糅者，雜也。杠，橦也。七尺曰仞。鴻，鳥之長脰者也。八尺曰尋。今文「糅」爲「縮」，「韜」爲「翿」[一]。○不命之士，不得用物，則以赤白雜羽爲翿旌以射。其杠三仞，又以鴻脰韜杠之上，長二尋。鴻脰之制，註、疏皆不言，疑亦縫帛爲之，其圓長若鴻項然也。○糅，女又反。杠，音江。脰，音豆。韜，吐刀反。翿，徒刀反。橦，直江反。

凡挾矢，於二指之間，横之。二指，謂左右手之第二指。此以食指、將指挾之。○將，子匠反。

司射在司馬之北。司馬無事，不執弓。以不主射故也。

始射，獲而未釋獲，復釋獲，復用樂行之。君子取人以漸。

上射於右。於右物射。

楅，長如笴，博三寸，厚寸有半，龍首，其中蛇交，韋當。博，廣也。兩端爲龍首，中央爲

[一]「韜」，北監本作「縚」。

蛇身相交也。蛇、龍，君子之類也。交者，象君子取矢於楅上也。直心背之衣曰當，以丹韋爲之。司馬左右撫矢而乘之，分委於當。○韋當者，以韋束楅之中央，如人心背之衣也。**楅，髹，横而奉之**[一]，**南面坐而奠之，南北當洗。**髹，赤黑漆也。○楅用漆爲飾。設之者横而奉之，南面坐奠中庭，其南北與洗相直。○髹，虚求反。

射者有過，則撻之。過，謂矢揚中人。凡射時，矢中人，當刑之。今鄉會衆賢，以禮樂勸民，而射者中人，本意在侯，去傷害之心遠，是以輕之，以扑撻於中庭而已。書曰：「扑作教刑。」

衆賓不與射者，不降。不以無事亂有事。古文「與」爲「豫」。

取誘射之矢者，既拾取矢，而后兼誘射之乘矢而取之。謂反位已，禮成，乃更進取之，不相因也。○疏曰：「云『不相因』者，既自拾取己之乘矢，反位，東西望訖，上射乃更向前兼取誘射之矢。禮以變爲敬，故不相因。」註所謂「反位已」者，非司馬西南東面之位，乃楅東西取矢之位，前經所云「上射東面，下射西面」者也。但彼處疏云是下射取之，此乃云上射[二]，未審何者爲是。

賓、主人射，則司射擯升降，卒射即席，而反位卒事。擯賓、主人升降者，皆尊之也。不

[一]「奉」，唐石經作「拳」。

[二]原本句讀作「但彼處疏云是下射取之此乃云上射」，誤。

使司馬擯其升降，主於射。○司馬本是司正，不主射事。

鹿中，髹，前足跪，鑿背容八算。釋獲者奉之，先首。前足跪者，象教擾之獸，受負也。○先首，首向前也。

大夫降，立于堂西以俟射。尊大夫，不使久列於射位。○賔、主人、大夫同時降，賔、主先射，大夫且立于堂西，其耦在射位。俟當射，大夫乃就其耦，升射。大夫與士射，袒纁襦[一]。不肉袒，殊於耦。○襦，如朱反。耦少退于物。下大夫也，既發則然。

司射，釋弓矢視算，與獻釋獲者釋弓矢。惟此二事，休武主文，釋弓矢耳。然則擯升降不釋。

禮射不主皮。主皮之射者，勝者又射，不勝者降。禮射，謂以禮樂射也，大射、賔射、燕射，是矣。不主皮者，貴其容體比於禮，其節比於樂，不待中爲雋也[二]。言「不勝者降」，則不復升射也。主皮者，無侯，張獸皮而射之，主於獲也。尚書傳曰：「戰鬭不可不習，故於蒐狩以閑之也。閑之者，貫之也。貫之者，習之也。凡祭，取餘獲陳於澤，然後卿大夫相與射也。中者，雖不中也取。不中者，雖中也不取。何以然？所以貴揖讓之取也，而賤勇力之取。嚮之取也於囿中[三]，勇力之取。今之

[一]「纁」，唐石經作「薰」。
[二]「待」，原作「得」，據陳本、薈要本、文淵閣本改，北監本亦作「待」。
[三]「嚮」，陳本作「向」。

取也於澤宮，揖讓之取也。」澤，習禮之處，非所於行禮，其射又主中，此主皮之射與？天子大射張皮侯，賓射張五采之侯，燕射張獸侯。○不主皮，當依論語，作「主於中而不主於貫革」爲確。貫革之射，習戰之射也。其射當亦三番，故勝者又射，不勝者則不復射也。

主人亦飲于西階上。就射爵而飲也。已無俊才，不可以辭罰。○疏云：「此謂主人在不勝之黨，受罰爵之時也。」

獲者之俎，折脊、脅、肺、臑。臑，若膊〔一〕、胳、觳之折，以大夫之餘體。○註言「臑，若膊、胳、觳之折」者，見科取其一不定，有臑則用臑，無臑，則三者皆可用之。唯視大夫之有無多寡，取其餘體而已。○臑，奴報反。

東方謂之右个。侯以鄉堂爲面也。

釋獲者之俎，折脊、脅、肺。皆有祭。皆，皆獲者也。祭，祭肺也。以言肺，謂刌肺不離，嫌無祭肺。○獲者、釋獲者之俎，切肺之外，皆別有祭肺〔二〕。○刌，寸本反。寸，上聲，割也〔三〕。

大夫說矢束，坐說之。明不自尊別也。○謂拾取矢時。

〔一〕「膊」，原作「膞」，據陳本、薈要本、文淵閣本、金陵書局本改。
〔二〕「別」下文淵閣本無「有」字。
〔三〕「刌寸本反」下，陳本無「寸上聲割也」五字。

歌騶虞，若采蘋，皆五終，射無算。謂衆賓繼射者，衆賓無數也。每一耦射，歌五終也。

古者，於旅也語。禮成樂備〔一〕，乃可以言語，先王禮樂之道也。疾今人慢於禮樂之盛，言語無節，故追道古也。**凡旅，不洗。**敬殺。**不洗者，不祭。**不盛。**既旅，士不入。**從正禮也。既旅，則將燕矣。士入，齒於鄉人。○「從正禮」當是「後正禮」。

大夫後出。下鄉人，不干其賓主之禮。**主人送于門外，再拜。**拜送大夫，尊之也。主人送賓還，入門，揖，大夫乃出，拜送之〔二〕。

鄉侯，上个五尋，上个，謂最上幅也〔三〕。八尺曰尋，上幅用布四丈。○橫長之數。**中十尺。**方者也，用布五丈〔四〕。今官布，幅廣二尺二寸〔五〕，旁削一寸。考工記曰：「梓人爲侯，廣與崇方。」謂中也。○中，即正也。廣崇皆十尺，布幅廣二尺，故用布五丈。**侯道五十弓，弓二寸〔六〕，以爲侯**

〔一〕「禮成樂備」，北監本作「種成樂億」。

〔二〕「拜送」，北監本作「送拜」。

〔三〕「謂」，原作「爲」，據陳本改，北監本亦作「謂」。

〔四〕「丈」，原作「尺」，據陳本、薈要本、文淵閣本改，北監本亦作「丈」。薈要案語：「用布五丈。刊本『丈』訛『尺』，據各本鄭注改。」四庫考證説同。

〔五〕「二寸」，薈要本作「四寸」。

〔六〕「二」，陳本作「一」。

中，言侯中所取數也。量侯道以貍步，而云「弓」者，侯之所取數，宜用射器也。正二寸者，骹中之博也。今文改「弓」爲「肱」也。○侯之遠近五十弓，每弓取二寸，以爲侯中之數，故中十尺也。骹中之博，謂弓弣把中側骨之處，博二寸。○骹，苦交反。**倍中以爲躬**，躬，身也，謂中之上下幅也，用布各二丈。○中上、中下，各横接一幅，長二丈。**倍躬以爲左右舌**，謂上个也。居兩旁，謂之个。左右出，謂之舌。○即最上四丈之横幅，隨所目而異名，左右出各一丈。**下舌半上舌**。半者，半其出於躬者也，用布三丈。所以半上舌者，侯，人之形類也〔一〕，上个象臂，下个象足。中人張臂八尺，張足六尺，五八四十，五六三十，以此爲衰也。凡鄉侯，用布十六丈，數起侯道五十弓，以計：道七十弓之侯，用布二十五丈二尺；道九十弓之侯，用布三十六丈。○用布三丈，横綴下躬之下，左右出於躬各五尺。

箭籌八十。箭，篠也〔二〕。籌，算也。籌八十者，略以十耦爲正，貴全數。其時衆寡從賔〔三〕。○箭，竹也。以竹爲籌，釋獲者所執之算也。人四矢，耦八籌也。○篠，息小反。**長尺有握，握素**。

〔一〕「類」，陳本作「體」。
〔二〕「篠」，北監本作「蓧」。
〔三〕「寡」，北監本作「賔」。

握，本所持處也。素，謂刊之也。握本一作膚〔一〕。○握，四指，即四寸。算長尺四寸〔二〕，其四寸，則刊之使白也。

楚扑長如笴，刊本尺。刊其可持處。○刊，削之也。○刊，苦干反。

君射，則爲下射。上射退于物，一笴，既發，則答君而俟。答，對也。此以下，雜記也。今文「君射則爲下」。**君，樂作而后就物。君，袒朱襦以射。**君尊。**小臣以巾執矢以授。**君尊，不搢矢，不挾矢。授之，稍屬。**若飲君，如燕，則夾爵。**謂君在不勝之黨也。賓飲君，如燕，賓媵觚于公之禮，則夾爵。夾爵者，君既卒爵，復自酌。**君，國中射，則皮樹中，以翿旌獲，白羽與朱羽糅；**國中，城中也。謂燕射也。皮樹，獸名。以翿旌獲，尚文德也。今文「皮樹」爲「繁豎」，「糅」爲「縚」〔三〕。古文無「以」。○知城中是燕射者，燕在寢故也。賓射、大射，則不在國中，以其燕主歡心，故旌從不命之士。**於郊，則閭中，以旌獲；**於郊，謂大射也。大射於大學。王制曰：「小學

〔一〕「握」，北監本作「刊」。「一」，陳本作「以」，上有浮貼：「握本以作膚。『以』字疑誤。別本『刊本一作膚』亦費解。或『刊本』一讀，義屬上句。『一作膚』指『握』字有作『膚』者。四指曰膚，與『握』義同。」

〔二〕「算」，陳本原同，後改作「筭」。

〔三〕「糅」，原作「䋏」，據陳本、薈要本、文淵閣本、山東書局本改。山東書局本校刊記：「『君，國中射，則皮樹中，以翿旌獲，白羽與朱羽糅』注『糅爲縚』之『糅』，原本作『䋏』，誤，今校正。」

在公宫之左，大學在郊。」閭，獸名，如驢，一角。或曰：如驢岐蹄〔一〕。周書曰：「北唐以閭。」析羽爲旌。○疏云：「云『大射於大學』者，據諸侯而言也。天子大射，則虞庠小學。以天子大學在國中，小學在郊。」**於竟，則虎中，龍旜。**於竟，謂與鄰國君射也。畫龍於旜，尚文章也。通帛爲旜。○與鄰國君射，則賓射也。**大夫，兕中，各以其物獲。**兕，獸名，似牛，一角。○大國、小國大夫命數不同，故云「各以其物」。**士，鹿中，翿旌以獲**〔二〕。**唯君有射于國中，其餘否。**臣不習武事於君側也。古文「有」作「又」。今文無「其餘否」。**君在，大夫射，則肉袒。**不袒纁襦，厭於君也〔三〕。今文無「射」。

〔一〕「驢」，原作「閭」，據陳本、薈要本、文淵閣本改，北監本亦作「驢」。薈要案語：「『如驢岐蹄。』刊本『驢』訛『閭』，據各本鄭注改。」四庫考證説同。

〔二〕北監本無「士鹿中翿旌以獲」七字經文。

〔三〕「厭」，陳本作「壓」。

儀禮

鄭氏註　濟陽張爾岐句讀

燕禮第六　鄭目録云：「諸侯無事，若卿大夫有勤勞之功，與羣臣燕飲以樂之。燕禮於五禮屬嘉禮。大戴第十二，小戴及别録皆第六。」○疏曰：「案上下經註，燕有四等：目録云，諸侯無事而燕，一也；卿大夫有王事之勞，二也；卿大夫有聘而來還，與之燕，三也；四方聘客，與之燕，四也。」

燕禮。小臣戒與者。小臣相君燕飲之法。戒與者，謂留羣臣也。君以燕禮勞使臣，若臣有功，故與羣臣樂之。小臣則警戒告語焉，飲酒以合會爲歡也。○自此至「公升就席」，皆燕初戒備之事。有戒與設具，有納諸臣立於其位，有命大夫爲賓，有請命執役，有納賓，凡五節。疏云：「周禮太僕職云『王燕飲則相其法』，小臣職云『凡大事佐太僕』，則王燕飲，太僕相，小臣佐之。此諸侯禮，降於天子，故宜使小臣相」。下文「小臣師一人在東堂下」，師，長也〔一〕。諸侯小臣之長，猶天子之有太僕，正君之服位者也。**膳宰具官饌于寢東。**膳宰，天子曰膳夫，掌君飲食膳羞者也。具官饌，具其官之所饌，謂酒也、牲也、脯醢也。寢，路寢。**樂人縣。**縣，鍾、磬也。國君無

〔一〕原本句讀作「師長也」，誤。

故不徹縣〔一〕。言「縣」者〔二〕，爲燕新之。**設洗、篚于阼階東南，當東霤。罍水在東。篚在洗西，南肆。設膳篚在其北，西面。**設此不言其官，賤也。當東霤者，人君爲殿屋也，亦南北以堂深。肆，陳也。膳篚者，君象觚所饌也，亦南陳。言「西面」，尊之，異其文〔三〕。○疏云：「漢時殿屋，四向流水〔四〕，故舉漢以況周。言『東霤』，明亦有西霤。」**司宮尊于東楹之西，兩方壺，左玄酒，南上。公尊瓦大兩，有豐，冪用綌若錫〔五〕，在尊南，南上。尊士旅食于門西，兩圜壺〔六〕。**司宮，天子曰小宰，聽酒人之成要者也。尊方壺，爲卿大夫、士也，臣道直方。於東楹之西，予君專此酒也。玉藻曰：「唯君面尊。」玄酒在南，順君之面也。瓦大，有虞氏之尊也。禮器曰：「君尊瓦甒。」豐形似豆，卑而大。冪用綌若錫，冬、夏異也。在尊南，在方壺之南也。尊士旅食者用圜壺，變於卿大夫也。旅，衆也。士衆食，謂未得正禄，所謂庶人在官者也。今文「錫」爲「緆」〔七〕。○諸侯之司宮，與天

〔一〕「徹」，原作「撤」，據陳本、文淵閣本改，北監本亦作「徹」。
〔二〕「言」，北監本作「宮」。
〔三〕原本句讀作「尊之異其文」，誤。
〔四〕「向」，陳本作「面」。
〔五〕「綌」字旁，原本有小注「音隙」二字。
〔六〕「壺」，北監本作「壼」。
〔七〕「緆」字旁，原本有小注「音昔」二字。

子之小宰〔一〕，所掌同。公席阼階上西向，尊在東楹之西，南北並列，尊面向君設之，與鄉飲酒賓主共之者不同，故註云「予君專此酒也」〔二〕。在尊南，註云「在方壺之南」，謂瓦大在方壺南，疏以爲其冪，未是。南上亦玄酒在左也。圜壺無玄酒。○大，音泰。綌，去逆反。錫，悉歷反。圜，音圓。甒，亡甫反。錫，悉歷反。**司宮筵賓于户西**〔三〕，**東上，無加席也。**筵，席也。席用蒲筵緇布純。無加席，燕私禮，臣屈也。諸侯之官，無司几筵也。○諸侯兼官〔四〕，使司宮設尊竝設席。○純，之閏反，又章允反。**射人告具。**告事具於君。射人主此禮，以其或射也。○周禮，射人掌三公、孤、卿、大夫之位，又以射法治射儀。

右告戒、設具。

小臣設公席于阼階上，西鄉，設加席。公升，即位于席，西鄉。周禮：諸侯昨席〔五〕「莞筵紛純〔六〕，加繅席畫純」。後設公席者，凡禮，卑者先即事，尊者後也。○註引周禮〔七〕，司几筵

〔一〕「與」，陳本作「即」。
〔二〕「予」，陳本作「與」，「與」之俗體「与」。
〔三〕「筵」，唐石經作「之」。
〔四〕「兼」，陳本作「無」。
〔五〕「昨」，原作「阼」，據陳本、薈要本、文淵閣本、金陵書局本改，北監本、周禮司几筵皆作「昨」。
〔六〕「莞」字旁，原本有小注「音官」二字。
〔七〕「註」上陳本無○。

文。「昨」音義如「酢」。酢席，祭祀受酢之席也。引之者，欲見燕席與酢席同。○莞，音官。**小臣納卿、大夫，卿、大夫皆入門右，北面東上。士立于西方，東面北上。祝、史立于門東，北面東上。小臣師一人在東堂下，南面。士旅食者立于門西，東上。**納者，以公命引而入也。自士以下，從而入即位耳。師，長也。小臣之長一人，猶天子大僕，正君之服位者也。凡入門而右，由闑東，左則由闑西。○疏云：「卿、大夫入門右北面東上，此是擬君揖位。君爾之，始就庭位〔一〕。士立于西方東面北上，此士之定位。士賤，不待君揖即就定位也。」又云：「註『凡入門而右，由闑東』者，臣朝君之法；『左則由闑西』者，聘賓入門之法。」**公降立于阼階之東南，南鄉爾卿，卿西面北上；爾大夫，大夫皆少進。**爾，近也，移也。揖而移之，近之也。大夫猶北面，少前。

右君臣各就位次。

射人請賓。命當由君出也。○疏云：「其君南面，射人北面請可知。」**公曰：「命某爲賓。」**某，大夫也。**射人命賓，賓少進，禮辭，**命賓者，東面南顧〔二〕。禮辭，辭不敏也。**反命。**射人以賓之辭告於君。**又命之，賓再拜稽首許諾，**又，復。**射人反命。**告賓許。**賓出，立于門外，東**

〔一〕「君爾之始」，賈公彦儀禮疏作「君始爾之」。
〔二〕「面」，北監本作「西」。

面。當更以賓禮入。**公揖卿、大夫，乃升就席。**揖之，入之也〔一〕。

右命賓。

小臣自阼階下，北面請執冪者與羞膳者〔二〕。執冪者，執瓦大之冪也。方圜壺無冪。羞膳，羞於公，謂庶羞。**乃命執冪者，執冪者升自西階，立于尊南，北面，東上。**以公命，於西階前命之也〔三〕。東上，玄酒之冪爲上也。羞膳者，從而東，由堂東升自北階，房中西面南上。不言之者，不升堂，略之也。**膳宰請羞于諸公卿者。**小臣不請而使膳宰，於卑者彌略也。禮以異爲敬。

右請命執役者。

射人納賓。射人，爲擯者也。今文曰「擯者」。**賓入，及庭，公降一等揖之。**及，至也。至庭，謂既入而左，北面時。**公升就席。**以其將與主人爲禮〔四〕，不參之也。

右納賓。

〔一〕「入」，原作「人」，據薈要本、文淵閣本改。
〔二〕「北」上陳本有「請」字。
〔三〕「命」上陳本無「前」字。
〔四〕「將」，原脱，據陳本、薈要本、文淵閣本補，北監本亦有。

賓升自西階，主人亦升自西階，賓右北面至再拜，賓答再拜。主人，宰夫也〔一〕。宰夫，太宰之屬，掌賓客之獻飲食者也，其位在洗北西面。君於其臣，雖爲賓，不親獻，以其尊，莫敢伉禮也。至再拜者，拜賓來至也。天子膳夫爲獻主。○主人亦升自西階者，代君爲獻主，不敢由阼階也。自此至「以虛爵降奠于篚」，主人獻賓，賓酢主人，主人獻公，主人受公酢，主人酬賓，二人媵觶于公，公取媵觶酬賓，遂旅酬，凡七節，此初燕之盛禮也。**主人降洗，洗南西北面。**賓將從降，鄉之。**賓降，階西，東面。主人辭降。賓對。**對，答。**主人北面盥，坐取觚洗。賓少進辭洗。主人坐奠觚于篚，興對。賓反位。**賓少進者，又辭，宜違其位也。獻不以爵，辟正主也〔二〕。古文「觚」皆爲「觶」。○凡觴，一升曰爵，二升曰觚，三升曰觶，四升曰角，五升曰散。**主人卒洗。賓揖，乃升，**賓每先升，尊也。**主人升。賓拜洗，主人賓右奠觚答拜。降盥，**主人復盥，爲拜，手坋塵也。○坋，步困反〔三〕。**賓降，主人辭，賓對。卒盥，賓揖升，主人升。坐取觚，**取觚，將就瓦大酌膳。**執冪者舉冪，主人酌膳，執冪者反冪。**君物曰膳，膳之言善也。酌君尊者，尊賓也。**主人筵前獻賓。賓西階上拜，筵前受爵，反位。主人賓右拜送爵。**賓既拜，前受觚，退復位。**膳宰薦**

〔一〕原本句讀作「主人宰夫也」，誤。

〔二〕「辟」，陳本作「避」。

〔三〕「困」，原作「囷」，據陳本、薈要本改。

脯、醢。賓升筵。膳宰設折俎。折俎，牲體骨也。鄉飲酒記曰：「賓俎，脊、脅、肩、肺。」○引鄉飲酒記，明此亦同也。賓坐，左執爵，右祭脯醢，奠爵于薦右，興取肺，坐絶祭，嚌之，興加于俎，坐挩手，執爵，遂祭酒，興，席末坐啐酒，降席，坐奠爵，拜，告旨，執爵興。主人答拜。降席，席西也。旨，美也。○疏云：「降席坐奠爵拜，鄭云『降席，席西』，不言面。案前例〔一〕，降席席西拜者，皆南面，拜訖則告旨。」賓西階上北面坐卒爵，興，坐奠爵，遂拜。主人答拜。遂拜，拜既爵也〔二〕。

右主人獻賓。

賓以虚爵降。將酢主人。主人降。賓洗南坐奠觚，少進辭降。主人東面對。上既言爵矣，復言觚者，嫌易之也。大射禮曰：「主人西階西，東面，少進，對。」今文從此以下，「觚」皆爲「爵」。賓坐取觚，奠于篚下，盥洗。篚下，篚南。主人辭洗。謙也。今文無「洗」。賓坐奠觚于篚，興對。卒洗，及階，揖升，主人升，拜洗如賓禮。賓降盥，主人降，賓辭降。卒盥，揖升，酌膳，執冪如初，以酢主人于西階上。主人北面拜受爵。賓主人之左拜送爵。賓

〔一〕「例」上賈公彦儀禮疏有「體」字。
〔二〕原本句讀作「遂拜拜既爵也」，誤。

既南面授爵，乃之左。主人坐祭，不啐酒，辟正主也。未薦者，臣也。○正主人皆有啐酒，唯不告旨，賓獻訖即薦脯、醢。此主人是臣，故酢時不薦，至獻大夫後，乃薦于洗北。不拜酒，不告旨。主人之義。遂卒爵，興，坐奠爵，拜，執爵興。賓答拜。主人不崇酒，以虚爵降奠于篚。崇，充也。不以酒惡謝賓，甘美君物也。

右賓酢主人。

賓降，立于西階西。既受獻矣，不敢安盛。射人升賓。賓升立于序内，東面。東西牆謂之序。大射禮曰：「擯者以命升賓。」主人盥，洗象觚，升實之〔一〕，東北面獻于公。象觚，觚有象骨飾也。取象觚者東面。公拜受爵。主人降自西階，阼階下北面拜送爵。士薦脯、醢。膳宰設折俎，升自西階。薦，進也。大射禮曰：「宰胥薦脯、醢，由左房。」○疏云：「凡此篇内，公應先拜者，皆後拜之，尊公故也。此公先拜受爵者，受獻，禮重也。」又云：「引大射禮者，證此脯、醢從左房來。天子、諸侯有左右房，故言左房。大夫、士無右房，故言東房。」公祭如賓禮，膳宰贊授肺〔二〕，不拜酒。立卒爵，坐奠爵，拜，執爵興。凡異者，君尊，變於賓也。主人答拜，升受爵

〔一〕「實」，北監本作「賓」。
〔二〕「授」，陳本作「受」。

以降，奠于膳篚。

右主人獻公。

更爵，洗，升酌膳酒，以降，酢于阼階下，北面坐奠爵，再拜稽首。公答再拜。更爵者，不敢襲至尊也。古文「更」爲「受」。○疏云：「獻君、自酢，同用觚。必更之者，不敢因君之爵。」主人坐祭，遂卒爵，再拜稽首。公答再拜。主人奠爵于篚。

右主人自酢于公。

主人盥洗，升媵觚于賓，酌散，西階上坐奠爵，拜賓〔一〕。賓降筵，北面答拜。媵，送也，讀或謂「揚」〔二〕。揚，舉也。酌散者，酌方壺酒也，於膳爲散。今文「媵」皆作「騰」。○疏云：「案賓前受獻訖，立于序内以來，未有升筵之事。且鄉飲酒、大射酬前，賓皆無逆在席者。此言『降筵』，蓋誤。」○媵，以證反。散，思旦反。主人坐祭，遂飲。賓辭。卒爵拜。賓答拜。辭者，辭其代君行酒，不立飲也。此降於正主酬也。主人降洗，賓降，主人辭降，賓辭洗。卒洗，揖升，不拜

〔一〕「拜」下唐石經不重「賓」字。

〔二〕「謂」，北監本作「爲」。

洗。不拜洗，酬而禮殺。**主人酌膳。賓西階上拜，**拜者，拜其酌己[一]。**受爵于筵前，反位。主人拜送爵。賓升席，坐祭酒，遂奠于薦東。**遂者，因坐而奠[二]，不北面也。奠之者，酬不舉也。○疏曰[三]：「案鄉飲酒、鄉射，主人酬賓，皆主人實觶，席前北面，賓始西階上拜。此及大射，主人始酌膳時，賓已西階上拜者，以其燕禮、大射，皆是主人代君勸酒，其賓是臣，急承君勸，不敢安暇，故先拜也。」**主人降復位。賓降筵西，東南面立。**賓不立於序内，位彌尊也。位彌尊者，其禮彌卑[四]。記所謂「一張一弛」者，是之類與？○疏云：「賓初得獻，立序内。此酬訖，立席西。漸近賓筵，是位彌尊。酬禮漸殺，故云『禮彌卑』也。」

右主人酬賓。

小臣自阼階下請媵爵者，公命長。命長，使選卿、大夫之中，長幼可使者。○媵爵者舉爵于公，以爲旅酬之端也。長幼可使，當云年長而可使者。**小臣作下大夫二人媵爵。**作，使也。卿爲上大夫，不使之者，爲其尊。**媵爵者阼階下皆北面再拜稽首。公答再拜。**再拜稽首，拜君命

〔一〕「己」，原作「也」，據薈要本改。薈要案語：「拜其酌己。刊本『己』訛『也』，據校宋本改。」四庫考證說同。
〔二〕「因」下陳本無「坐」字。
〔三〕「曰」，陳本作「云」。
〔四〕「禮」，北監本作「體」。

也。**媵爵者立于洗南，西面北上，序進盥洗角觶，升自西階，序進酌散，交于楹北，降，阼階下皆奠觶再拜稽首，執觶興。公答再拜。**序，次第也，猶代也。楹北，西楹之北也。交而相待於西階上，既酌，右還而反，往來以右爲上。○疏云：「西面北上，未盥相待之位。序進盥，則北面向洗。」又云：「二大夫，先升者，由西楹之北，向散尊酌訖，右還，復由西楹之北，向西階上北面相待；後升者，亦由西楹之北，進向尊所，酌訖，右還而反。二人往來相遇于楹之北，先酌者待後酌者至，乃次第而降，故註云『交而相待於西階上』。」**媵爵者皆坐祭，遂卒觶，興，坐奠觶，再拜稽首，執觶興。公答再拜。媵爵者執觶待于洗南。**待君命也[一]。**小臣請致者。**請使一人與？二人與？優君也。○或皆致，或一人致，取君進止。**若君命皆致，則序進奠觶于篚，阼階下皆再拜稽首。公答再拜。媵爵者洗象觶，升實之**[二]**，序進，坐奠于薦南，北上，降，阼階下皆再拜稽首送觶。公答再拜。**序進，往來由尊北，交於東楹之北，奠于薦南，不敢必君舉也。大射禮曰：「媵爵者皆退反位。」○疏云：「前二人酌酒，降自西階，故交於西楹之北。此酌酒，奠於君所，故交於東楹之北。先酌者東面酌訖，由尊北，又楹北，往君所奠訖，右還而反。後酌者亦於尊北，又於楹北，與反者相

[一]「君命」，原作「命君」，據陳本改，北監本亦作「君命」。
[二]「實」，北監本作「寘」。

交。先者於南西過，後者於北東行，奠訖，亦右還而反，相隨降自西階。」凡奠爵，將舉者於右，今媵爵於公，爲將舉旅，當奠薦右，而奠於薦左，是不敢必君之舉也。引大射禮者，見此二人阼階下拜訖，亦反門右北面位也。

右二人媵爵於公。

公坐取大夫所媵觶，興以酬賓。賓降，西階下再拜稽首，公命小臣辭，賓升成拜。興以酬賓，就其階而酬之也。升成拜，復再拜稽首也，先時君辭之，於禮若未成然。**公坐奠觶，答再拜，執觶興，立卒觶。賓下拜，小臣辭，賓升再拜稽首。**不言「成拜」者，爲拜故下，實未拜也。下不輒拜，禮殺也。此賓拜于君之左〔一〕，不言之者，不敢敵偶於君。**公坐奠觶，答再拜，執觶興。賓進受虛爵，降奠于篚，易觶洗。**君尊不酌故也。凡爵不相襲者，於尊者言「更」，自敵以下言「易」。更作新。易有故之辭。進受虛爵，尊君也。不言公酬賓於西階上及公反位者，亦尊君，空其文也。○愚謂易猶更也，不敢襲用君爵，尊君也。註於更、易二義〔二〕，太生分別，疏家援証雖多，亦未見確據。**公有命，則不易不洗，反升酌膳觶，下拜，小臣辭，賓升再拜稽首，**下拜，下亦未拜。

〔一〕「此」，北監本作「北」。
〔二〕「義」，陳本作「字」。

凡下未拜有二，或禮殺，或君親辭。君親辭，則聞命即升，升乃拜，是以不言「成拜」。**公答再拜。**拜於阼階上也。於是賓請旅侍臣。**賓以旅酬於西階上。**旅，序也，以次序勸卿、大夫飲酒。**射人作大夫，長升受旅。**言「作大夫」，則卿存矣。長者，尊先而卑後。○卿稱上大夫，旅三卿徧，次至五大夫〔一〕。**賓，大夫之右坐奠觶拜，執觶興。大夫答拜。**賓在右者，相飲之位。○疏云：「賓在西階上酬卿，賓與卿並北面。賓在東，卿在西〔二〕，是賓在大夫之右〔三〕。賓位合在西，而今在東者，相飲之位也〔四〕。」**賓坐祭立飲，卒觶不拜。**酬而禮殺。○對酢之時，坐卒爵，拜既爵，是禮盛也。**若膳觶也，則降更觶洗，升實散，大夫拜受，賓拜送。**言「更觶」，卿尊也。○膳觶，本非臣所可襲，以君命故，得一用，至酌他人，則必更矣。註釋「更」字義，亦未可信。**大夫辯受酬，如受賓酬之禮，不祭。卒受者以虛觶降奠于篚。**卒，猶後也。大射禮曰：「奠于篚，復位。」今文「辯」皆作「徧」。○辯受酬，皆拜受、拜送，但賓初酬有坐祭，後酬者則不祭，爲異。云「大夫辯受酬」，不及於士也。註引大射禮奠觶復位，復門右北面之位。

〔一〕「次」，陳本作「以」。
〔二〕「賓在東，卿在西」二句，陳本倒。
〔三〕「賓」，賈公彦儀禮疏作「實」。
〔四〕陳本「相」上有「是」字，「位」下無「也」字。

右公舉媵爵酬賓，遂旅酬。初燕盛禮成。

主人洗，升，實散，獻卿于西階上。酬而後獻卿，别尊卑也。飲酒成於酬也。〇成於酬，謂成於旅酬。自此至「降，奠于篚」，主人獻卿，又二大夫媵觶於公，公又舉媵酬賓若長，遂旅酬，凡三節。此獻卿而酬，燕禮之稍殺也。司宫兼卷重席，設于賓左，東上。言「兼卷」，則每卿異席也。重席，重蒲筵緇布純也。卿坐東上，統於君也。席自房來。〇重席，但一種席，重設之，故註云「重蒲筵緇布純也」。加席，則於席上設異席，如公食大夫記云「司宫具几，與蒲筵常，緇布純，加萑席尋，玄帛純」是也。〇卷，居遠反。重，直容反。卿升，拜受觚。主人拜送觚。卿辭重席，司宫徹之。徹，猶去也。重席雖非加，猶爲其重累去之，辟君也。〇以君有加席兩重，此雖蒲筵一種重設，嫌其兩重，與君同也。乃薦脯、醢。卿升席坐，左執爵，右祭脯醢，遂祭酒，不啐酒，降席。西階上北面坐卒爵，興，坐奠爵，拜，執爵興。主人答拜，受爵。卿降復位。不酢，辟君也。卿無俎者〔一〕，燕主於羞。〇獻公，主人酢于阼階下。此不酢者，嫌與獻公同也〔二〕。辯獻卿，主人以虚爵降，奠于篚。今文無「奠于篚」。射人乃升卿，卿皆升就席。若有諸公，則先卿獻之，如獻

〔一〕「俎」下陳本無「者」字。
〔二〕「與」，文淵閣本作「於」。

卿之禮。諸公者，謂大國之孤也。孤一人，言「諸」者，容牧有三監。○鄭司農註典命云「上公得置孤卿一人」，後鄭從之，是孤卿本一人也。王制云：「天子使其大夫爲三監，監於方伯之國，國三人。」是方伯之國，或有三公，故云「諸公」也。疏又云：立三監是殷法，周使伯佐牧，不置監。其有監者，因殷不改者也。故鄭云「容」，容有異代之法也。**席于阼階西，北面東上，無加席。**席孤北面，爲其大尊，屈之也。亦因阼階西位近君，近君則屈，親寵苟敬私昵之坐。

右主人獻卿或獻孤。

小臣又請媵爵者。二大夫媵爵如初〔一〕。又，復。○二大夫媵爵，自「阼階下皆北面再拜稽首」，至「執觶待于洗南」，皆與前二人媵爵者同也。**請致者。若命長致，則媵爵者奠觶于篚，一人待于洗南，長致。致者阼階下再拜稽首。公答再拜。**命長致者，公或時未能舉，自優暇也。○前媵爵，云「若命皆致」，此媵爵，云「若命長致」，皆不定之辭，非謂前必二人、後必一人也，欲互見其儀耳。**洗象觶，升實之，坐奠于薦南，降。與立于洗南者二人皆再拜稽首送觶。公答再拜。**奠于薦南者，於公所用酬賓觶之處。二人俱拜，以其共勸君。○前二人媵觶，奠二觶於薦南，公取上觶爲賓舉旅，下觶仍在。今又媵一觶，奠于薦南，知其在公所用酬賓觶之空處也。

〔一〕「媵」上唐石經重「大夫」二字。

右再請二大夫媵觶。

公又行一爵，若賓、若長，唯公所酬，一爵，先媵者之下觶也。若賓若長，則賓禮殺矣〔一〕。長，公卿之尊者也。賓則以酬長，長則以酬賓。**以旅于西階上，如初。大夫卒受者以虛觶降，奠于篚。**○疏曰：「言『如初』者，一如上爲賓舉旅之節。」

右公又行爵爲卿舉旅。燕禮之再成。

主人洗升，獻大夫于西階上。大夫升，拜受觚。主人拜送觚。大夫坐祭，立卒爵，不拜既爵。主人受爵。大夫降復位。既，盡也。不拜之者，禮又殺。○前獻卿不酢〔二〕，已是禮殺。今獻大夫，不但不酢，又不拜既爵，故云「禮又殺」。自此下至樂正告公，主人獻大夫，未及旅而樂作，獻工後，乃舉旅，旅已，奏笙，間歌，合樂，爵樂更作以成三旅，禮又殺而樂大備，所以致和樂之情也。

胥薦主人于洗北，西面，脯、醢，無脀。胥，膳宰之吏也。主人，大夫之下。先大夫薦之，尊之也。不於上者，上無其位也。脀，俎實〔三〕。○此主人是宰夫，代君爲獻主，君在阼階上，則己不得干正主之

〔一〕「禮」上陳本無「賓」字。
〔二〕「獻」下陳本無「卿」字。
〔三〕原本句讀作「脀俎實」，誤。

位，而薦之堂下，故註云「上無其位也」。○胥，之承反。辯獻大夫，遂薦之，繼賓以西，東上。偏獻之乃薦，略賤也。亦獻而后布席也〔一〕。卒，射人乃升大夫，大夫皆升就席〔二〕。

右主人獻大夫，兼有胥薦主人之事。

席工于西階上，少東。樂正先升，北面立于其西。工，瞽矇歌諷誦詩者也〔三〕。凡執技藝者稱工。少牢饋食禮曰：「皇尸命工祝。」樂記：「師乙曰：『乙賤工也。』」樂正，于天子，樂師也。凡樂，掌其序事，樂成則告備。小臣納工。工四人，二瑟。小臣左何瑟，面鼓，執越，内弦，右手相。入，升自西階，北面東上坐。小臣坐授瑟，乃降。工四人者，燕禮輕〔四〕，從大夫制也。面鼓者，燕尚樂，可鼓者在前也。越，瑟下孔也。内弦，弦爲主也。相，扶工也。後二人徒相。天子大僕二人也，小臣四人〔五〕，祭僕六人，御僕十二人，皆同官。工歌鹿鳴、四牡、皇皇者華。三者，皆

〔一〕「后」，陳本作「後」。
〔二〕「就」上北監本無「升」字。
〔三〕「矇」，原作「朦」，據陳本、薈要本、文淵閣本、金陵書局本改。
〔四〕「燕」，北監本作「案」。
〔五〕「四」，原作「二」，據薈要本、文淵閣本改，北監本亦作「四」。四庫考證：「小臣四人。刊本『四』訛『二』，據疏改。」

小雅篇也。鹿鳴，君與臣下及四方之賔宴，講道修政之樂歌也〔一〕。此采其己有旨酒，以召嘉賔，嘉賔既來，示我以善道，又樂嘉賔有孔昭之明德，可則傚也〔二〕。四牡，君勞使臣之來樂歌也。此采其勤苦王事，念將父母，懷歸傷悲，忠孝之至，以勞賔也。皇皇者華，君遣使臣之樂歌也。此采其更是勞苦，自以爲不及，欲諮謀於賢知，而以自光明也。

右升歌。

卒歌，主人洗升獻工。工不興，左瑟，一人拜受爵。主人西階上拜送爵。工，歌乃獻之，賤者先就事也。左瑟，使其右。一人，工之長者也。工拜於席。薦脯、醢。輒薦之，變於大夫也。○大夫偏獻乃薦，此獻一人即薦，禮尚異，故變於大夫也。使人相祭。使扶工者，相其祭薦、祭酒。卒爵不拜。賤不備禮。主人受爵。將復獻衆工也〔三〕。衆工不拜受爵，坐祭，遂卒爵，辯有脯、醢〔四〕，不祭。主人受爵，降奠于篚。遂，猶因也。古文曰「卒爵不拜」。

右獻工。

〔一〕「修」，北監本作「脩」。
〔二〕「傚」，北監本作「效」。
〔三〕「獻」，陳本作「薦」。
〔四〕「辯」，陳本作「徧」。

公又舉奠觶，唯公所賜，以旅于西階上，如初。言「賜」者，君又彌尊，賓長彌卑。○奠觶，媵爵者奠於薦南之觶也。公舉之，爲大夫旅酬也。如初，如爲賓、爲卿舉旅之節也。

右公三舉旅以成獻大夫之禮。

卒，旅畢也。笙入，立于縣中，奏南陔、白華、華黍。以笙播此三篇之詩。縣中，縣中央也。鄉飲酒禮曰：「磬南，北面，奏南陔、白華、華黍。」皆小雅篇也，今亡，其義未聞。昔周之興也，周公制禮作樂，采時世之詩，以爲樂歌，所以通情，相風切也，其有此篇明矣。後世衰微，幽、厲尤甚，禮樂之書，稍稍廢棄。孔子曰：「吾自衛反魯，然後樂正，雅、頌各得其所。」謂當時在者而復重雜亂者也，惡能存其亡者乎？且正考父校商之名頌十二篇于周大師〔一〕，歸以祀其先王，至孔子二百年之間，五篇而已，此其信也。○諸侯軒縣，故笙入奏縣中，軒縣止闕南面〔二〕。

右奏笙。

主人洗升，獻笙于西階上。一人拜，盡階不升堂，受爵降。主人拜送爵。階前坐祭，

〔一〕「且」，原作「宜」，據薈要本改。薈要案語：「且正考父。刊本『且』訛『宜』，據校宋本及鄉飲酒禮注改。」四庫考證説同。「商」，原作「啇」，據陳本、薈要本、文淵閣本、金陵書局本改。

〔二〕「中」下陳本無「軒縣止闕南面」六字。

立卒爵，不拜既爵，升授主人。一人，笙之長者也。鄉射禮曰：「笙一人拜于下〔一〕。」**衆笙不拜，受爵，降，坐祭，立卒爵。辯有脯、醢，不祭。**

右獻笙。

乃間歌魚麗，笙由庚；歌南有嘉魚，笙崇丘；歌南山有臺，笙由儀。間，代也，謂一歌則一吹也。六者皆小雅篇也。魚麗，言太平年豐物多也。此采其物多酒旨〔二〕，所以優賓也。南有嘉魚，言太平君子有酒，樂與賢者共之也。此采其能以禮下賢者，賢者纍蔓而歸之，與之宴樂也。南山有臺，言太平之治，以賢者爲本也。此采其愛友賢者爲邦家之基、民之父母，既欲其身之壽考，又欲其名德之長也。由庚、崇丘、由儀，今亡，其義未聞。**遂歌鄉樂，周南關雎、葛覃、卷耳，召南鵲巢、采蘩〔三〕、采蘋。**周南、召南，國風篇也，王后、國君夫人房中之樂歌也。關雎，言后妃之德。葛覃，言后妃之職。卷耳，言后妃之志。鵲巢，言國君夫人之德。采蘩，言國君夫人不失職也。采蘋，言卿大夫之妻，能修其法度也。昔太王、王季，居於岐山之陽，躬行召南之教，以興王業。及文王，而行周南之教，以受命。大雅云：「刑于寡妻，至于兄弟，以御于家邦。」謂此也。其始一國爾，文王作邑于豐，以故地

〔一〕「下」上陳本有「堂」字。

〔二〕「旨」，北監本作「者」。

〔三〕「蘩」，北監本作「繁」，下注文「采蘩」同。

爲卿士之采地，乃分爲二國。周，周公所食也。召，召公所食也。於時文王三分天下有其二，德化被于南土〔一〕，是以其詩有仁賢之風者，屬之召南焉；有聖人之風者，屬之周南焉。夫婦之道者，生民之本，王政之端，此六篇者，其教之原也。故國君與其臣下及四方之賓燕，用之合樂也。鄉樂者風也，小雅爲諸侯之樂，大雅、頌爲天子之樂。鄉飲酒升歌小雅，禮盛者可以進取。燕合鄉樂者，禮輕者可以逮下也。春秋傳曰：「肆夏、繁遏、渠，天子所以享元侯也。文王、大明、緜，兩君相見之樂也。」然則諸侯之相與燕，升歌大雅，合小雅也。天子與次國、小國之君燕亦如之。與大國之君燕，升歌頌，合大雅。其笙、間之篇未聞。○鄉樂者，大夫、士所用之樂也。鄉飲酒禮云合樂周南、召南，謂歌與衆聲俱作。此歌鄉樂，當亦然也。**大師告于樂正曰**〔二〕**：「正歌備。」**大師，上工也，掌合陰陽之聲，教六師以六律爲之音者也〔三〕。子貢問師乙曰：「吾聞聲歌各有宜也，如賜者宜何歌也？」是明其掌而知之也。正歌者，升歌及笙各三終，間歌三終，合樂三終，爲一備。備亦成也。○六師，周禮磬、鍾、笙、鎛、韎、籥等六師也。**樂正由楹内，東楹之東，告于公，乃降復位。**言「由楹内」者，以其立於堂廉也。復

〔一〕「南」，原作「西」，據鄉飲酒禮注文改。案，儀禮注疏三見此句皆作「南」，以「南」爲是。

〔二〕「告」下北監本無「于」字。

〔三〕「六師」，北監本作「大師」。陳本上有浮貼：「教六師以六律。通解『六師』作『六詩』，引疏云『六詩，風、賦、比、興、雅、頌』。」

位，位在東縣之北。○初樂正與工，俱在堂廉。今告樂備，復降在東縣北，北面也。

右歌笙間作遂合鄉樂而告樂備。

射人自阼階下請立司正，公許，射人遂爲司正。君許其請，因命用爲司正。君三舉爵，樂備作矣，將留賓飲酒，更立司正以監之，察儀法也。射人俱相禮，其事同。○自此至「無算樂」，皆坐燕盡歡之事。既立司正安賓，次主人獻士及旅食，次或射以樂賓，次賓媵觶于公爲士舉旅酬，次主人獻庶子以下諸臣，乃行無算爵、無算樂，凡六節，而燕禮備。司正洗角觶，南面坐奠于中庭。升，東楹之東受命，西階上北面命卿、大夫：「君曰『以我安』。」卿、大夫皆對曰：「諾，敢不安。」洗奠角觶于中庭，明其事以自表，威儀多也。君意殷勤，欲留賓飲酒，命卿、大夫以我故安，或亦其實不主意於賓也。○司正述君之言以命卿、大夫。我者，君自我也，言我欲留賓，當爲我安坐以留之也〔一〕。司正降自西階，南面坐取觶，升酌散，降，南面坐奠觶，右還，北面少立。坐取觶，興，坐不祭，卒觶，奠之，興，再拜稽首，右還，將適觶南，先西面也。必從觶西，爲君之在東也。少立者，自嚴正慎其位也。左還，南面坐取觶，洗，南面反奠于其所。反奠虛觶，不空位也。○司正奠觶、取觶，皆南面，明將監堂下酒儀也。北面拜者，明監酒出君命也。升自西階，東楹之東請徹俎，降。公許。告于賓。

〔一〕「安」上陳本無「我」字。

賓北面取俎以出。膳宰徹公俎，降自阼階以東。膳宰降自阼階，以賓親徹，若君親徹然。卿、大夫皆降，東面北上。以將坐，降待賓反也。賓反入，及卿、大夫皆説屨，升就席。公以賓及卿、大夫皆坐，乃安。凡燕坐必説屨，屨賤不在堂也。禮者尚敬，敬多則不親。燕安坐，相親之心也。羞庶羞。謂膷、臐、膮、胾、醢也。骨體所以致敬也，庶羞所以盡愛也，敬之愛之，厚賢之道。大夫祭薦。燕乃祭薦，不敢於盛成禮也。司正升受命，皆命：「君曰『無不醉』。」賓及卿、大夫皆興，對曰：「諾，敢不醉。」皆反坐。皆命者，命賓、命卿大夫也。起對必降席。司正退立西序端。

右立司正、命安賓。

主人洗，升，獻士于西階上。士長升，拜受觶。主人拜送觶[一]。獻士用觶，士賤也。今文「觶」作「觚」。士坐祭立飲，不拜既爵。其他不拜，坐祭立飲。他，謂衆士也，亦升受爵，不拜。乃薦司正，與射人一人、司士一人、執冪二人，立于觶南東上。天子射人、司士，皆下大夫二人。諸侯則上士，其人數亦如之。司正爲上。○疏云：「此等皆士而先薦者，以其皆有事，故先薦。司士掌羣士爵禄、廢置之事，士中之尊，故亦先薦。」又云：「士位在西，有事者别在觶南，北面東上也。」四者皆士，意亦於此時獻之而後薦。辯獻士。士既獻者，立于東方，西面北上。乃薦士。

〔一〕「送」，北監本作「受」。

每已獻而即位于東方，蓋尊之〔一〕。畢獻，薦於其位。○疏云：「庭中之位，卿東方西面，大夫北面，士西方東面，是東方尊。今卿、大夫得獻升堂，位空，士得獻，即東方卿位，是尊之也。」**祝、史、小臣師，亦就其位而薦之。**次士獻之，已，不變位，位自在東方。○上設位之時，祝、史在門東，小臣在東堂下，是在東方也。**主人就旅食之尊而獻之。旅食不拜受爵，坐祭立飲。**北面酌，南鄉獻之於尊南〔二〕。不洗者，以其賤，略之也。亦畢獻乃薦之。主人執虛爵奠于篚〔三〕，復位。

右主人辯獻士及旅食。

若射，則大射正爲司射，如鄉射之禮。大射正，射人之長者也。如鄉射之禮者，燕爲樂卿、大夫，宜從其禮也。如者，如其「告弓矢既具」至「退中與算」也。納射器而張侯，其告請先于君，乃以命賓及卿、大夫。其爲司正者，亦爲司馬。君與賓爲耦。鄉射記曰自「君射」至「龍旜」〔四〕，亦其異者也。薦旅食乃射者，是燕射主於飲酒。○經云「若射」，不定之辭。或射，或否，唯君所命。若不射，則主人獻旅食後，賓即媵觶舉酬。註云「薦旅食乃射，是燕射主於飲酒」，以大射主於射，未爲大夫舉旅，即射也。

〔一〕「之」下陳本有「也」字。
〔二〕「之」，原缺，據陳本補，北監本亦有。
〔三〕「奠」，陳本作「尊」。
〔四〕案：疑「曰」爲衍文。

右因燕而射以樂賓。

賓降洗，升媵觚于公，酌散，下拜。公降一等。小臣辭。賓升，再拜稽首。公答再拜。此當言「媵觶」。酬之禮，皆用觶。言「觚」者，字之誤也。古者「觶」字或作角旁氏，由此誤爾。○陸氏觚依註音觶。賓坐祭，卒爵，再拜稽首。公答再拜。賓降洗象觶，升酌膳，坐奠于薦南，降拜，小臣辭，賓升成拜。公答再拜。賓反位。反位，反席也。今文曰「洗象觚」。公坐取賓所媵觶興，唯公所賜。至此又言「興」者，明公崇禮不倦也。今文「觶」又爲「觚」。受者如初受酬之禮。○如其自「賓降」至「進受虛爵」也。降，更爵洗，升酌膳，下拜，小臣辭，升成拜。公答拜。乃就席坐行之。坐行之，若今坐相勸酒。有執爵者。士有盥升主酌授之者。○前三舉旅，皆酬者自酌授人，至此乃有代酌授之者。唯受于公者拜。公所賜者也，其餘則否。司正命：「執爵者爵辯，卒受者興以酬士。」欲令惠均。○前三舉旅，皆止於大夫。今爲士舉旅，故命之。相旅，固司正職也。「執爵者爵辯，卒受者興以酬士」，即其命之之辭。大夫卒受者以爵興，西階上酬士。士升。大夫奠爵拜，士答拜。興酬士者，士立堂下，無坐位。大夫立卒爵，不拜，實之〔一〕。士拜受。大夫拜送。士旅于西階上，辯。祝、史、小臣、旅食，皆及焉。士旅酌。

〔一〕「實」，北監本作「賓」。

旅，序也。士以次序自酌相酬，無執爵者。**卒。**

右賓媵觶于公，公爲士舉旅酬。

主人洗，升自西階，獻庶子于阼階上，如獻士之禮。辯，降洗，遂獻左右正與内小臣，皆于阼階上，如獻庶子之禮。庶子，掌正六牲之體及舞位，使國子修德學道，世子之官也，而與膳宰、樂正聯事。樂正亦教國子以舞〔一〕。左右正，謂樂正、僕人正也。小樂正立于西縣之北，僕人正、僕人師、僕人士，立于其北，北上。大樂正立于東縣之北。若射，則僕人正、僕人士，陪于工後。内小臣，奄人，掌君陰事陰令，后、夫人之官也。皆獻于阼階上，别於外内臣也。獻正，下及内小臣，則磬人、鍾人、鑮人、鼓人、僕人之屬，盡獻可知也。凡獻，皆薦也。○諸侯之庶子，即天子之諸子，皆世子之官也。左右正，據庭中之位而言。大樂正在東縣北，故曰左正。僕人正在西縣北〔二〕，故曰右正。别於外内臣者，在鄉、遂、采地者爲外臣，在朝廷者爲内臣。庶子以下，皆人君近習，故云「别於外内臣也」。

右主人獻庶子以下于阼階。

無算爵。算，數也。爵行無次無數，唯意所勸，醉而止。**士也，有執膳爵者，有執散爵者。**

〔一〕「教」，北監本作「學」。

〔二〕「正」下陳本無「在」字。

執膳爵者，酌以進公。公不拜受。執散爵者，酌以之公命所賜。所賜者興受爵，降席下，奠爵，再拜稽首。公答拜。席下，席西也。古文曰「公答再拜」。○疏云：「旅酬以前，受公爵皆降階下拜〔一〕，至此不復降拜者，禮殺故也。」又云：「賓與卿、大夫席皆南面，統於君，皆以東爲上，故知席下爲席西也。」**受賜爵者，以爵就席坐，公卒爵，然後飲。**不敢先虛爵，明此勸惠從尊者來也。**執膳爵者，受公爵，酌，反奠之。**宴歡在於飲酒，成其意。**受賜爵者，興授執散爵，執散爵者乃酌行之。**予其所勸者。○坐而勸，坐而受。**唯受爵於公者拜。卒受爵者，興，以酬士于西階上。士升。大夫不拜乃飲，實爵。**乃，猶而也。○此實爵，當是大夫自酌與之，不使人代。**士不拜受爵。大夫就席。士旅酌，亦如之。**○亦旅於階上而不拜也。**公有命徹冪，則卿、大夫皆降，西階下北面東上，再拜稽首。公命小臣辭。公答再拜。大夫皆辟。**命徹冪者，公意殷勤，必盡酒也。小臣辭，不升成拜，明雖醉，正臣禮也。不言賓，賓彌臣也。君答拜於上，示不虛受也。**遂升，反坐。士終旅於上，如初。**卿、大夫降而爵止，於其反席，卒之。○士方酌旅，以卿、大夫降而遂止。及其拜訖反席，士復終旅於西階上。**無算樂。**升歌、間、合無數也，取歡而已，其樂章亦然。

〔一〕「降」下北監本疏文、賈公彥儀禮疏皆無「階下」二字。

右燕末無算爵、無算樂。

宵，則庶子執燭於阼階上，司宫執燭於西階上，甸人執大燭於庭，閽人爲大燭於門外〔一〕。宵，夜也。燭，燋也。甸人，掌共薪蒸者。庭大燭，爲位廣也。閽人，門人也。爲，作也。作大燭，以俟賓客出。賓醉，北面坐取其薦脯以降。取脯，重得君賜。奏陔。陔，陔夏，樂章也。賓出奏陔夏，以爲行節也。凡夏，以鍾鼓奏之。賓所執脯，以賜鐘人於門内霤，遂出。必賜鐘人，鐘人掌以鐘鼓奏九夏。今奏陔以節己，用賜脯以報之，明雖醉不忘禮。古文「賜」作「錫」。卿、大夫皆出。隨賓出也。公不送。賓禮訖，是臣也。

右燕畢賓出。

公與客燕。謂四方之使者。○此下言國君將與異國臣燕，使卿大夫就館戒客，及客應對之辭。其儀節與燕本國諸臣同，唯戒賓爲異，故於禮末見之。曰：「寡君有不腆之酒，以請吾子之與寡君須臾焉，使某也以請。」君使人戒客辭也。禮，使人各以其爵。寡，鮮也，猶言少德，謙也。腆，善也。上介出請入告。古文「腆」皆作「殄」。今文皆曰「不腆酒」，無「之」。對曰：「寡君，君之私也，君無所辱賜于使臣，臣敢辭。」上介出答主國使者辭也。私，謂獨受恩厚也。君無所爲辱賜於

〔一〕「爲」下唐石經無「大」字。

使臣，謙不敢當也。敢者，怖懼用勢決之辭。**「寡君固曰不腆，使某固以請。」「寡君，君之私也，君無所辱賜于使臣，臣敢固辭。」**重傳命。固，如故。○使者重傳命戒客，客重使上介致辭。**「寡君固曰不腆，使某固以請。」「某固辭，不得命，敢不從。」**許之也。於是出見主國使者，辭以見許爲得命。今文無「使某」。○使者三請，而客許之。**致命曰：「寡君使某，有不腆之酒，以請吾子之與寡君須臾焉。」**親相見，致君命辭也。**「君貺寡君多矣，又辱賜于使臣，臣敢拜賜命。」**貺，賜也，猶愛也。敢拜賜命，從使者拜君之賜命，猶謙不必辭也。

記

燕，朝服，於寢。朝服者，諸侯與其羣臣日視朝之服也，謂冠玄端、緇帶、素韠、白屨也。燕於路寢，相親昵也。今辟雍十月行此燕禮，玄冠而衣皮弁服，與禮異也〔一〕。

其牲，狗也。狗，取擇人也，明非其人不與爲禮也〔二〕。**亨于門外東方。**亨於門外，臣所掌也。

若與四方之賓燕，則公迎之于大門内，揖讓升。四方之賓，謂來聘者也。自戒至於拜至，皆如公食，亦告饌具而後公即席，小臣請執冪請羞者乃迎賓也。○告饌具、請執冪等，又公食所無。**賓**

〔一〕「禮」，陳本作「此」。

〔二〕北監本無經文「其牲，狗也」句及注文「狗，取擇人也，明非其人不與爲禮也」句。

爲苟敬，席于阼階之西，北面，有脀，不嚌肺，不啐酒，其介爲賓。苟，且也，假也。主國君饗時，親進醴于賓。今燕，又且獻焉。人臣不敢褻煩尊者，至此升堂而辭讓，欲以臣禮燕，爲恭敬也，於是席之如獻諸公之位。言「苟敬」者，賓實主國所宜敬也。脀，折俎也。不嚌、啐，似若尊者然也。介門西北面西上。公降迎上介以爲賓，揖讓升，如初禮。主人獻賓、獻公，既獻苟敬，乃媵觚，羣臣即位，如燕也。○苟敬者，坐近君側，而簡於禮儀，疑於苟矣，實則敬之，故立以爲名。**無膳尊，無膳爵。**降尊以就卑也。○欲敬異國之賓，故不自殊異也。

與卿燕，則大夫爲賓。與大夫燕，亦大夫爲賓。不以所與燕者爲賓者，燕爲序歡心，賓主敬也。公父文伯飲南宮敬叔酒，以路堵父爲客，此之謂也。君但以大夫爲賓者，大夫卑，雖尊之，猶遠于君。今文無「則」，下無「燕」。○此謂與己臣子燕法也。

羞膳者與執冪者，皆士也。尊君也。膳宰卑於士。**羞卿者，小膳宰也。**膳宰之佐也。○以經不辨其人，故記者指言之。

若以樂納賓，則賓及庭，奏肆夏，賓拜酒主人答拜而樂闋。公拜受爵而奏肆夏，公卒爵主人升受爵以下而樂闋。肆夏，樂章也，今亡。以鍾、鎛播之，鼓、磬應之，所謂金奏也。記曰「入門而縣興」，「示易以敬也」。卿大夫有王事之勞，則奏此樂焉。○闋，苦穴反。**升歌鹿鳴，下管新宮，笙入三成，**新宮，小雅逸篇也，管之。入三成謂三終也。**遂合鄉樂。**鄉樂，周南、召南六篇。

言「遂」者，不間也。**若舞，則勺。**勺，頌篇，告成大武之樂歌也。其詩曰：「於鑠王師，遵養時晦。」又曰：「實維爾公允師。」既合鄉樂，萬舞而奏之，所以美王侯、勸有功也。○升歌不盡鹿鳴以下三篇，而但歌鹿鳴，下管不奏南陔、白華、華黍，而管新宫，不用間歌，笙入三終而遂合鄉樂，又或爲之舞，而歌勺以爲節，皆與常燕異。初既以樂納之，及作正樂，又有此異節，以其有王事之勞，故特異之也。○勺，音灼。

唯公與賓有俎。主於燕，其餘可以無俎。

獻公，曰：「臣敢奏爵以聽命。」授公，釋此辭，不敢必受之。○謂主人獻公，及賓媵爵，皆釋此辭。

凡公所辭，皆栗階。栗，蹙也，謂越等，急趨君命也。○辭者，辭其拜下，命之升也。**凡栗階，不過二等。**其始升，猶聚足連步，越二等，左右足各一發而升堂。○疏云：「栗階不過二等，據上等而言，故鄭云『其始升，猶聚足連步』也。聚足，謂前足躡一等，後足從之併。連步，謂足相隨不相過，即聚足也。」至近上二等，左右足各一發而升堂也。

凡公所酬，既拜，請旅侍臣。既拜，謂自酌升拜時也。擯者阼階下告于公，還西階下告公許。旅，行也，請行酒于羣臣。必請者，不專惠也。○賓受公虛爵，自酌升拜，公答拜，於是時請之。

凡薦與羞者，小膳宰也。謂於卿大夫以下也。上特言「羞卿者小膳宰」，欲絶於賓。羞賓者亦士。**有内羞。**謂羞豆之實，酏食、糝食；羞籩之實，糗餌、粉餈。○酏，以支反。糝，素感反。餌，音二。餈，才私反。

君與射，則爲下射，袒朱襦，樂作而后就物〔一〕。君尊。**小臣以巾授矢，稍屬。**君尊，不搢矢。○發一矢，復授一矢。**不以樂志。**辟不敏也。○不以樂爲節也。**既發，則小臣受弓，以授弓人。**俟復發也。不使大射正，燕射輕。**上射退于物一笴，既發，則答君而俟。**○答，對也，面鄉君也〔二〕。○笴，工但反，又弓老反。**若飲君，燕，則夾爵。**謂君在不勝之黨。賔飲之，如燕媵觚，則又夾爵。○夾爵者，將飲君，先自飲，及君飲訖，又自飲也。**君在，大夫射，則肉袒。**不纁襦，厭於君。○鄉射：「大夫與士射，則袒纁襦。」○厭，一涉反。

若與四方之賔燕，媵爵，曰：「臣受賜矣，臣請贊執爵者。」受賜，謂公鄉者酌之。至燕，主人事賔之禮殺，賔降洗，升媵觶于公，答恩惠也。○賔媵爵〔三〕，在坐燕之後，故註云「事賔之禮殺」。**相者對曰：「吾子無自辱焉。」**辭之也。對，答也，亦告公，以公命答之也。

有房中之樂。弦歌周南、召南之詩，而不用鐘、磬之節也。謂之房中者，后、夫人之所諷誦，以事其君子。○疏云：「承上文，與四方之賔燕乃有之。」愚謂常燕有無算樂，恐亦未必不有也。

〔一〕「后」，陳本作「後」。
〔二〕陳本「答」上無○，「鄉」作「向」。
〔三〕「賔」上陳本無○。

儀禮

鄭氏註　濟陽張爾岐句讀

大射儀第七〔一〕

鄭目録云：「名曰大射者，諸侯將有祭祀之事，與其羣臣射，以觀其禮。數中者得與於祭，不數中者不得與於祭。射義於五禮屬嘉禮〔二〕。大戴此第十三，小戴及别録皆第七。」

大射之儀。君有命戒射。將有祭祀之事，當射，宰告於君，君乃命之。言「君有命」，政教宜由尊者。○自此至「羹定」，皆射前戒備之事。戒諸官，張射侯，設樂縣，陳燕具，凡四節。**宰戒百官有事於射者。**宰，於天子，冢宰，治官卿也。作大事，則掌以君命戒於百官〔三〕。○諸侯無冢宰，立司徒以兼之。此言「宰」，即司徒也。其掌誓戒百官，與天子冢宰同。**射人戒諸公、卿、大夫射。司士戒士射與贊者。**射人掌以射法治射儀，司士掌國中之士治，凡其戒令，皆司馬之屬也。殊戒公、

〔一〕「大射」下北監本無「儀」字。
〔二〕四庫考證：「射儀於五禮屬嘉禮。刊本『儀』訛『義』，今改。」
〔三〕「掌」，陳本作「宰」。

卿、大夫與士，辨貴賤也。贊，佐也，謂士佐執事，不射者。○上文宰承君命，既總戒之，此射人、司士又分別戒之也。

右戒百官。

前射三日，宰夫戒宰及司馬。射人宿視滌。宰夫，冢宰之屬，掌百官之徵令者。司馬，於天子，政官之卿，凡大射，則合其六耦。滌，謂溉器，掃除射宮。○前者宰已戒百官，至此宰夫又以射期將至，來告于宰，上下交飭也。又及司馬者，此日量道、張侯，司馬職也。射人宿視滌，掃除、濯溉，又在前射三日之前一夕，故云「宿」。**司馬命量人量侯道與所設乏，以貍步：大侯九十，參七十，干五十。設乏，各去其侯西十、北十。**量人，司馬之屬，掌量道巷塗數者〔一〕。侯，謂所射布也。尊者射之以威不寧侯，卑者射之以求爲侯。量侯道，謂去堂遠近也。容，謂之乏，所以爲獲者之禦矢。貍之伺物，每舉足者，止視遠近〔二〕，爲發必中也，是以量侯道取象焉。鄉射記曰：「侯道五十弓。」考工記曰：「弓之下制六尺。」則此貍步六尺明矣。大侯，熊侯，謂之大者，與天子熊侯同。參，讀爲「糝」，糝雜也。雜侯者，豹鵠而麋飾，下天子大夫也。干，讀爲「豻」。豻侯者，豻鵠豻飾也。大夫將祭於己，射麋侯。士無臣，祭不射。○三侯皆以布爲之，而以皮爲鵠，旁又飾以皮。王大射用虎侯、熊侯、

〔一〕「塗」，文淵閣本作「涂」。

〔二〕「止」，文淵閣本作「正」。

豻侯。畿内諸侯二侯，以熊侯爲首。畿外諸侯得用三侯，熊侯、糝侯、豻侯。以熊侯同於天子，故云「大侯」。三侯共道遞近，以二十步爲率，尊者射遠，卑者射近，侯遠則鵠大，侯近則鵠小。○參，依註音糝，素感反。干，依註音豻，五旦反。**遂命量人、巾車張三侯，大侯之崇，見鵠於參，參見鵠於干，干不及地，武，不繫左下綱。設乏，西十、北十。凡乏，用革。**巾車，於天子，宗伯之屬，掌裝衣車者，亦使張侯。侯，巾類。崇，高也。高必見鵠。鵠，所射之主。射義曰：「爲人君者，以爲君鵠；爲人臣者，以爲臣鵠；爲人父者，以爲父鵠；爲人子者，以爲子鵠。」言射中此，乃能任己位也。鵠之言較，較，直也〔一〕，射者所以直己志。或曰鵠鳥名，射之難中，中之爲儁，是以所射於侯取名也。淮南子曰：「鳱鵠知來。」然則所云「正者正也」，亦鳥名。齊魯之間，名題肩爲正。正、鵠，皆鳥之捷黠者。考工記曰：「梓人爲侯，廣與崇方，參分其廣而鵠居一焉。」則大侯之鵠方六尺，糝侯之鵠方四尺六寸大半寸，豻侯之鵠方三尺三寸少半寸〔二〕。及，至也。武，迹也〔三〕。中人之足，長尺二寸。以豻侯計之，糝侯去地一丈五寸少半寸，大侯去地二丈二尺五寸少半寸。凡侯北面，西方謂之左。前射三日，張侯、設乏，欲使有事者豫志焉。○大侯之鵠，見參侯之上，參侯之鵠，見干侯之上，干侯下綱，則去地一尺二

〔一〕原本句讀作「較直也」，誤。
〔二〕「三寸」，薈要本作「二寸」。
〔三〕原本句讀作「及至也、武迹也」，誤。

寸，此三侯高下之法也。註知三侯之鵠廣狹之數者，以侯之廣狹，取則於侯道之遠近，每弓取二寸，九十弓者十八尺，七十弓者十四尺，五十弓者十尺，每侯之鵠，又各取其侯三分之一，故推知之也。設乏西十、北十，西與北各去侯六丈也。云「凡乏」，三侯各有乏也。

右前射三日戒宰、視滌、量道、張侯。

樂人宿縣于阼階東，笙磬西面，其南笙鐘，其南鑮，皆南陳。笙猶生也。東爲陽中，萬物以生。春秋傳曰：「太簇所以金奏，贊陽出滯。姑洗所以脩絜百物〔一〕，考神納賓。」是以東方鐘、磬謂之笙，皆編而縣之。周禮曰：「凡縣鐘、磬，半爲堵，全爲肆。」有鐘有磬爲全。鑮如鐘而大，奏樂以鼓鑮爲節。○諸侯軒縣，三面各有一肆，此其東一肆也。笙磬、笙鐘，先儒以爲聲與笙協應，故名笙。○鑮，音博。**建鼓在阼階西，南鼓。應鼙在其東，南鼓。**建，猶樹也。以木貫而載之，樹之跗也。南鼓，謂所伐面也。應鼙，應朔鼙也。先擊朔鼙，應鼙應之。鼙，小鼓也。在東，便其先擊小後擊大也。鼓不在東縣南，爲君也。○此鼓本在東縣之南，與磬、鐘、鑮共爲一肆。移來在此者，鄭以爲爲君〔二〕，以君在阼階上，近君設之，故云「爲君也」。下建鼓言「一」，此不言「一」，因移，並

〔一〕「脩」，原作「修」，據陳本改，北監本亦作「脩」。
〔二〕「鄭」下陳本有「註」字。

言之〔一〕。**西階之西，頌磬東面，其南鐘，其南鑮，皆南陳。一建鼓在其南，東鼓。朔鼙在其北。**言成功曰頌。西爲陰中，萬物之所成。春秋傳曰：「夷則所以詠歌九則，平民無忒。無射所以宣布哲人之令德，示民軌義。」是以西方鐘、磬謂之頌。朔，始也〔二〕。奏樂先擊西鼙，樂爲賓，所由來也。鐘不言「頌」，鼙不言「東鼓」，義同，省文也。古文「頌」爲「庸」。○此西一肆也。頌鐘、頌磬，先儒以爲歌頌則奏之，故名頌。○頌，音容。**一建鼓在西階之東，南面。**言「面」者，國君於其羣臣，備三面爾〔三〕，無鐘、磬，有鼓而已。其爲諸侯，則軒縣。○軒縣，三面皆縣，北面合有一肆，以其與羣臣射，故闕之以辟射位。猶設一建鼓者，姑備三面耳，故言「南面」，與笙磬、頌磬同例，而與上文建鼓之自東縣移來者異文也。**簜在建鼓之間。**簜，竹也，謂笙簫之屬，倚於堂。**鼗倚于頌磬西紘。**鼗如鼓而小，有柄。賓至，搖之以奏樂也。紘，編磬繩也。設鼗在磬西〔四〕，倚于紘也。王制曰：「天子賜諸侯樂，則以柷將之。賜伯、子、男樂，則以鼗將之。」○紘，音宏。

〔一〕「爲君也」下陳本無「下建」至「言之」十四字。「此不」下「言一」，原作「一言」，據薈要本、文淵閣本改。薈要案語：「此不言一。刊本『言一』訛『一言』，今改。」四庫考證説同。

〔二〕原本句讀作「朔始也」，誤。

〔三〕「爾」，薈要本作「耳」。

〔四〕「在」，北監本作「於」。

右射前一日設樂縣。

厥明，司宮尊于東楹之西，兩方壺〔一〕。**膳尊兩甒在南，有豐，冪用錫若絺，綴諸箭，蓋冪，加勺，又反之。皆玄尊，酒在北。**膳尊，君尊也。後陳之，尊之也。豐，以承尊也，説者以爲若井鹿盧，其爲字從豆、曲聲，近似豆，大而卑矣。冪，覆尊巾也。錫，細布也。絺，細葛也。箭，篠也。爲冪，蓋卷辟綴於篠，横之也。又反之，爲覆勺也。皆玄尊，二者皆有玄酒之尊，重本也。酒在北，尊統於君，南爲上也。唯君面尊，言專惠也。今文「錫」或作「緆」〔二〕，「絺」或作「綌」。古文「箭」作「晉」。○諸侯將射，先行燕禮，故此下皆陳燕具。綴諸箭者，綴錫若絺於箭而張之，以覆也。蓋冪加勺又反之，此覆尊之法，勺加冪上，復撩冪之垂者以覆勺。**尊士旅食于西鐏之南，北面，兩圜壺。**旅，衆也。士衆食未得正禄，謂庶人在官者。圜壺，變於方也，賤無玄酒。**又尊于大侯之乏東北，兩壺獻酒。**爲隸僕人、巾車、糝侯豻侯之獲者。獻，讀爲「沙」。沙酒濁，特泲之，必摩沙者也。兩壺皆沙酒。郊特牲曰：「汁獻涚于醆酒。」服不之尊，侯時而陳于南，統于侯，皆東面。○註引郊特牲，以証沙酒之義。涚，泲也。泲沙酒者，和以醆酒而摩挲之，以出鬱鬯之汁也。以其祭侯，故用鬱鬯。設服

〔一〕「壺」，北監本作「壼」，下「兩圜壺」、「兩壺獻酒」同。

〔二〕「緆」字旁，原本有小注「音昔」二字。

不之尊，在飲不勝者以後，故註云「侯時」，明此尊不爲服不氏設也。○獻，素何反。泲，子禮反。涚，始鋭反。設洗于阼階東南。罍水在東。篚在洗西，南陳。設膳篚在其北，西面。或言「南陳」，或言「西面」，異其文也。又設洗于獲者之尊西北。水在洗北。篚在南，東陳。亦統於侯也。無爵，因服不也。有篚，爲奠虛爵也。服不之洗，亦侯時而陳於其南。○此篚中不設爵，將因獻服不之爵而用之也。小臣設公席于阼階上，西鄉。司宮設賓席于户西，南面，有加席。卿席賓東，東上。小卿賓西，東上。大夫繼而東上。若有東面者，則北上。席工于西階之東，東上。諸公阼階西，北面，東上。唯賓及公席〔一〕，布之也。其餘，樹之於位後耳。小卿，命於其君者也。席于賓西，射禮辨貴賤也。諸公，大國有孤卿一人，與君論道，亦不典職，如公矣。官饌。百官各饌其所當共之物。羹定。亨肉熟也。射義曰：「諸侯之射也，必先行燕禮。」燕禮牲用狗。

右射日陳燕具席位。

射人告具于公。公升即位于席，西鄉。小臣師納諸公、卿、大夫，諸公、卿、大夫皆入門右，北面東上。士西方，東面北上。大史在干侯之東北〔二〕，北面東上。士旅食者

〔一〕「賓及公席」，陳本作「公及賓席」。
〔二〕「大史」，北監本作「大夫」，下注文「大史」同。

在士南，北面東上。小臣師、從者在東堂下，南面西上。大史在干侯東北，士旅食者在士南，爲有侯，故入庭深也。小臣師，正之佐也。正相君，出入君之大命。○自此至「南面反奠于其所，北面立」，皆將射先燕之事。公命賓、納賓以來，主人獻賓，賓酢主人，主人獻公，主人受公酢〔一〕，主人酬賓，二人舉觶，公取觶酬賓，遂旅酬，主人獻卿，二人再舉觶，公爲卿舉旅酬，主人獻大夫，工入奏樂，凡十二節，皆與燕禮同。容有小異，主於射故也。公降，立于阼階之東南，南鄉。小臣師詔揖諸公、卿、大夫，諸公、卿、大夫西面北上；揖大夫，大夫皆少進。詔，告也。變「爾」言「揖」，亦以其入庭深也。上言「大夫」，誤衍耳。大射正擯。大射正，射人之長。擯者請賓。公曰：「命某爲賓。」某，大夫名。擯者命賓，賓少進，禮辭，命賓者，東面南顧。辭，辭以不敏。反命。以賓之辭告於君。又命之，賓再拜稽首受命，又，復。擯者反命。賓出，立于門外，北面。公揖卿、大夫，升就席。小臣自阼階下北面請執冪者與羞膳者。請士可使執君兩甒之冪，及羞脯醢、庶羞於君者。方圜壺，獻，無冪。乃命執冪者，執冪者升自西階，立于尊南，北面東上。命者於西階前，以公命命之。東上，執玄尊之冪爲上。羞膳者從而東，由堂東，升自北階，立于房中，西面南上。不言命者，不升堂，略之。膳宰請羞于諸公卿者。膳宰請者，異於君也。擯者納賓。賓

〔一〕「主人受公酢」，陳本作「公受主人酢」。

及庭，公降一等揖賓，賓辟。及，至也。辟〔一〕，逡遁，不敢當盛。**公升，即席。**以賓將與主人爲禮，不參之。

右命賓、納賓。

奏肆夏。肆夏，樂章名，今亡。吕叔玉云：「肆夏，時邁也。」時邁者，太平巡守祭山川之樂歌。其詩曰：「明昭有周，式序在位。」又曰：「我求懿德，肆于時夏。」奏此以延賓，其著宣王德勸賢與？周禮曰：「賓出入，奏肆夏。」**賓升自西階，主人從之，賓右北面至再拜，賓答再拜。**主人，宰夫也，又掌賓客之獻飲食。君於臣，雖爲賓，不親獻，以其莫敢亢禮。**主人降洗，洗南西北面。**賓將從降，鄉之。不於洗北，辟正主。**賓降階西，東面。主人辭降〔二〕。賓對。**對，答。**主人北面盥，坐取觚洗。賓少進，辭洗。主人坐奠觚于篚，興對。賓反位。**賓少進者，所辭異，宜違其位也。獻不用爵，辟正主。**主人卒洗。賓揖，乃升〔三〕，**賓每先升，揖之。**主人升。賓拜洗，主人賓右奠觚答拜。降盥，賓降，主人辭降，賓對。卒盥，賓揖升，主人升。坐取觚，**取

〔一〕「辟」下陳本有「者」字。
〔二〕原本句讀作「主人辭、降」，誤。
〔三〕「升」上唐石經無「乃」字。

觚，將就瓦甒酌膳。**執冪者舉冪，主人酌膳，執冪者蓋冪，酌者加勺，又反之，**反之，覆勺。**筵前獻賓。賓西階上拜，受爵于筵前，反位。主人賓右拜送爵。**賓既拜，於筵前受爵，退復位。**宰胥薦脯、醢。**宰胥，宰官之吏也。不使膳宰薦，不主於飲酒，變於燕。**賓升筵。庶子設折俎。**庶子，司馬之屬，掌正六牲之體者也。鄉射記曰：「賓俎，脊、脅、肩、肺。」不使膳宰設俎，爲射變於燕。**賓坐，左執觚，右祭脯醢，奠爵于薦右，興取肺，坐絶祭，嚌之，興加于俎，坐挩手，執爵，遂祭酒，興，席末坐啐酒，降席，坐奠爵，拜，告旨，執爵興。主人答拜。**降席，席西也。旨，美也。**樂闋。**闋，止也。樂止者，尊賓之禮，盛於上也。○唯盛，得有樂也。燕禮記云：「賓及庭而奏肆夏，賓拜酒主人答拜而樂闋。」亦謂啐酒告旨時，此燕己臣子法。郊特牲云：「賓入大門而奏肆夏，卒爵而樂闋。」彼燕朝聘之賓法也。**賓西階上北面坐卒爵，興，坐奠爵，拜，執爵興。主人答拜。**

右主人獻賓。

賓以虚爵降。既卒爵，將酢也。**主人降。賓洗南西北面坐奠觚，少進，辭降。主人西階西東面少進對。賓坐取觚，奠于篚下，盥洗。**篚下，篚南。**主人辭洗。賓坐奠觚于篚，興對。卒洗，及階**〔一〕**，揖升，主人升，拜洗如賓禮。賓降盥，主人降，賓辭降。卒盥，揖**

〔一〕「及」，陳本作「反」，上有浮貼云：「『反』，刊本作『及』。」「『反階』作『及階』。」

升，酌膳、執冪如初，以酢主人于西階上。主人北面拜受爵。賓主人之左拜送爵。賓南面授爵〔一〕，乃於左拜。凡授爵鄉所受者。主人坐祭，不啐酒，辟正主也。未薦者，臣也。不拜酒。主人之義。燕禮曰：「不拜酒，不告旨。」遂卒爵，興，坐奠爵，拜，執爵興。賓答拜。主人不崇酒，以虛爵降，奠于篚。不崇酒，辟正君也。崇，充也，謂謝酒惡相充實。賓降，立于西階西，東面。既受獻矣，不敢安盛。擯者以命升賓。賓升，立于西序，東面。命，公命也。東西墻謂之序。

右賓酢主人。

主人盥，洗象觚，升酌膳，東北面獻于公。象觚，觚有象骨飾也。取象觚東面，不言實之，變於燕。公拜受爵。乃奏肆夏。言「乃」者，其節異於賓。○賓及庭奏，君受爵乃奏也。主人降自西階，阼階下北面拜送爵。宰胥薦脯、醢，由左房。庶子設折俎，升自西階。自，由也。左房，東房也。人君左右房。鄉射記曰「主人俎，脊、脅、臂、肺」也。公祭，如賓禮，庶子贊授肺，不拜酒。立卒爵，坐奠爵，拜，執爵興。凡異者，君尊，變於賓。主人答拜。樂闋。升受爵，降奠于篚。

右主人獻公。

〔一〕「授」，陳本作「受」。

更爵洗，升酌散以降，酢于阼階下，北面坐奠爵，再拜稽首。公答拜。更，易也。易爵，不敢襲至尊。古文「更」爲「受」。主人坐祭，遂卒爵，興，坐奠爵，再拜稽首。公答拜。主人奠爵于篚。

右主人受公酢。

主人盥洗，升媵觚于賓，酌散，西階上坐奠爵，拜。賓西階上北面答拜。媵，送也。散，方壺之酒也。古文「媵」皆作「騰」。主人坐祭，遂飲。賓辭。卒爵興，坐奠爵，拜，執爵興。賓答拜。辭者，辭其代君行酒不立飲也，比於正主酬也。主人降洗，賓降，主人辭降，賓辭洗。卒洗，賓揖升，不拜洗。不拜洗，酬而禮殺也。主人酌膳。賓西階上拜，受爵于筵前，反位。主人拜送爵。賓升席，坐祭酒，遂奠于薦東。遂者，因坐而奠之，不北面也。奠之者，酬不舉也。主人降，復位。賓降筵西，東南面立。賓不立於序内，位彌尊。

右主人酬賓。

小臣自阼階下請媵爵者，公命長。命之使選於長幼之中也。卿則尊，士則卑。小臣作下大夫二人媵爵。作，使。媵爵者阼階下皆北面再拜稽首。公答拜。再拜稽首，拜君命。媵爵者立于洗南，西面北上，序進盥洗角觶，升自西階，序進酌散，交于楹北，降，適阼階下，皆奠觶，再拜稽首，執觶興。公答拜。序，次第也，猶代也。先者既酌，右還而反，與後酌者交於西楹北，相左，俟於西階上，乃降，往來以右爲上。古文曰「降造阼階下」。媵爵者皆坐祭，遂卒觶〔一〕，興，坐奠觶，再拜稽首，執觶興。公答再拜。媵爵者執觶待于洗南。待，待君命。小臣請致者。請君使一人與？二人與？不必君命。若命皆致，則序進奠觶于篚，阼階下皆北面再拜稽首。公答拜。媵爵者洗象觶，升，實之，序進，坐奠于薦南，北上，降，適阼階下，皆再拜稽首送觶。公答拜。既酌而代進，往來由尊北，交於東楹北，亦相左。奠於薦南，不敢必君舉。媵爵者皆退反位。反門右北面位。

右二人媵觶，將爲賓舉旅酬。

公坐取大夫所媵觶，興以酬賓。賓降，西階下再拜稽首，小臣正辭，賓升成拜。公起酬賓於西階，降尊以就卑也。正，長也。小臣長辭，變於燕。升成拜，復再拜稽首，先時君辭之，於禮若未成然。公坐奠觶，答拜，執觶興。公卒觶。賓下拜，小臣正辭，賓升再拜稽首。不言「成拜」者，爲拜故下，實未拜也。下不輒拜〔二〕，禮殺也〔三〕。下亦降也。發端言「降拜」，因上事言「下

〔一〕「觶」，陳本作「𦢊」。
〔二〕「輒」，原作「就」，據薈要本改。薈要案語：「下不輒拜。刊本『輒』訛『就』，據校宋本改。」四庫考證說同。
〔三〕「殺」，原脱，據薈要本補。

拜」。公坐奠觶，答拜，執觶興。賔進受虚觶，降，奠于篚，易觶興洗。賔進以臣道就君受虚爵[一]。君不親酌。凡爵不相襲者，於尊者言「更」，自敵以下言「易」。更作新，易有故之辭也[二]。不言公酬賔於西階上及公反位者，尊君，空其文也。○公授賔爵即反位。公有命，則不易不洗，反升酌膳，下拜，小臣正辭，賔升再拜稽首，公答拜。不易，君義也。不洗，臣禮也。○公答拜於阼階上。賔告于擯者，請旅諸臣，擯者告于公，公許。旅，序也。賔欲以次序勸諸臣酒。賔以旅大夫于西階上。擯者作大夫長，升受旅。作，使也。使之以長幼之次，先孤。賔，大夫之右坐奠觶，拜，執觶興。大夫答拜。賔坐祭，立卒觶，不拜。若膳觶也，則降更觶洗，升實散，大夫拜受，賔拜送，遂就席。大夫辯受酬，如受賔酬之禮，不祭酒。卒受者以虚觶降，奠于篚，復位。

右公取媵觶酬賔，遂旅酬。

主人洗觚[三]，升實散，獻卿于西階上。司宫兼卷重席，設于賔左，東上。卿升，拜

[一]「就」，文淵閣本作「也」，北監本無此字。
[二]「辭」，陳本作「詞」。
[三]「觚」，北監本作「觶」。

受觚。主人拜送觚。卿辭重席，司宮徹之。徹，猶去也。重席雖非加，猶爲其重累辭之，辟君。乃薦脯、醢。卿升席。庶子設折俎。卿折俎未聞，蓋用脊、脅、臑折、肺。卿有俎者，射禮尊。卿坐，左執爵，右祭脯醢，奠爵于薦右，興取肺，坐絶祭，不嚌肺，興加于俎，坐挩手，取爵，遂祭酒，執爵興。降席，西階上北面坐卒爵，興，坐奠爵，拜，執爵興。陳酒肴，君之惠也。不嚌肺，亦自貶於君。主人答拜，受爵。卿降復位。復西面位。不酢，辟君。辯獻卿，主人以虚爵降，奠于篚。擯者升卿，卿皆升就席。若有諸公，則先卿獻之，如獻卿之禮。席于阼階西，北面東上，無加席。公，孤也。席之北面，爲大尊，屈之也。亦因阼階上近君，近君，則親寵苟敬私昵之坐。

右主人獻卿。

小臣又請媵爵者。二大夫媵爵如初。請致者。若命長致，則媵爵者奠觶于篚，命長致者，使長者一人致也。公或時未能舉，自優暇。一人待于洗南。不致者。長致者阼階下再拜稽首。公答拜。再拜稽首，拜君命。洗象觶，升實之，坐奠于薦南，降。與立于洗南者二人皆再拜稽首送觶。公答拜。奠於薦南，先媵者上觶之處也。二人皆拜如初，共勸君飲之。

右二人再媵觶。

公又行一爵，若賓、若長，唯公所賜。一爵，先媵者之下觶也。若賓若長，禮殺也。長，孤卿之尊者也。於是言「賜」，射禮明尊卑。以旅于西階上，如初。賜賓則以酬長，賜長則以酬賓。大夫長，升受旅，以辯。大夫卒受者以虛觶降，奠于篚。

右公又行一觶，爲卿舉旅。

主人洗觚升，獻大夫于西階上。大夫升，拜受觚。主人拜送觚。大夫坐祭，立卒爵，不拜既爵。主人受爵。大夫降復位。既，盡也。大夫卒爵不拜，賤不備禮。胥薦主人于洗北，西面，脯、醢，無脀。胥，宰官之吏。主人，下大夫也。先大夫薦之，尊之也。不薦于上，辟正主。脀，俎實。辯獻大夫，遂薦之，繼賓以西，東上，若有東面者，則北上。卒，擯者升大夫，大夫皆升就席。辯獻乃薦，略賤也。亦獻後布席也。○每獻一人訖，降階。獻徧，擯者乃總升之就席。就席訖，乃薦之。

右主人獻大夫。

乃席工于西階上，少東。小臣納工。工六人，四瑟。工，謂瞽矇善歌諷誦詩者也〔一〕。六人，大師、少師各一人，上工四人。四瑟者，禮大樂衆也。僕人正徒相大師，僕人師相少師，僕

〔一〕「矇」，北監本作「朦」。

人士相上工。徒，空手也。僕人正，僕人之長。師，其佐也。士，其吏也〔一〕。天子視瞭相工，諸侯兼官，是以僕人掌之。大師、少師，工之長也，凡國之瞽矇正焉。杜蒯曰：「曠也〔二〕，大師也。」於是分別工及相者，射禮明貴賤。○蒯，苦怪反。**相者皆左何瑟，後首，内弦，挎越，右手相。**謂相上工者。後首，主於射，略於此樂也。内弦挎越，以右手相工，由便也。越，瑟下孔，所以發越其聲者也。古文「後首」爲「後手」。**後者徒相入。**謂相大師、少師者也。上列官之尊卑，此言先後之位，亦所以明貴賤。凡相者以工出入。**小樂正從之。**從大師也。後升者，變於燕也。小樂正，於天子樂師也。**升自西階，北面東上。**工六人。**坐授瑟，乃降。**相者也。降立於西縣之北。**小樂正立于西階東。**不統於工，明工雖衆，位猶在此。○燕禮工四人，樂正升立于工之西，在西階東。此工六人，數衆，疑位移近西，乃樂正猶立西階東不變，是統於階而不統於工也。**乃歌鹿鳴三終。**鹿鳴，小雅篇也，人君與臣下及四方之賓燕，講道修政之樂歌也〔三〕。言己有旨酒以召嘉賓與之飲者，樂嘉賓之來示我以善道，又樂嘉賓有孔昭之明德可則傚也。歌鹿鳴三終，而不歌四牡、皇皇者華〔四〕，主於講道，略

〔一〕「吏」，陳本作「史」。
〔二〕「曠」，北監本作「曠」。
〔三〕「修」，北監本作「脩」。
〔四〕「不」上陳本無「而」字。

於勞苦與諮事〔一〕。**主人洗升，實爵，獻工。工不興，左瑟，**工歌而獻之，以事報之也。洗爵獻工，辟正主也。獻不用觚，工賤，異之也。工不興，不能備禮。左瑟，便其右。大師無瑟，於是言「左瑟」者，節也。**一人拜受爵。**謂太師也。言「一人」者，工賤，同之也。工拜於席。**主人西階上拜送爵。薦脯、醢。**輒薦之，變於大夫。**使人相祭。**使人相者，相其祭薦、祭酒。**卒爵，不拜。主人受虛爵。衆工不拜受爵，坐祭，遂卒爵，辯有脯、醢，不祭。**相者，相其祭酒而已。**主人受爵降奠于篚，復位。大師及少師、上工，皆降，立于鼓北，羣工陪于後。**鼓北，西縣之北也。言「鼓北」者，與鼓齊面〔二〕，餘長在後也。羣工陪于後，三人爲列也。於是時，小樂正亦降立于其南，北面。工立，僕人立于其側，坐則在後。考工記曰：「鼓人爲皐陶，長六尺有六寸。」○註「鼓北，西縣之北也」句可疑。**乃管新宫三終。**管，謂吹簜以播新宫之樂。其篇亡，其義未聞。笙從工而入，既管不獻，略下樂也。立于東縣之中。○註「立于東縣之中」句可疑。愚案燕禮：「笙入，立于縣中。」註云：「縣中，縣中央也。」鄉飲酒禮曰：『磬南，北面。』」疏云：「諸侯軒縣，闕南面而已，故得言『縣中』。鄉飲酒唯以磬縣而已，不得言『縣中』〔三〕，而云『磬南』。註引鄉飲酒者，欲見此雖軒縣，近北面縣之南

〔一〕陳本「略」上有「而」字，「事」下有「也」字。
〔二〕「與」下陳本重「鼓北者與」四字。
〔三〕「得」下陳本無「言」字。

也。」此經初設樂無北面縣，但移東縣建鼓在阼階西，又設一建鼓在西階東，正當北面一縣之處，簜在建鼓之間。註云：「簜謂笙簫之屬，倚于堂。」又與燕禮笙入所立之位同〔一〕。疑設之在此者，亦奏之于此。至此管新宮三終，註乃云「立于東縣之中」，不知於經何據。若云辟射位，射事未至，無可辟也。且上文太師等立于鼓北，亦當是此建鼓之北，註以爲西縣之北，不知西縣何以單名爲鼓？竊疑太師等立此，或亦以將奏管故臨之，非徒立也。至下管三終，乃相率而東耳。既從工而入，工升堂，笙即立堂下，亦其宜也。姑存此疑，以質知者。**卒管，太師及少師、上工，皆東坫之東南，西面北上坐。**不言縣北，統於堂也。於是時，大樂正還北面立于其南。

右作樂娛賓。射前燕禮備。

擯者自阼階下請立司正，三爵既備，上下樂作，君將留羣臣而射，宜更立司正以監之，察儀法也。**公許，擯者遂爲司正。**君許其請，因命用之。不易之者，俱相禮，其事同也。**司正適洗，洗角觶，南面坐奠于中庭。**奠觶者，著其位，以顯其事，威儀多也。**升，東楹之東受命于公，西階上北面命賓、諸公卿大夫：「公曰『以我安』。」賓、諸公卿大夫皆對曰：「諾，敢不安。」**以我安者，君意殷勤，欲留之，以我故安也。○「公曰『以我安』」，即司正命衆之辭，言公有命如此也。

〔一〕「笙」上陳本無「燕禮」二字。

司正降自西階，南面坐取觶，升酌散，降，南面坐奠觶，奠於中庭故處〔一〕。興，右還，北面少立。坐取觶，興，坐，不祭，卒觶，奠之，興，再拜稽首，左還，南面坐取觶，洗，南面反奠于其所，北面立。皆所以自昭明於衆也。將於觶南北面，則右還，於觶北南面，則左還，如是得從觶西往來也。必從觶西往來者，爲君在阼，不背之也。○還，音旋，後同。

右將射立司正安賓察儀。

司射適次，袒、決、遂，執弓，挾乘矢，於弓外見鏃於弣，右巨指鉤弦〔二〕。司射，射人也。次，若今時更衣處，張幃席爲之〔三〕。耦次在洗東南。袒，左免衣也。決，猶闓也，以象骨爲之，著右巨指，所以鉤弦而闓之。遂，射韝也，以朱韋爲之，著左臂，所以遂弦也。方持弦矢曰挾。乘矢，四矢。弣，弓把也〔四〕。見鏃焉，順其射也。右巨指，右手大擘，以鉤弦。弦在旁，挾由便也。古文「挾」皆作「接」。○此下方及射事。有三耦不釋獲之射，有三耦、衆耦釋獲之射，有以樂射，共三番射，亦略

〔一〕「處」，北監本作「也」。

〔二〕陳本上有浮貼：「見鏃于弣南。大射文『南』作『右』，屬下句。又按大射篇于『乘矢』下讀，次句于『弣』下讀。」

〔三〕「張」，原作「帳」，據薈要本改。薈要案語：「張幃席爲之。刊本『張』訛『帳』，據校宋本改。」四庫考證說同。

〔四〕「把」，北監本作「杷」。

如鄉射之節。自此至「左右撫之，興，反位」，皆言三耦不釋獲之射。司射納器比耦，司射誘射，三耦乃射，射已取矢，凡四節。**自阼階前曰：「爲政請射。」**爲政，謂司馬也。司馬政官，主射禮。○司射請于君曰：爲政之官，請行射禮。**遂告曰：「大夫與大夫，士御於大夫。」**因告選三耦於君。御，猶侍也〔一〕。大夫與大夫爲耦，不足，則士侍於大夫，與爲耦也。今文「於」爲「于」〔二〕。○既請射得命，遂告君以比耦也。**遂適西階前，東面右顧，命有司納射器。**納，内也。○有司，士佐執事不射者也。士在西階南東面，故於西階前右顧命之。必東面者，君在阼，宜向之也。**射器皆入。君之弓矢，適東堂。賓之弓矢，與中、籌、豐，皆止于西堂下。衆弓矢不挾，總衆弓矢、楅，皆適次而俟。**中，閭中，算器也。籌，算也。豐，可奠射爵者。衆弓矢，三耦及卿大夫以下弓矢也。司射矢亦止西堂下。衆弓矢不挾，則納公與賓弓矢者挾之。楅，承矢器。今文「俟」作「待」。**工人士與梓人升自北階，兩楹之間，疏數容弓，若丹、若墨，度尺而午。射正莅之。**工人士、梓人，皆司空之屬，能正方圜者。一從一横曰午，謂畫物也。射正，司射之長。○左爲下物，右爲上物。**卒畫，自北階下。司宫埽所畫物，自北階下。**埽物，重射事也。工人士、梓人、司宫，位在北堂下。○

〔一〕「猶」，原作「由」，據陳本改。
〔二〕陳本無「今文於爲于」五字。

既畫復埽之，取略辨縱橫而已。太史俟于所設中之西，東面以聽政。中未設也，太史俟焉，將有事也。鄉射禮曰：「設中，南當楅，西當西序，東面。」○中尚未設，而云「所設中之西」，謂其擬設中之地之西也。周禮春官太史職云：「凡射事，飾中舍算，執其禮事。」司射西面誓之曰：「公射大侯，大夫射參，士射干。射者非其侯，中之不獲。卑者與尊者爲耦，不異侯。」太史許諾。誓猶告也。古文「異」作「辭」。○侯以尊卑異，同耦，則卑者得與尊者共侯也。遂比三耦。比，選次之也。不言面者，大夫在門右北面，士西方東面。○疏云：「天子大射、賓射，六耦三侯。畿内諸侯，二侯四耦。畿外諸侯，三侯三耦。若燕射，則天子、諸侯，同三耦一侯而已。卿大夫、士，例同一侯三耦。」三耦俟于次北，西面北上。未知其耦。今文「俟」爲「立」。○但知爲三耦，未知孰與孰耦也。司射命上射，曰：「某御於子。」命下射，曰：「子與某子射。」卒，遂命三耦取弓矢于次。取弓矢不拾者，次中隱蔽處。○鄉射堂西取矢，則拾取。拾取，更迭而取也。

右請射，納器，誓射，比耦[一]。

司射入于次，搢三，挾一个，出于次，西面揖，當階北面揖，及階揖，升堂揖，當物北面揖，及物揖，由下物少退，誘射。搢，扱也。挾一个，挾於弦也。个，猶枚也。由下物而少退，謙

[一]「誓」，陳本作「視」。

也。誘，猶教也，「夫子循循然善誘人」。射三侯，將乘矢，始射干，又射參，大侯再發。將，行也。行四矢，象有事於四方。詩云：「四矢反兮，以御亂兮。」卒射，北面揖，揖於當物之處。不南面者，爲不背卿。及階，揖降，如升射之儀。遂適堂西，改取一个挾之，改，更也。不射而挾矢，示有事也。遂取扑搢之，以立于所設中之西南，東面。扑，所以撻犯教者也。於是言「立」，著其位也。鄉射記曰：「司射之弓矢與扑，倚于西階之西。」

右司射誘射。

司馬師命負侯者執旌以負侯。司馬師，正之佐也。欲令射者見侯與旌，深志於侯中也〔一〕。負侯，獲者也。天子服不氏，下士一人，徒四人，掌以旌居乏待獲〔二〕。析羽爲旌。負侯者皆適侯，執旌負侯而俟。司射適次，作上耦射。作，使也。司射反位。上耦出次，西面揖進，上射在左，竝行，當階北面揖，及階揖，上射先升三等，下射從之，中等。上射在左，便射位也。中，猶間也。○發位，並行及升，上射皆居左。履物南面，上射乃在右，右物爲上也。上射升堂，少左，下射升，上射揖，竝行，竝，併也，併東行。皆當其物北面揖，及物揖，皆左足履物，還，

〔一〕「於」，北監本作「與」。
〔二〕「旌」，北監本作「族」。

視侯中，合足而俟。視侯中，各視其侯之中。大夫耦則視參中，參中十四尺。士耦則視干中，干中十尺。**司馬正適次，袒、決、遂，執弓，右挾之，出，升自西階，適下物，立于物間，左執弣，右執簫，南揚弓，命去侯**〔一〕。司馬正，政官之屬。簫，弓末。揚弓者，執下末。揚，猶舉也。適下物，由上射後東過也。命去侯者，將射當獲也。鄉射禮曰：「西南面，立於物間。」**負侯皆許諾，以宮趨，直西，及乏南，又諾以商，至乏，聲止，**宮爲君，商爲臣，其聲和，相生也。鄉射禮曰：「獲者執旌許諾。」古文「聲」爲「磬」。**授獲者，退立于西方。獲者興，共而俟。**大侯服不氏負侯，徒一人居乏，相代而獲。參侯、干侯〔二〕，徒負侯居乏不相代。鄉射禮曰：「獲者執旌許諾，聲不絶，以至於乏，坐，東面偃旌，興而俟。」古文「獲」皆作「護」，非也。〇授獲者，謂以旌授代己而獲之人，指大侯也。餘二侯，則負侯、獲者本一人，但偃旌而俟，如鄉射禮所云也。**司馬正出于下射之南**〔三〕**，還其後，降自西階，遂適次，釋弓，説決、拾，襲，反位。**拾，遂也。鄉射禮曰：「司馬反位，立于司射之南。」**司射進，與司馬正交于階前**〔四〕**，相左，由堂下，西階之東，北面視上射，命曰：「毋射獲，**

〔一〕「侯」，北監本作「俟」。
〔二〕「干」，原作「于」，據陳本、薈要本、文淵閣本、金陵書局本改。
〔三〕「正」下陳本無「出」字。
〔四〕「于」，北監本作「與」。

毋獵獲。」上射揖。司射退，反位。射獲，矢中乏也。從旁爲獵。○司射位在所設中之西南，東面。乃射，上射既發，挾矢，而后下射射，拾發以將乘矢。拾，更也。將，行也。獲者坐而獲，坐言獲也。舉旌以宮，偃旌以商，等言獲也。獲而未釋獲。但言獲，未釋算。古文「釋」爲「舍」。卒射，右挾之，北面揖，揖如升射，右挾之，右手挾弦。上射降三等〔一〕，下射少右，從之，中等，竝行，上射於左〔二〕，與升射者相左，交于階前，相揖，適次，釋弓，説決、拾，襲，反位。上射於左，由下射階上少右，乃降待之。言「襲」者，凡射皆袒。三耦卒射亦如之。司射去扑，倚于階西，適阼階下，北面告于公，曰：「三耦卒射。」反，搢扑，反位。

右三耦射。

司馬正袒、決、遂，執弓，右挾之，出，與司射交于階前，相左，出，出于次也。袒時亦適次。○疏曰〔三〕：「凡袒、襲，皆於隱處。」升自西階，自右物之後，立于物間，西南面，揖弓，命取矢。揖，推之。負侯許諾，如初去侯，皆執旌以負其侯而俟。俟小臣取矢，以旌指教之。○

〔一〕「三」，北監本作「二」。

〔二〕「於」，北監本作「與」。

〔三〕「曰」，陳本作「云」。

負侯許諾，如初去侯，如去侯時之諾以宮又諾以商也。司馬正降自西階，北面命設楅。此出于下射之南，還其後而降之。小臣師設楅。司馬正東面，以弓爲畢。畢，所以教助執事者。鄉射記曰：「乃設楅于中庭，南當洗，東肆。」〔一〕○以弓爲畢〔二〕，謂以弓指授，如載鼎之用畢然。引鄉射記文，證此設楅之處也。既設楅，司馬正適次，釋弓，説決、拾，襲，反位。小臣坐委矢于楅，北括。司馬師坐乘之。卒〔三〕，乘，四四數之。若矢不備，則司馬正又袒執弓，升命取矢如初，曰：「取矢不索。」乃復求矢，加于楅。卒，司馬正進坐，左右撫之，興，反位。左右撫，分上下射，此坐皆北面。

右三耦射後取矢。射禮第一番竟。

司射適西階西，倚扑，升自西階，東面請射于公。倚扑者，將即君前，不敢佩刑器也。升堂者，欲諸公、卿、大夫辯聞也〔四〕。○此下言三耦、衆耦釋獲之射。其在方射時者，有命耦，有三耦取

〔一〕案：此爲儀禮鄉射禮文，「記」當作「禮」。下「引鄉射記文」同。
〔二〕「爲」，原作「謂」，據陳本、薈要本、文淵閣本、金陵書局本改。薈要案語：「以弓爲畢。刊本『爲』訛『謂』，據經改。」四庫考證説同。
〔三〕「之」下北監本無「卒」字。
〔四〕「辯」，陳本作「徧」。

矢于楅，有三耦再射釋獲，有公與賓射，有卿、大夫、士皆射，凡五節。其在射以後者，有取矢，有數獲，有飲不勝者，有獻服不及隸僕、巾車、獲者，有獻釋獲者，亦五節。射之第二番也。公許。遂適西階上，命賓御于公。諸公、卿，則以耦告于上。大夫，則降即位而後告〔一〕。告諸公、卿於堂上，尊之也。司射自西階上，北面告于大夫，曰：「請降。」司射先降，搢扑，反位。大夫從之降，適次，立于三耦之南，西面北上。適次，由次前而北，西面立。○疏曰：「上云司射等適次〔二〕，謂入次中。此適次，大夫降自西階，東行適次所，過向堂東西面立，因過次爲適次，非入次也。」

司射東面于大夫之西，比耦〔三〕。大夫與大夫，命上射曰：「某御於子。」命下射曰：「子與某子射。」卒，遂比衆耦。衆耦，士也。衆耦立于大夫之南，西面北上。若有士與大夫爲耦，則以大夫之耦爲上。爲上，居羣士之上。○爲上，指立位而言。命大夫之耦曰：「子與某子射。」告於大夫曰：「某御於子。」士雖爲上射，其辭猶尊大夫。命衆耦，如命三耦之辭。諸公、卿皆未降。言「未降」者，見其志在射。

〔一〕「後」，唐石經作「后」。
〔二〕「等」，陳本作「者」。
〔三〕「比」，北監本作「北」。

右將射命耦。

遂命三耦各與其耦拾取矢。皆袒、決、遂，執弓，右挾之。此命入次之事也。司射既命而反位，不言之者，上射出，當作取矢，事未訖。**一耦出，西面揖，當楅北面揖，及楅揖，**三耦同入次，其出也一。上射出，西面立，司射作之，乃揖行也。當楅，楅正南之東西。**上射東面，下射西面。上射揖進，坐，横弓，卻手自弓下取一个，兼諸弣，興，順羽，且左還，毋周，反面揖。**横弓者，南踣弓也。卻手自弓下取矢者，以左手在弓表，右手從裏取之，便也。兼，并也。并矢於弣，當順羽，既，又當執弦。順羽者，手放而下，備不整理也。左還，反其位。毋周，右還而反東面也。君在阼，還周，則下射將背之。古文「且」爲「阻」。○踣，步北反。**下射進，坐，横弓，覆手自弓上取一个，兼諸弣，興，順羽，且左還，毋周，反面揖。**横弓，亦南踣弓也。人東西鄉，以南北爲横。覆手自弓上取矢，以左手在弓裏，右手從表取之，便也。**既拾取矢，梱之**[一]，梱，齊等之也。古文「梱」作「魁」。○「梱」，疑當作「捆」。孟子注：「捆，猶叩椓也。」[二]叩椓有取齊之義，若梱則門橛耳。**兼**

〔一〕「梱」，北監本作「梱」，注文及下經「梱復」同。

〔二〕「椓」，陳本作「椓」，下「叩椓」同。

挾乘矢，皆内還，南面揖，内還者，上射左，下射右。不皆左還〔一〕，亦以君在阼，嫌下射故左還而背之也。上以陽爲内，下以陰爲内，因其宜可也。適楅南，皆左還，北面揖，搢三挾一个，楅南，鄉當楅之位也。揖，以耦左還，上射於左，以，猶與也。言「以」者，耦之事成於此，意相人耦也。上射轉居左，便其反位也。退者與進者相左，相揖，退釋弓矢于次〔二〕，説決、拾，襲，反位。上射少北乃東面。二耦拾取矢，亦如之。後者遂取誘射之矢，兼乘矢而取之，以授有司于次中。皆襲，反位。有司納射器，因留，主授受之。○三耦反位，反次北西面北上之位。

右三耦拾取矢于楅。

司射作射如初〔三〕。一耦揖升如初。司馬命去侯，負侯許諾如初〔四〕。司馬降，釋弓，反位。司射猶挾一个，去扑，與司馬交于階前，適阼階下，北面請釋獲于公。猶，守故之辭。於此言之者，司射既誘射，恒執弓挾矢以掌射事，備尚未知，當教之也。今三耦卒射，衆以知之矣，猶挾之者，君子不必也。公許。反搢扑，遂命釋獲者設中，以弓爲畢，北面。北面立于所

〔一〕「左」，北監本作「右」。
〔二〕「退」上北監本有「還」字。
〔三〕下「射」字，北監本作「揖」。
〔四〕原本句讀作「司馬命去侯負侯許諾如初」，誤。

設中之南，當視之也。鄉射禮曰：「設中，南當楅，西當西序。」大史釋獲。小臣師執中，先首，坐設之，東面，退。大史實八算于中，橫委其餘于中西，興，共而俟。先，猶前也。命大史而小臣師設之，國君官多也。小臣師退，反東堂下位。鄉射禮曰：「橫委其餘于中西，南末。」○中形爲伏獸，竅其背以置獲籌。執之則前其首，設之則東其面，面、首一也。司射西面命曰：「中離維綱，揚觸，梱復，公則釋獲，衆則不與。離猶過也，獵也。侯有上下綱，其邪制躬舌之角者爲維〔一〕。或曰：「維」當爲「絹」。絹，綱耳。揚觸者，謂矢中他物，揚而觸侯也。梱復，謂矢至侯〔二〕，不著而還復。復，反也。公則釋獲，優君也。衆當中鵠而著。古文「梱」作「魁」。唯公所中，中三侯皆獲。」值中一侯，則釋獲。釋獲者命小史，小史命獲者。傳告服不，使知此司射所命。司射遂進由堂下，北面視上射，命曰：「不貫不釋。」上射揖。司射退，反位。貫，猶中也。射不中鵠，不釋算。古文「貫」作「關」。釋獲者坐取中之八算，改實八算，興，執而俟。執所取算。乃射。若中，則釋獲者每一个釋一算，上射於右，下射於左。若有餘算，則反委之。委餘算，禮貴

〔一〕「角」下陳本無「者」字。
〔二〕「謂」，原作「爲」，據陳本、薈要本改。四庫考證：「梱復，謂矢至侯，不著而還復。刊本『謂』訛『爲』，據校宋本改。」

異。又取中之八算，改實八算于中，興，執而俟。三耦卒射。

右三耦再射釋獲。

賔降，取弓矢于堂西。不敢與君竝俟告。取之以升，俟君事畢。○君待告乃取弓矢。諸公、卿則適次，繼三耦以南。言「繼三耦」，明在大夫北。○此適次，亦過次前，至堂東，三耦之南，西面立也。公將射，則司馬師命負侯，皆執其旌以負其侯而俟。君尊，若始焉。司馬師反位。隸僕人埽侯道。新之。司射去扑，適阼階下，告射于公。公許。適西階東，告于賔。告當射也。今文曰「阼階下」，無「適」。遂搢扑，反位。小射正一人，取公之決、拾于東坫上，一小射正授弓，拂弓，皆以俟于東堂。授弓，當授大射正。拂弓，去塵。公將射，則賔降，適堂西，袒、決，遂，執弓，搢三挾一个，升自西階，先待于物北，北一笴，東面立。不敢與君併。笴，矢幹。東面立，鄉君也。司馬升，命去侯如初，還右，乃降，釋弓，反位。還右，還君之右也，猶出下射之南，還其後也。今文曰「右還」。公就物。小射正奉決、拾以笥，大射正執弓，皆以從於物。笥，萑葦器。大射正舍司正，親其職。○大射正，初爲擯者，復自擯者立爲司正，至此又舍司正來執弓也。小射正坐奠笥于物南，遂拂以巾，取決，興，贊設決，朱極三。極，猶放也，所以韜指，利放弦也，以朱韋爲之。三者，食指、將指、無名指。無極，放弦契於此指，多則痛。小指短，不用。**小臣正贊袒，公袒朱襦，卒袒，小臣正退俟于東堂。小射正又坐取拾，興**〔一〕，**贊設拾，以笥退奠于坫上，復位。**既袒，乃設拾。拾當以韝襦上。**大射正執弓，以袂順左右隈，上再下壹，左執弣，右執簫，以授公。公親揉之。**順，放之也。隈，弓淵也。揉，宛之，觀其安危也。今文「順」爲「循」。古文「揉」爲「紐」。○隈，烏回反〔二〕。揉，而九反。**小臣師以巾内拂矢，而授矢于公，稍屬。**内拂，恐塵及君也。稍屬，不搢矢。○稍屬者，發一矢，乃復授一矢，接續而授也。○屬，之玉反。**大射正立于公後，以矢行告于公，**若不中，使君當知而改其度〔三〕。**下曰「留」，上曰「揚」，左右曰「方」。**留，不至也。揚，過去也。方，出旁也。**公既發，大射正受弓而俟，拾發以將乘矢。**公下射也，而先發，不留尊也。**公卒射，小臣師以巾退，反位。大射正受弓。**受弓，以授有司於東堂。**小射正以笥受決、拾，退奠于坫上，復位。大射正退，反司正之位。小臣正贊襲。公還而后賔降，釋弓于堂西，反位于階西東面。**階西東面，賔降

〔一〕原本句讀作「小射正又坐取拾興」，誤。

〔二〕「烏」，原作「鳥」，據陳本、薈要本、文淵閣本改。薈要案語：「隈烏回反。刊本『烏』訛『鳥』，據經典釋文改。」

〔三〕「使君當知」，陳本作「當使君知」。

位。公即席。司正以命升賓〔一〕。賓升復筵，而后卿、大夫繼射。

右君與賓耦射。

諸公、卿取弓矢于次中，袒、决、遂，執弓，搢三挾一个，出，西面揖，揖如三耦，升射。卒射，降如三耦，適次，釋弓，說决、拾，襲，反位。衆皆繼射，釋獲皆如初。諸公、卿言「取弓矢」，衆言「釋獲」，互言也。卒射，釋獲者遂以所執餘獲，適阼階下，北面告于公，曰：「左右卒射。」司射不言告者，釋獲者於是有事，宜終之也。餘獲，餘算也。無餘算，則無所執。古文曰「餘算」。反位，坐委餘獲于中西，興，共而俟。

右公、卿、大夫及衆耦皆射。

司馬袒執弓，升命取矢如初。負侯許諾，以旌負侯如初。司馬降釋弓如初。小臣委矢于楅如初。司馬，司馬正。於是司馬師亦坐乘矢。賓、諸公卿大夫之矢，皆異束之以茅。卒，正坐左右撫之，進束，反位。異束大夫矢，尊殊之也。正，司馬正也。進，前也。又言「束」，整結之，示親也。賓之矢，則以授矢人于西堂下。是言「矢人」，則納射器之有司，各以其器名官職。不言君矢，小臣以授矢人于東堂下，可知。司馬釋弓反位，而后卿、大夫升就席。此言其升，前

〔一〕「正」，陳本作「射」。

小臣委矢于楅。〇方司馬釋弓反位，卿、大夫即升就席，是其升在小臣委矢之前。以上文類言如初諸事，故至此始特言之。

右射訖取矢。

司射適階西，釋弓，去扑，襲，進由中東，立于中南，北面視算。釋弓去扑，射事已也。**釋獲者東面于中西坐，先數右獲。**固東面矣，復言之者，少南就右獲。**二算爲純，**純猶全也，耦陰陽也〔一〕。**一純以取，實于左手。十純，則縮而委之，**縮，從也。於數者東西爲從。古文「縮」皆作「蹙」。**每委異之。**易校數〔二〕。**有餘純，則横諸下。**又異之也，自近爲下。**一算爲奇，奇則又縮諸純下。**又從之。**興，自前適左，**從中前北也。更端故起。**東面坐，**少北於故。**坐兼斂算，實于左手，一純以委，十則異之，**變於右也。**其餘如右獲。**謂所縮所横者。〇按釋獲者在中西東面而釋獲，其右獲之算在中南，左獲之算在中北，故此數右獲，則註云「少南就右獲」；數左獲，則註云「從中前北」，又云「少北於故」也。**司射復位。釋獲者遂進，取賢獲執之，由阼階下，北面告于公〔三〕。**賢獲，勝黨之

〔一〕「耦」，薈要本作「偶」。
〔二〕「校」，北監本作「效」。
〔三〕「面」下北監本無「告」字。

算也。執之者，齊而取其餘。若右勝，則曰：「右賢於左。」若左勝，則曰：「左賢於右。」以純數告，若有奇者，亦曰奇。告曰：「某賢於某，若干純，若干奇。」若左右鈞，則左右各執一算以告，曰：「左右鈞。」還復位，坐兼斂算，實八算于中，委其餘于中西，興，共而俟。

右數左右獲算多少。

司射命設豐。當飲不勝者射爵。司宮士奉豐，由西階升，北面坐設于西楹西，降復位。勝者之弟子洗觶，升酌散，南面坐奠于豐上，降反位。弟子，其少者也。不授者，射爵猶罰爵，略之。司射遂袒執弓[一]，挾一个，搢扑，東面于三耦之西，命三耦及衆射者：勝者皆袒、決、遂，執張弓。執張弓，言能用之也。右手挾弦。不勝者皆襲，説決、拾，卻左手，右加弛弓于其上，遂以執弣。固襲、説決拾矣，復言之者，起勝者也。不勝者執弛弓，言不能用之也。兩手執弣[二]，無所挾也。司射先反位。居前，俟所命入次而來飲。三耦及衆射者，皆升飲射爵于西階上。不勝之黨，無不飲。○疏曰：「大射者，所以擇士以助祭。今若在於不勝之黨[三]，雖

〔一〕「射」下北監本無「遂」字。
〔二〕「手」，原作「言」，據文淵閣本改，北監本亦作「手」。
〔三〕「若」下北監本疏文、賈公彥儀禮疏皆有「罰爵」二字。

數中，亦受罰，及其助祭，雖飲射爵，亦得助祭。但在勝黨，雖不飲罰爵，若不數中，亦不得助祭。飲罰據一黨而言，助祭取一身之藝，義固不同也。」小射正作升飲射爵者，如作射。一耦出，揖如升射。及階，勝者先升，升堂少右。先升，尊賢也。少右，辟飲者，亦因相飲之禮然。○獻酬之禮，獻者在右也。不勝者進，北面坐取豐上之觶，興，少退，立卒觶，進，坐奠于豐下，興，揖。立卒觶，不祭不拜，受罰不備禮也。右手執觶，左手執弓。不勝者先降，後升先降，略之，不由次也。降而少右，復竝行。與升飲者相左，交于階前，相揖，適次，釋弓，襲，反位。僕人師繼酌射爵，取觶實之，反奠于豐上，退俟于序端，僕人師酌者，君使之代弟子也。自此以下，辯爲之酌。升飲者如初。三耦卒飲。

若賓、諸公卿大夫不勝，則不降，不執弓，耦不升。此耦，謂士也。諸公、卿或闕，士爲之耦者，不升。其諸公、卿、大夫相爲耦者，不降席，重恥尊也。僕人師洗升實觶以授〔一〕。賓、諸公卿大夫受觶于席，以降，適西階上，北面立飲，卒觶，授執爵者，反就席。雖尊，亦西階上立飲，不可以己尊枉正罰也。授爵而不奠豐，尊大夫也。

若飲公，則侍射者降洗角觶，升酌散，降拜。侍射，賓也。飲君，則不敢以爲罰，從致爵之

〔一〕「實」，北監本作「賓」。

禮也。○角觶，疏以爲以兕角爲之，對下文飲君象觶而言，仍是三升之觶，非四升曰角之角也。公降一等。小臣正辭。賓升，再拜稽首。公答再拜。賓坐祭卒爵，再拜稽首。公答再拜。賓降，洗象觶，升酌膳以致，下拜，小臣正辭，升，再拜稽首。公答再拜。公卒觶。賓進受觶，降洗散觶，升實散，下拜，小臣正辭，升再拜稽首。公答再拜。賓復酌自飲者，夾爵也。但如致爵，則無以異於燕也。夾爵，亦所以恥公也，所謂「若飲君，燕，則夾爵」。○註末引鄉射文，若云：若飲君，用燕禮致爵之法，其異者夾爵耳。賓坐，不祭，卒觶，降奠于篚，階西東面立。不祭，象射爵。擯者以命升賓，賓升就席。擯者，司正也。今文「席」爲「筵」。若諸公、卿、大夫之耦不勝，則亦執弛弓，特升飲。此耦亦謂士也。特猶獨也。以尊爲耦而又不勝，使之獨飲，若無倫匹，孤賤也。衆皆繼飲射爵，如三耦。射爵辯，乃徹豐與觶。徹，除也[一]。

右飲不勝者。

司宮尊侯于服不之東北，兩獻酒，東面南上，皆加勺。設洗于尊西北，篚在南，東肆。實一散于篚。爲大侯獲者設尊也。言「尊侯」者，獲者之功，由侯也。不於初設之者，不敢必君射也。君不射，則不獻大侯之獲者。散，爵名，容五升。○獻，素何反。司馬正洗散，遂實爵，獻服不。言

[一] 原本句讀作「徹除也」，誤。

「服不」者，著其官，尊大侯也。服不，司馬之屬，掌養猛獸而教擾之者。洗、酌，皆西面。○服不，即獲者也。前此皆言獲者，以其事名之，至此乃著其官，是尊大侯也。**服不侯西北三步，北面拜受爵。**近其所爲獻。○服不得獻，以侯之故，則侯是其所爲獻也，故近侯而不近乏。**司馬正西面拜送爵，反位。**不俟卒爵，略賤也。此終言之，獻服不之徒乃反位。○此段鄭註可疑，當以經文爲正。服不之徒，或在司馬師所獻之中耳。**宰夫有司薦。庶子設折俎。**宰夫有司，宰夫之吏也。鄉射記曰：「獲者之俎，折脊、脅、肺。」**卒錯，獲者適右个，薦、俎從之。**不言服不，言獲者，國君大侯，服不負侯，其徒居乏待獲，變其文，容二人也，司馬正皆獻之。薦、俎已錯，乃適右个，明此獻已，已歸功於侯也。適右个，由侯內。鄉射記曰：「東方謂之右个。」○信如註言，司馬正並獻二人，當用二爵。經文明言「實一散于篚」，安得有二爵乎？司馬正所獻，決是服不氏一人，其徒，則司馬師獻隸僕、巾車後乃獻之。服不本下士，其徒庶人在官者，故可後也。○圖解：錯，音厝。个，音幹。**獲者左執爵，右祭薦、俎，二手祭酒。**祭俎不奠爵，不備禮也。二手祭酒者，獲者南面於俎北，當爲侯祭於豆間，爵反注，爲一手不能正也。此薦、俎之設，如於北面人焉。天子祝侯曰：「唯若寧侯，無或若女不寧侯，不屬於王所，故抗而射女〔一〕。彊飲彊食〔二〕，貽女曾孫諸侯百福。」諸侯以下祝辭未聞。○祝，之又反。**適左个，祭如右个，中亦如之。**先祭个後

〔一〕「射」，北監本作「設」。
〔二〕二「彊」字，陳本皆作「强」。

中者，以外即之至中，若神在中。鄉射禮曰：獻獲者，「俎與薦皆三祭」。**卒祭，左个之西北三步，東面，**北鄉受獻之位也。不北面者，嫌爲侯卒爵。**設薦、俎。立卒爵。**不言不拜既爵，司馬正已反位，不拜可知也。鄉射禮曰：「獲者薦右東面立飲〔一〕。」**司馬師受虛爵。洗獻隸僕人與巾車、獲者，皆如大侯之禮。**隸僕人埽侯道，巾車張大侯，及參侯、干侯之獲者，其受獻之禮，如服不也。隸僕人、巾車，於服不之位受之，功成於大侯也。不言量人者，此自後以及先可知〔二〕。**卒，司馬師受虛爵〔三〕，奠于篚。**獲者之篚。**獲者皆執其薦，庶子執俎從之，設于乏少南。**少南，爲復射妨旌也。隸僕人、巾車、量人，自服不而南。**服不復負侯而俟。**

右獻獲者。

司射適階西去扑，適堂西釋弓，説決、拾，襲，適洗，洗觚，升實之，降，獻釋獲者于其位，少南。獻釋獲者，與獲者異，文武不同也。去扑者，扑不升堂也。少南，辨中。○釋獲者，太史也。「少南，辨中」者，獻釋獲者於其位之南，欲其稍遠乎中，與獻獲者近侯有異也。**薦脯醢、折俎，**

〔一〕「面」，陳本作「南」。
〔二〕「知」下陳本有「也」字。
〔三〕「馬」下北監本無「師」字。

皆有祭。俎與服不同，唯祭一爲異。○服不之俎與薦，皆有三祭，以其祭侯，三處各用其一也。釋獲者薦右東面拜受爵。司射北面拜送爵。釋獲者就其薦坐，左執爵，右祭脯醢，興取肺，坐祭，遂祭酒，祭俎不奠爵，亦賤不備禮。興。司射之西，北面立卒爵，不拜既爵。司射受虚爵，奠于篚。釋獲者少西辟薦，反位。辟薦少西之者，爲復射妨司射視算，亦辟俎也。司射適堂西袒、決、遂，取弓，挾一个，適階西搢扑，以反位。爲將復射。

右獻釋獲者。第二番射事竟。

司射倚扑于階西，適阼階下，北面請射于公，如初。不升堂，賓、諸公卿大夫既射矣，聞之可知。○此下言第三番射，以樂爲節之儀。射前，有諸公、卿、大夫拾取矢。正射，不鼓不釋。射後，三耦及衆射者又拾取矢。此三事爲異，其餘並如釋獲之射。反搢扑〔一〕，適次，命三耦皆袒、決、遂，執弓，序出取矢。鄉言「拾」〔二〕，是言「序」，互言耳。司射先反位。言「先」，先三耦也。司射既命三耦以入次之事，即反位。三耦入次，袒、決、遂，執弓挾矢，乃出反次外西面位。鄉不言司射先反位〔三〕，三

〔一〕「反」，原作「及」，據陳本、文淵閣本改，唐石經、北監本皆作「反」。
〔二〕「鄉」，陳本作「鄉」。
〔三〕「鄉」，陳本作「鄉」。

耦未有次外位，無所先也。○註「挾矢」字衍。三耦拾取矢如初。小射正作取矢如初。小射正，司射之佐。作取矢，禮殺，代之。三耦既拾取矢，諸公、卿、大夫皆降，如初位，與耦入於次，皆袒、决、遂，執弓，皆進當楅，進坐說矢束，上射東面，下射西面，拾取矢如三耦。皆進當楅，進三耦揖之位也。凡繼射，命耦而已，不作射，不作取矢，從初。○降如初位，三耦南之位也。註「繼射」，謂繼三耦而射。「從初」，謂從三耦之法。繼射者，皆從耦法，故不再命之也。若士與大夫爲耦，士東面，大夫西面。大夫進坐說矢束，退反位。說矢束，自同於三耦，謙也。○欲與其耦拾取也。耦揖進，坐兼取乘矢，興，順羽，且左還，毋周，反面揖。兼取乘矢，不敢與大夫拾。大夫進坐，亦兼取乘矢，如其耦。北面搢三挾一个，揖進。大夫與其耦皆適次，釋弓，說决、拾，襲，反位。諸公、卿升就席。大夫反位，諸公、卿乃升就席，大夫與己上下位。○諸公、卿、大夫自爲耦者，拾取矢在前。大夫與士耦者，取矢在後。前取矢者，待于三耦之南，至大夫與耦取矢，反位，乃與之同升就席。以爵同，故相待也。衆射者繼拾取矢，皆如三耦，遂入于次，釋弓矢，說决、拾，襲，反位。

右將以樂射，射者拾取矢。

司射猶挾一个以作射，如初。一耦揖升如初。司馬升，命去侯。負侯許諾。司馬降，釋弓反位。司射與司馬交于階前，倚扑于階西，適阼階下，北面請以樂于公。公許。

請奏樂以爲節也。始射，獲而未釋獲。復，釋獲。復，用樂行之。君子之於事，始取苟能，中課有功，終用成法，教化之漸也。射用應樂爲難。孔子曰：「射者何以聽？循聲而發，發而不失正鵠者，其唯賢者乎？」**司射反搢扑，東面命樂正，曰：「命用樂。」**言君有命，用樂射也。樂正在工南，北面。○疏曰：「此時工在洗東西面，樂正在工南北面，司射在西階下東面。經云『命樂正』者，東面遥命之。」**樂正曰：「諾。」司射遂適堂下，北面眡上射**[一]**，命曰：「不鼓不釋。」**不與鼓節相應，不釋算也。鼓亦樂之節。學記曰：「鼓無當於五聲，五聲不得不和。」[二]凡射之鼓節，投壺其存者也。周禮射節，天子九，諸侯七，卿大夫以下五。**上射揖。司射退反位。樂正命大師曰：「奏貍首，間若一。」**樂正西面受命，左還，東面，命大師以大射之樂章，使奏之也。貍首，逸詩，曾孫也。貍之言不來也，其詩有「射諸侯首不朝者」之言，因以名篇。後世失之，謂之曾孫。「曾孫」者，其章頭也，射義所載詩曰「曾孫侯氏」是也。以爲諸侯射節者，采其既有弧矢之威，又言「小大莫處，御於君所，以燕以射，則燕則譽」，有樂以時會君事之志也。間若一者，調其聲之疏數，重節。○聲之疏數，必使勻適如一，以射禮所重，在於能循此節也。○圖解：貍，里之反。**大師不興，許諾。樂正反位。奏貍首**

[一]「眡」，唐石經作「視」。
[二]「不得」上北監本不重「五聲」。

以射。三耦卒射。賓待于物如初。公樂作而后就物，稍屬，不以樂志，其他如初儀。不以樂志，君之射儀，遲速從心，其發不必應樂，辟不敏也。志，意所擬度也。春秋傳曰：「吾志其目。」○云「如初」者，皆如上第二番射法，唯作樂爲異耳。卒射如初。賓就席。諸公卿大夫、衆射者，皆繼射。釋獲如初。卒射，降反位。釋獲者執餘獲進告左右卒射，如初。

右以樂節射。

司馬升，命取矢。負侯許諾。司馬降，釋弓反位。小臣委矢，司馬師乘之，皆如初。司射釋弓視算，如初。釋獲者以賢獲與鈞告，如初。復位。

右樂射後，取矢數獲。

司射命設豐實觶，如初，遂命勝者執張弓，不勝者執弛弓。升飲，如初。卒，退豐與觶，如初。

右樂射後飲不勝者。

司射猶袒、決、遂，左執弓，右執一个，兼諸弦，面鏃，適次命拾取矢，如初。側持弦矢曰執。面猶尚也〔一〕。兼矢於弦、尚鏃，將止，變於射也。司射反位。三耦及諸公卿大夫、衆射

〔一〕「尚」，陳本作「向」。

者，皆袒、決、遂，以拾取矢，如初，矢不挾，兼諸弦，面鏃。退適次，皆授有司弓矢，襲，反位。不挾，亦謂執之如司射。卿、大夫升就席。

右樂射後拾取矢。

司射適次，釋弓，説決、拾，去扑，襲，反位。司馬正命退楅、解綱，小臣師退楅，巾車、量人解左下綱。司馬師命獲者以旌與薦、俎退。解猶釋也。今文「司馬師」無「司馬」。司射命釋獲者退中與算，而俟。諸所退射器皆俟，備君復射，釋獲者亦退其薦、俎。

右三番射竟，退諸射器，將坐燕以終禮。

公又舉奠觶，唯公所賜，若賓、若長，以旅于西階上，如初。大夫卒受者，以虛觶降奠于篚，反位。

右爲大夫舉旅酬。

司馬正升自西階，東楹之東，北面告于公：「請徹俎。」公許。射事既畢，禮殺人倦，宜徹俎燕坐。遂適西階上，北面告于賓。賓北面取俎以出。諸公卿取俎如賓禮，遂出，授從者于門外。自其從者。大夫降復位。門東北面位。○疏云：「『大夫降』者，大夫雖無俎，以賓、公、卿皆送俎，不可獨立於堂，故降復位。云『門東北面位』，初小臣納卿、大夫門東北面揖位也。下文『賓、諸公卿皆入門，東面北上』，謂在西階下。知大夫不在西階下者，以其西階下舊無位。此云『復位』，故知非西階下也。公、卿入西階下，以將燕，亦因從賓。此時公、卿未入，大夫無可從，不可獨居西階，故在門東北面也。」**庶子正徹公俎，降自阼階以東。**降自阼階，若親徹也。以東，去藏。**賓、諸公卿皆入門，東面北上。**諸公卿不入門而右，以將燕，亦因從賓。**司正升賓。賓、諸公卿大夫皆説屨，升就席。公以賓及卿、大夫皆坐，乃安。**歸命「以我安」〔一〕，臣於君尚猶踧踖，至此乃敢安。**羞庶羞。**羞，進也。庶，衆也。所進衆羞，謂臐肝膋、狗胾、醢也，或有炮鱉、膾鯉、雉、兔、鶉、鴽。**大夫祭薦。**燕乃祭薦，不敢於盛成禮。○賓與卿，皆於獻時祭薦。**司正升受命，皆命：「公曰『衆無不醉』。」賓及諸公卿大夫皆興，對曰：「諾，敢不醉。」皆反位坐。**皆命者，命賓、命諸公、命卿大夫，皆鄉其位也。興對必降席，敬也。司正退，立西序端。○疏云：「經直云『興』，不言降席，鄭知降席者，以爲反坐〔二〕，故知降席也。知司正退立西序端者，案司正監酒，此將獻士，事未訖，亦如鄉飲酒監旅時，立于西序端也。」

右徹俎安坐。

主人洗酌，獻士于西階上。士長升，拜受觶。主人拜送。獻士用觶，士賤也。今文

〔一〕「歸」，陳本作「鄉」。

〔二〕「坐」，陳本作「位」，下有浮貼二，一曰：「『位』，刊本作『坐』。」一曰：「以爲反位。『爲』，通解作『云』。」

「觶」作「觚」。士坐祭，立飲，不拜既爵。其他，不拜，坐祭，立飲。其他，謂衆士也。升不拜受爵。乃薦司正與射人于觶南，北面東上，司正爲上。司正、射人，士也，以齒受獻，既乃薦之也。司正，大射正也。射人，小射正，略其佐。○疏曰：「案燕禮，薦司正與射人一人、司士一人、執冪二人，此不言其數，又不言司士與執冪，文不具。」辯獻士。士既獻者，立于東方，西面北上。乃薦士。士既獻易位者，以卿大夫在堂，臣位尊東也。畢獻薦之，略賤。祝、史、小臣師，亦就其位而薦之。亦者，亦士也。辯獻乃薦也。祝、史門東北面東上。主人就士旅食之尊而獻之。旅食不拜，受爵，坐祭，立飲。主人既酌，西面。士旅食北面受之。不洗者，於賤略之也。主人執虛爵奠于篚，復位。

右主人獻士及旅食。

賓降洗，升媵觶于公，酌散，下拜。公降一等。小臣正辭。賓升再拜稽首。公答再拜。賓受公賜多矣，禮將終，宜勸公，序厚意也。今文「觶」爲「觚」，「公答拜」無再拜。賓坐祭，卒爵，再拜稽首。公答再拜。賓降洗象觚，升酌膳，坐奠于薦南，降拜，小臣正辭，賓升成拜。公答拜。賓反位[一]。反位，反席也。此「觚」當爲「觶」。○疏云：「户牖之間，位則有席。

[一]「反」上北監本無「賓」字。

凡旅酬皆用觶，故知『觚』當爲『觶』。」公坐取賓所媵觚，興，唯公所賜。受者如初受酬之禮。降，更爵洗，升酌膳，下，再拜稽首，小臣正辭，升成拜。公答拜。乃就席，坐行之。坐行之，若今坐相勸酒。有執爵者。士有盥升，主酌授之〔一〕。唯受于公者拜。公所賜者拜，其餘則否。司正命：「執爵者爵辯，卒受者興以酬士。」欲令惠均。○司正以酬士命大夫。下文方言酬節，此其命之辭也。大夫卒受者以爵興，西階上酬士。士升。大夫奠爵拜，士答拜。興酬士者，士立堂下，與上坐者異。大夫立卒爵，不拜，實之。士拜受。大夫拜送。士旅于西階上，辯。祝、史、小臣師、旅食皆及焉。士旅酌。旅，序也〔二〕。士以次自酌相酬，無執爵者。

右賓舉爵爲士旅酬。

若命曰復射，則不獻庶子。獻庶子，則正禮畢，後無事。○士旅酬後，當獻庶子等，如下節所陳。若復射，則暫止，俟射畢乃獻。司射命射，唯欲。司射命賓及諸公、卿、大夫射，欲者則射，不欲者則止。可否之事，從人心也。卿、大夫皆降，再拜稽首。公答拜。拜君樂與臣下執事無已。不

〔一〕「授」，薈要本作「受」。
〔二〕原本句讀作「旅序也」，誤。

言賔，賔從羣臣禮在上。**壹發，中三侯皆獲。**其功一也，而和者益多〔一〕，尚歡樂也。矢揚觸，或有參中者。○卿大夫主射參侯，士主射豻侯，矢或揚觸，容中別侯，皆得釋獲。禮殺尚歡，故優假之也。

右坐燕時，或復射。

主人洗，升自西階，獻庶子于阼階上，如獻士之禮。辯獻，降洗，遂獻左右正與內小臣，皆於阼階上，如獻庶子之禮。庶子既掌正六牲之體，又正舞位，授舞器，與膳宰、樂正聯事，又掌國子戒令教治，世子之官也。左右正，謂樂正、僕人正也，位在中庭之左右。小樂正在頌磬之北，右也，工在西，即北面，工遷於東，則東面。大樂正在笙磬之北，左也，工在西，則西面，工遷於東，則北面。僕人正相大師，工升堂，與其師士降立于小樂正之北，北上，工遷於東，則陪其工後。國君無故不釋縣〔二〕。二正，君之近官也〔三〕。內小臣，奄人，掌君陰事陰令，后、夫人之官也。獻三官於阼階，別內外臣也。同獻更洗，以時事不聯也。獻正下及內小臣，則磬人、鍾人、鎛人、鼓人、僕人師、僕人士，盡獻可知也。庶子、內小臣，位在小臣師之東，少退，西上。

右主人獻庶子等。獻禮之終也。

〔一〕「益」，北監本作「亦」。
〔二〕「縣」，陳本作「懸」。
〔三〕原本句讀作「二正君之近官也」，誤。

無算爵。算，數也。爵行無次數，唯意所歡〔一〕，醉而止。士也，有執膳爵者，有執散爵者。執膳爵者，酌以進公。公不拜，受。執散爵者，酌以之公命所賜。所賜者興受爵，降席下，奠爵，再拜稽首。公答再拜。席下，席西。受賜爵者，以爵就席坐，公卒爵，然後飲。酬之禮，爵代舉。今爵並行，嫌不代也。竝行猶代者，明勸惠從尊者來〔二〕。執膳爵者，受公爵，酌，反奠之。燕之歡在飲酒，成其意也。受賜者，興授執散爵者。執散爵者，乃酌行之。與其所歡者。唯受于公者拜。卒爵者，興以酬士于西階上。士升。大夫不拜乃飲，實爵。乃猶而也。士不拜受爵。大夫就席。士旅酌，亦如之。○亦如大夫之不拜而飲，飲畢遂實爵也。公有命徹冪，則賓及諸公、卿、大夫皆降，西階下北面東上，再拜稽首。命徹冪者，公意殷勤，欲盡酒。公命小臣正辭。公答拜，大夫皆辟。升反位。升不成拜，於將醉，正臣禮。士終旅於上，如初。卿、大夫降而爵止，於其反席卒之。無算樂。升歌、間、合，無次數，唯意所樂。

右燕末盡歡。

〔一〕「歡」，陳本、北監本皆作「勸」。
〔二〕「從」，陳本作「由」。

宵，則庶子執燭於阼階上，司宮執燭於西階上，甸人執大燭於庭，閽人爲燭於門外。宵，夜也。燭，燋也。甸人，掌共薪蒸者。庭大燭，爲其位廣也。爲，作也，作燭俟賓出。**賓醉，北面坐取其薦脯以降。**取脯，重得君之賜。**奏陔。**陔夏，樂章也。其歌，頌類也。以鐘鼓奏之，其篇今亡〔一〕。**賓所執脯，以賜鐘人于門內霤，遂出。**必賜鐘人，鐘人以鐘鼓奏陔夏，賜之脯，明雖醉，志禮不忘樂。**卿、大夫皆出。**從賓出。**公不送。**臣也，與之安燕交歡，嫌亢禮也。**公入，鷔。**鷔夏，亦樂章也。以鐘鼓奏之，其詩今亡。此公出而言「入」者，射宮在郊，以將還爲入。燕不鷔者，於路寢，無出入也。○諸侯大學在郊，是其大射之所。○鷔，音鰲〔二〕。

右賓出公入〔三〕。

〔一〕「今」上陳本無「其篇」二字。
〔二〕陳本無○及「鷔音鰲」三字。
〔三〕陳本無標目「右賓出公入」五字。

儀禮

鄭氏註　濟陽張爾岐句讀

聘禮第八

鄭目録云：「大問曰聘。諸侯相於久無事，使卿相問之禮。小聘使大夫。周禮曰：『凡諸侯之邦交，歲相問也，殷相聘也，世相朝也。』於五禮屬賓禮。大戴第十四，小戴第十五，別録第八。」○疏云：「事，謂盟會之屬。若有事，事上相見，故鄭據久無事而言。」又云：「大行人云：上公九介，侯伯七介，子男五介。諸侯之卿，各下其君二等，上公七介，侯伯五介，子男三介。若小聘使大夫，又下其卿二等。此聘禮是侯伯之卿大聘，以其經云五介，又及竟張旜〔一〕，孤卿建旜，據侯伯之卿之聘也。」殷相聘，三年一大聘也。

聘禮。君與卿圖事，圖，謀也。謀聘故及可使者。謀事者必因朝，其位，君南面，卿西面，大夫北面，士東面。○自此至「不辭」，言命使人之事。疏云：「儀禮之内，見諸侯三朝：燕朝，燕禮是也；射朝，大射是也；不見路門外正朝，當與二朝面位同。燕禮、大射皆云：卿西面，大夫北面，士東面，公降階南面揖之。是以知正朝面位然也。」○聘，匹正反。**遂命使者。**遂猶因也。既謀其人，因命之

〔一〕「及」，賈公彦儀禮疏作「入」。

也〔一〕。聘使卿。○使，所吏反。**使者再拜稽首辭。**辭以不敏。**君不許。乃退。**退，反位也。受命者必進。○不許者，不許其辭也。**既圖事，戒上介，亦如之。**既，已也。戒，猶命也。已謀事，乃命上介，難於使者易於介。○亦如其再拜辭、不許、乃退也。**宰命司馬戒衆介。衆介皆逆命，不辭。**宰，上卿，貳君事者也。諸侯謂司徒爲宰。衆介者，士也。士屬司馬。周禮司馬之屬，司士掌「作士，適四方，使爲介」。逆，猶受也。○疏云：「天子有六卿。諸侯兼官而有三卿：立地官司徒，兼冢宰；立夏官司馬，兼春官；立冬官司空，兼秋官。」故諸侯謂司徒爲宰也。衆介不辭，副使賤，不敢辭。

右命使。

宰書幣，書聘所用幣多少也。宰又掌制國之用。○自此至「所受書，以行」，言授幣。**命宰夫官具。**宰夫，宰之屬也。命之使衆官具幣及所宜齎。○命之者，宰也。宰既書用幣之數，遂命宰夫使官具之。周禮：宰夫「掌百官府之徵令」。**及期，夕幣。**及，猶至也。夕幣，先行之日夕，陳幣而視之，重聘也。**使者朝服，帥衆介夕。**視其事也。古文「帥」皆作「率」。**管人布幕于寢門外。**管，猶館也。館人，謂掌次舍帷幕者也。布幕以承幣。寢門外，朝也。古文「管」作「官」。今文「布」作

〔一〕「也」字原脱，據陳本補，北監本有。

「敷」。○鄭註「布幕以承幣」，此幕非在上之幕，乃布之地以爲藉者。**官陳幣：皮，北首西上，加其奉於左皮上；馬，則北面，奠幣于其前。**奉，所奉以致命，謂束帛及玄纁也〔一〕。馬言「則」者，此享主用皮，或時用馬。馬入，則在幕南。皮、馬皆乘。古文「奉」爲「卷」。今文無「則」。**使者北面，衆介立于其左，東上。**既受行，同位也。位在幕南。○未受命行已前，卿西面，大夫北面，士東面，面位各異。**卿、大夫在幕東，西面，北上。**大夫西面，辟使者。○疏曰：「此謂處者，大夫常北面，今與卿同西面，故云『辟使者』。」**宰入告具于君。君朝服出門左，南鄉。**入告，入路門而告。**史讀書展幣。**展，猶校録也。史幕東西面讀書，賈人坐撫其幣，每者曰在。必西面者，欲君與使者俱見之也。○疏云：「賈人當在幕西，東面撫之。」○賈，音嫁。**宰執書，告備具于君，授使者。使者受書，授上介。**史展幣畢，以書還授宰。宰既告備，以授使者。其受授皆北面。○疏曰：「云『其授受皆北面』者〔二〕，當宰以書授使者之時，宰來至使者之東，北面授使者，使者北面授介，三者皆北面，向君故也。」**公揖入。**揖，禮羣臣。**官載其幣，舍于朝。**待旦行也。○官謂官人從賔行者。舍止于朝，須守幣也。**上介視載者。**監其安處之，畢乃出。**所受書，以行。**爲當復展。○上介所受之

〔一〕「帛」下陳本無「及」字。

〔二〕「授受」，北監本疏文、賈公彦儀禮疏皆作「受授」。

書，則將之以行，爲至彼國竟上，當復展也。

右授幣。

厥明，賔朝服釋幣于禰。告爲君使也。賔，使者。謂之賔，尊之也。天子、諸侯將出，告羣廟，大夫告禰而已。凡釋幣，設洗盥如祭。○自此至「亦如之」，言使者與上介，將行告禰。告無牲，直用幣而已。執幣須潔，當有洗以盥手，其設洗如祭時。**有司筵、几于室中。祝先入，主人從入。主人在右，再拜，祝告，又再拜。**更云「主人」者，廟中之稱也。祝告，告以主人將行也。○主人，亦謂使者。**釋幣，制玄纁束，奠于几下，出。**祝釋之也。凡物，十曰束。玄纁之率，玄居三，纁居二。朝貢禮云：純，四只。制，丈八尺。○制玄纁束，丈八尺之玄纁，其數十卷也。疏云：「純謂幅之廣狹，制謂舒之長短。」○率，音律。只，音紙。**主人立于户東。祝立于牖西。**少頃之間，示有俟於神。**又入，取幣，降，卷幣，實于笲，埋于西階東。**又入者祝也。埋幣必盛以器，若藏之然。○笲，音煩。**又釋幣于行。**告將行也。行者之先，其古人之名未聞。天子、諸侯有常祀在冬。大夫三祀：曰門，曰行，曰厲。喪禮有「毀宗躐行，出于大門」，則行神之位，在廟門外西方。不言埋幣，可知也。今時民春秋祭祀有行神，古之遺禮乎？**遂受命。**賔須介來，乃受命也。言「遂」者，明自是出，不復入。**上介釋幣亦如之。**如其於禰與行。

右將行，告禰與行。

上介及衆介，俟于使者之門外。俟，待也。待於門外，東面北上。○自此至「斂旜」，言賔、介向君朝受命即行。**使者載旜，帥以受命于朝。**旜，旌旗屬也。載之者，所以表識其事也。周禮曰：「通帛爲旜。」又曰：「孤卿建旜。」至于朝門，使者北面東上。古文「旜」皆爲「膳」。○疏云：「凡諸侯三門：臯、應、路。路門外有常朝位。下文君臣皆朝列位，乃使卿進使者，使者乃入至朝，即此朝門者，臯門外矣。」○旜，之然反。**君朝服南鄉。卿、大夫西面北上。君使卿進使者。**進之者，使者謙，不敢必君之終使己。**使者入，及衆介隨入，北面東上。君揖使者進之。上介立于其左，接聞命。**進之者，有命，宜相近也。接，猶續也。○接聞命者，上介所立之位，近于使者，使者述命〔一〕，可接續而聞也。**賈人西面坐啓櫝，取圭，垂繅，不起而授宰。**賈人，在官知物賈者。繅，所以藉圭也。其或拜，則奠于其上。今文「繅」作「璪」。○疏謂繅有二種，一者以木爲中幹，以韋衣之，其或拜則以藉圭；一者以絢組爲之，所以繫玉於韋版。此云「垂繅」「屈繅」，則絢組之繅也。愚謂據疏所言，仍是一物。韋版、絢組，相待爲用，何得言二也〔二〕。**宰執圭，屈繅，自公左授使者。**屈繅者，斂之。禮以相變爲敬也。自公左，贊幣之義。○少儀云：「詔辭自右，贊幣自左。」**使者受**

〔一〕「者」，陳本作「命」。

〔二〕「二」，原作「一」，據陳本、薈要本、文淵閣本改。薈要案語：「何得言二也。刊本『二』訛『一』，今改。」四庫考證説同。

圭，同面，垂繅以受命。同面者，宰就使者北面竝授之。既授之而君出命矣〔一〕。凡授受者，授由其右，受由其左。**既述命，同面授上介。**述命者，循君之言，重失誤。○使者受命〔二〕，又重述之，以告上介，故上文云「接聞命」也。**上介受圭，屈繅，出授賈人。衆介不從。**賈人將行者，在門外北面。○對上賈人是留者〔三〕。**受享束帛加璧，受夫人之聘璋，享玄纁束帛加琮，皆如初。**享，獻也。既聘又獻，所以厚恩惠也。帛，今之璧色繒也。夫人亦有聘、享者，以其與己同體，爲國小君也。其聘用璋，取其半圭也。君享用璧，夫人用琮，天地配合之象也〔四〕。圭、璋特達，瑞也。璧、琮有加，往德也。周禮曰：「瑑圭璋、璧琮，以覜聘〔五〕。」○束帛玄纁，前授幣時已授矣。此復言者，以方授璧、琮，取其相配之物兼言之，如云享時束帛上所加之璧、玄纁束帛上所加之琮耳。周禮曰「瑑圭璋、璧琮，以覜聘」〔六〕，出聘之玉，以瑑爲文，非君所執之圭與璧也。如初者，如受圭之儀也。○瑑，大轉反，

〔一〕「出命」，陳本作「命出」。
〔二〕「受」，薈要本作「授」。
〔三〕陳本無○及「對上賈人是留者」七字。
〔四〕「象」，陳本作「義」。
〔五〕「覜」，文淵閣本作「頫」。
〔六〕「覜」，原作「頫」，據陳本改，周禮典瑞亦作「覜」。

音纂〔一〕。**遂行，舍於郊。**於此脱舍衣服，乃即道也。曲禮曰：「凡爲君使，已受命〔二〕，君言不宿於家。」**斂旜。**此行道耳，未有事也。斂，藏也。

右受命遂行。

若過邦，至于竟，使次介假道。束帛將命于朝，曰：「請帥。」奠幣。至竟而假道，諸侯以國爲家，不敢直徑也。將，猶奉也。帥，猶道也，請道己道路所當由。○自此至「執筴立于其後」，言過他邦假道之禮。**下大夫取以入告，出許，遂受幣。**言「遂」者，明受其幣，非爲許故也，容其辭讓不得命也。**餼之以其禮，上賓大牢，積唯芻、禾，介皆有餼。**凡賜人以牲，生曰餼〔三〕。餼，猶稟也，給也。以其禮者，尊卑有常差也。常差者，上賓、上介，牲用太牢，羣介用少牢，米皆百筥。牲陳于門内之西，北面。米設于中庭。上賓、上介，致之以束帛。羣介，則牽羊焉。上賓，有禾十車、芻二十車。禾以秣馬。○積唯芻、禾，謂所致之積，唯芻與禾，無米車也。介但有餼無積。○餼，許氣反。積，子賜反。秣，音末。**士帥，没其竟。**没，盡。**誓于其竟。賓南面，上介西面，衆介北面東上。史讀書，司馬執筴**〔四〕，

〔一〕「反」下陳本無「音纂」二字。
〔二〕「使」下禮記曲禮有「者」字。原本句讀作「凡爲君使已受命」，誤。
〔三〕原本句讀作「凡賜人以牲生曰餼」，誤。
〔四〕「筴」，唐石經作「策」。

立于其後。此使次介假道，止而誓也。賓南面，專威信也。史於衆介之前〔一〕，北面讀書，以勑告士衆，爲其犯禮暴掠也。禮，君行師從，卿行旅從。司馬，主軍法者，執策示罰。○疏云：「此誓當在使次介假道之時，止而誓，因上説彼國禮法訖〔二〕，乃更卻本而言之，不謂此士帥没竟後。」

右過他邦假道。

未入竟，壹肄。謂於所聘之國竟也。肄，習也。習聘之威儀，重失誤。○自此至「不習私事」，言將至，豫習威儀。**爲壝壇，畫階，帷其北，無宫。**壝土象壇也。帷其北，宜有所鄉依也。無宫，不壝土，畫外垣也〔三〕。○疏曰：「案覲禮與司儀，同爲壇三成、宫方三百步。此則無外宫，其壇，壝土爲之，無成〔四〕，又無尺數，象之而已。」愚案廣韻：「壝，埓也，壇也。」蓋壇之形埓也。壇須築土高厚，有階級。壝則略除地聚土，令有形埓而已。此壝、壇兼言，壝亦有壇名也。○壝，以垂反。**朝服，無主，無執也。**不立主人，主人尊也。不執玉，不敢褻也。徒習其威儀而已。**介皆與，北面西上。**入門左之位也。古文「與」作「豫」。**習享，士執庭實。**士，士介也。庭實必執之者，皮則有攝張之

〔一〕「史」，北監本作「使」。
〔二〕「説」，北監本疏文、賈公彦儀禮疏皆作「設」，陳本原作「説」，後改作「設」。
〔三〕四庫考證：「不壝土，畫外垣也。刊本『畫』訛『晝』，今改。」案：原本不誤。
〔四〕「成」，賈公彦儀禮疏作「城」。

節。**習夫人之聘、享，亦如之。習公事，不習私事。**公事，致命者也。○公事，謂君聘、享，夫人聘、享，及問卿大夫，皆致君命行之者。私事，謂私覿於君、私面於卿大夫之事。

右豫習威儀。

及竟，張旜，誓。及，至也。張旜，明事在此國也。張旜，謂使人維之。○自此至「遂以入竟」，言賓至竟謁關迎入之事。誓，亦警戒從人，使勿犯禮。**乃謁關人。**謁，告也。古者竟上爲關，以譏異服，識異言。○周禮司關職云：「凡四方之賓客叩關，則爲之告。」**關人問從者幾人，**欲知聘問，且爲有司當共委積之具。○疏曰：「不問使人而問從者，關人卑者，不敢輕問尊者，故問從者。」又云：「問得從者，即知使者是大聘、是小聘。卿行旅從，大夫小聘，當百人從也。」○幾，居豈反。**以介對。**以所與受命者對，謙也。聘禮，上公之使者七介，侯伯之使者五介，子男之使者三介。以其代君交於列國，是以貴之。周禮曰：「凡諸侯之卿，其禮各下其君二等。」○上公介九人，諸侯介七人，子男介五人，卿下其君二等，大夫又各下卿二等。不以從者對而以介對，註云「謙也」，固是，亦以知介數，即爲聘爲問可知，其從者多少亦可知也。**君使士請事，遂以入竟。**請，猶問也〔一〕，問所爲來之故也。遂以入，因道之。○賓向來猶停關外，君使士請事訖，因道以入。本使士迎之，而必先請事者，君子不必人也。

〔一〕「問」上陳本無「猶」字。

右至竟迎入。

入竟，斂旜，乃展。復校録幣，重其事。斂旜，變於始入。○自此至「賈人之館」，言入竟三度展幣之事。**布幕。賓朝服立于幕東，西面。介皆北面，東上。賈人北面，坐拭圭，**拭，清也。側幕而坐，乃開櫝。**遂執展之。**持之而立，告在。**上介北面視之，退復位。**言「退復位」，則視圭進違位。**退圭。**圭璋尊，不陳之。**陳皮，北首西上。又拭璧展之，會諸其幣，加于左皮上。上介視之，退。**會，合也。諸，於也。古文曰「陳幣北首」。○疏曰：「璧言合諸幣者，享時當合，故今亦合而陳之。」**馬，則幕南北面，奠幣于其前。**前，當前，幕上。**展夫人之聘、享，亦如之。賈人告于上介，上介告于賓。**展夫人聘、享，上介不視，貶於君也。賈人既拭璋、琮，南面告于上介，上介於是乃東面以告賓，亦所謂「放而文」之類。**有司展羣幣，以告。**羣幣，私覿，及大夫者。有司，載幣者，自展自告。**及郊，又展，如初。**郊，遠郊也。周制，天子畿内千里，遠郊百里。以此差之，遠郊上公五十里，侯伯三十里，子男十里也。近郊各半之。**及館，展幣於賈人之館，如初。**館，舍也。遠郊之内有候館〔一〕，可以小休止沐浴。展幣不于賓館者〔二〕，爲主國之人有勞問己者

〔一〕「候」，原作「侯」，據陳本、文淵閣本改，北監本亦作「候」。
〔二〕「賓」，北監本作「官」。

就焉，便疾也。

右入竟展幣。

賔至于近郊，張旜。君使下大夫請行，反。君使卿朝服用束帛勞。請行，問所之也。雖知之，謙不必也。士請事，大夫請行，卿勞，彌尊賔也。其服皆朝服。〇自此至「遂以賔入」，言賔至近郊，君與夫人使人勞賔。**上介出請，入告。賔禮辭，迎于舍門之外，再拜，**出請，出門西面請所以來事也。入告，入北面告賔也。每所及至，皆有舍。其有來者與，皆出請入告。于此言之者，賔彌尊，事彌録。**勞者不荅拜。**凡爲人使，不當其禮。**賔揖，先入，受于舍門内。**不受于堂，此主於侯伯之臣也。公之臣，受勞於堂。〇疏曰：「知『公之臣受勞於堂』者，案司儀云：『諸公之臣，相爲國客，及大夫郊勞，三辭，拜辱，三讓，登，聽命。』是公之臣受勞於堂之事。」**勞者奉幣入，東面致命。**東面，鄉賔。〇疏曰：「賔在館如主人，當入門西面〔一〕，故勞者東面向之也。」**賔北面聽命，還少退，再拜稽首，受幣。勞者出。**北面聽命，若君南面然。少退，象降拜。**授老幣。**老，賔之臣。**出迎勞者。**欲儐之。〇司儀註云：「上於下曰禮，敵者曰儐。」此言「儐」者，欲見賔以禮禮使者〔二〕。

〔一〕「門」，賈公彦儀禮疏作「明」。
〔二〕陳本無〇及「司儀」至「使者」三十五字。

勞者禮辭。賓揖，先入，勞者從之。乘皮設。設於門内也。物四曰乘。皮，麋鹿皮也。○設乘皮以儐勞者，每皮一人執之。**賓用束錦儐勞者。**言「儐」者，賓在公館，如家之義，亦以來者爲賓。○儐，必刃反。**勞者再拜稽首受。**稽首，尊國賓也。**賓再拜稽首送幣。**受、送，拜皆北面，象階上。○疏云：「案歸饔餼，賓儐大夫時，賓楹間北面授幣，大夫西面受。此賓亦宜與彼同，北面授，還北面拜送。若然，云『受送拜皆北面』者誤，當云『授送拜皆北面』，竝據賓而言也。」愚謂如疏言，則「拜」字不得連下讀，當云「授拜送」，不當作「送拜」。**勞者揖皮出，乃退。賓送再拜。**揖皮出，東面揖執皮者而出。○疏云：「執皮者在門内當門，勞者在執皮之西，故知東面揖皮，揖之若親受之。又執皮是賓之使者〔一〕，執皮者得揖從出，勞者從人當訝受之。」**夫人使下大夫勞以二竹簋方〔二〕，玄被纁裏，有蓋，**竹簋方者，器名也，以竹爲之，狀如簋而方〔三〕，如今寒具筥。筥者圜〔四〕，此方耳。○簋，音甫。**其實，棗蒸、栗擇。兼執之以進，**兼，猶兩也。右手執棗，左手執栗。**賓受棗，大夫二手**

〔一〕「皮」下北監本疏文、賈公彥儀禮疏皆有「者」字。
〔二〕「簋」，唐石經作「簠」。
〔三〕「狀」，原作「伏」，據陳本、薈要本、文淵閣本改。「簋」，北監本作「簠」。薈要案語：「狀如簋而方。刊本『狀』訛『伏』，據各本鄭注改。」四庫考證説同。
〔四〕「圜」上陳本有「還」字。

授栗。受授不游手，慎之也。○疏云：「初兩手俱用，既授棗〔一〕，而不兩手共授栗，則是游暇一手，不慎也。」**賓之受，如初禮。**如卿勞之儀。○如其北面再拜也。**儐之如初，下大夫勞者遂以賓入。**出以束錦授從者，因東面釋辭，請導之以入，然則賓送不拜。

右郊勞。

至于朝，主人曰：「不腆先君之祧，既拚以俟矣。」〔二〕賓至外門，下大夫入告，出釋此辭。主人者，公也。不言「公」而言「主人」，主人，接賓之辭，明至欲受之，不敢稽賓也。腆，猶善也。遷主所在曰祧。周禮，天子七廟，文、武爲祧。諸侯五廟，則祧始祖也，是亦廟也。言「祧」者，祧尊而廟親，待賓客者，上尊者。○自此至「皆少牢」，言賓初至，不即行禮，主國致館設飧之事。○拚，方問反，音僨〔三〕。**賓曰：「俟閒。」**賓之意，不欲奄卒主人也，且以道路悠遠，欲沐浴齋戒〔四〕。俟閒，未敢聞命。○俟閒者，俟君燕閒，乃敢進見也。○卒，寸忽反。齋，側皆反〔五〕。**大夫帥至于館。卿致館，**

〔一〕「授」，賈公彥儀禮疏作「受」。
〔二〕「拚」字旁，原本有小注「埽席前曰拚」五字。
〔三〕「問」，原作「門」，據陳本、薈要本、文淵閣本改。薈要案語：「拚方問反。刊本『問』訛『門』，據經典釋文改。」四庫考證説同。「反」下陳本無「音僨」二字。
〔四〕「齋」，陳本作「齊」。
〔五〕「齋」，陳本作「齊」。

致，至也。賓至此館〔一〕，主人以上卿禮致之，所以安之也。○以上卿禮致之，謂使上卿以束帛之禮致之也。周禮司儀職云：「諸公之臣相爲國客，『致館如初之儀』」。鄭註云：「如郊勞也，不儐耳。」郊勞用束帛，則此致館亦用束帛可知也。**賓迎再拜。卿致命，賓再拜稽首。卿退，賓送再拜。**卿不俟設飧之畢〔二〕，以不用束帛致故也。不用束帛致之者，明爲新至，非大禮也。○註「不用束帛致之」，指設飧而言也，設飧禮輕故可略也。致館有束帛，致飧空以辭致君命，無束帛〔三〕。○飧，音孫。**宰夫朝服設飧。**食不備禮曰飧。詩云：「不素飧兮。」春秋傳曰：「方食魚飧。」皆謂是。**飪一牢，在西，鼎九，羞鼎三。腥一牢，在東，鼎七。**中庭之饌也。飪，熟也。熟在西，腥在東，象春秋也。鼎西九東七。凡其鼎實，與其陳，如陳饔餼。羞鼎則陪鼎也，以其實言之，則曰羞，以其陳言之，則曰陪。○疏曰：「云『中庭之饌也』者，對下文是堂上及門外之饌也。云『鼎西九東七』者，九謂正鼎九，牛、羊、豕、魚、腊、腸胃、膚、鮮魚、鮮腊；東七者，腥鼎無鮮魚、鮮腊，故七。陪鼎三，則下云膷、臐、膮是也。」**堂上之饌八，西夾六。**八、六者，豆數也。凡饌，以豆爲本。堂上八豆、八簋、六鉶、兩簠、八

〔一〕「至」，金陵書局本作「主」。
〔二〕「俟」，陳本作「候」。
〔三〕「故可略也」下，陳本無「致館」至「束帛」十六字。

壺。西夾，六豆、六簋、四鉶、兩簠、六壺。其實與其陳，亦如饔餼。**門外，米、禾皆二十車**〔一〕**，**禾，稾實并刈者也。諸侯之禮，車米視生牢，禾視死牢，牢十車。大夫之禮，皆視死牢而已，雖有生牢，不取數焉。米陳門東，禾陳門西。○刈，魚廢反。**薪、芻倍禾。**各四十車。凡此之陳，亦如饔餼。**上介，飪一牢，在西，鼎七，羞鼎三；堂上之饌六；門外米、禾皆十車，薪、芻倍禾。**西鼎七，無鮮魚、鮮腊。**衆介皆少牢。**亦飪，在西。鼎五，羊、豕，腸胃，魚、腊。新至尚熟。堂上之饌，四豆、四簋、兩鉶、四壺，無簠。

右致館設飧〔二〕。

厥明，訝賓于館。此訝，下大夫也。以君命迎賓，謂之訝。訝，迎也。亦皮弁。○自此至「賓不顧」，皆主國廟中所行之禮。其爲公禮者有五，聘一，享一，聘夫人一，享夫人一，若有言者又一。於是主君禮賓。其爲私禮者有二，賓私覿一，介私覿一。公乃送賓出。又有問君、問大夫之儀。此聘之正禮也，分爲四節。**賓皮弁聘，至于朝，賓入于次。**服皮弁者，朝聘主相尊敬也。諸侯視朔，皮弁服〔三〕。入于次者，俟辦也。次在大門外之西，以帷爲之。○下記云：「宗人授次，次以帷，少退于君之

〔一〕「二十」，唐石經作「廿」。「二」，北監本作「一」。

〔二〕「設」，陳本作「授」。

〔三〕「皮弁服」，陳本作「服皮弁」。

次。」○辨，蒲莧反。**乃陳幣。**有司入于主國廟門外，以布幕陳幣，如展幣焉。圭、璋，賈人執櫝而俟。**卿爲上擯，大夫爲承擯，士爲紹擯。擯者出請事。**擯，謂主國之君所使出接賓者也〔一〕。紹，繼也，其位相承繼而出也。主君公也，則擯者五人；侯伯也，則擯者四人；子男也，則擯者三人。聘義曰：「介紹而傳命，君子於其所尊，不敢質，敬之至也。」既知其所爲來之事，復請之者，賓來當與主君爲禮，爲其謙不敢斥尊者，啓發以進之。於是時，賓出次，直闑西，北面。上擯在闑東閾外，西面。其相去也，公之使者七十步，侯伯之使者五十步，子男之使者三十步。此旅擯耳，不傳命。上介在賓西北，東面。承擯在上擯東南，西面。各自次序而下。末介、末擯，旁相去三丈六尺。上擯之請事，進南面揖賓俱前。賓至末介，上擯至末擯，亦相去三丈六尺。止，揖而請事，還入告于公。天子、諸侯朝覲，乃命介紹傳命耳。其儀，各鄉本受命，反面傳而下，及末，則鄉受之，反面傳而上〔二〕，又受命傳而下，亦如之。此三丈六尺者〔三〕，門容二轍參个〔四〕，旁加各一步也〔五〕。今文無「擯」。○註云「此旅擯耳，不傳命」

〔一〕「謂」，原作「爲」，據薈要本改。四庫考證：「擯謂主國之君所使出接賓者也。刊本『謂』訛『爲』，據校宋本改。」
〔二〕「而」，北監本作「面」。
〔三〕「三」，北監本作「二」。
〔四〕「轍」，原作「徹」，據陳本改。四庫考證：「三丈六尺者門容二轍參个。刊本『轍』訛『徹』，今改。」
〔五〕「加各」，文淵閣本作「各加」。「步」下陳本無「也」字。

者，謂卿大夫聘問。上擯受公命出門，南面遥揖賓使前，上擯漸南行，賓至末介北東面，上擯至末擯南西面，東西立定，乃揖而請所爲來之事，賓對訖，上擯入告公。上擯與賓親自問對，是旅擯不傳命也。若諸侯朝天子，受享於廟，或諸侯自相朝，則擯受命而出，遞傳於介，介傳於賓，介又受賓之辭〔一〕，遞傳於擯，擯又傳而入，謂之交擯，此介紹傳命法也。註云「門容二轍參个」者，車轍廣八尺，天子之門容二十四尺，是爲八尺者三，又加二步一十二尺，爲三丈六尺。**公皮弁迎賓于大門内。大夫納賓。**公不出大門，降于待其君也。大夫上擯也，謂之大夫者，上序可知。從大夫總，無所別也。於是賓、主人皆裼〔二〕。○裼，西歷反。**賓入門左。**内賓位也。**衆介隨入，北面西上少退。擯者亦入門而右，北面東上，**上擯進相君。**公再拜。**南面拜迎。**賓辟**〔三〕**，不答拜。**辟位逡遁，不敢當其禮。**公揖入，每門每曲揖。**每門輒揖者，以相人偶爲敬也。凡君與賓入門，賓必後君，介及擯者隨之，竝而鴈行。既入，則或左或右，相去如初。玉藻曰：「君入門，介拂闑，大夫中棖與闑之間，士介拂棖。賓入不中門，不履閾。」此賓，謂聘卿大夫也。門中，門之正也。不敢與君竝由之，敬也。介與擯者鴈行，卑不踰

〔一〕「辭」，陳本作「詞」。
〔二〕「主」下陳本無「人」字。
〔三〕「賓」，北監本作「客」。

尊者之迹〔一〕，亦敬也。賔之介，猶主人之擯。○棖，直庚反。**及廟門，公揖入，立于中庭。**公揖先入，省内事也。既則立於中庭以俟賔，不復出。如此得君行一臣行二，於禮可矣。公迎賔大門内，卿大夫以下，入廟門即位而俟之。○方君在大門内時，卿大夫當於廟中在位矣。**賔立接西塾。**接，猶近也。門側之堂謂之塾。立近塾者，已與主君交禮，將有出命，俟之於此。介在幣南，北面西上。上擯亦隨公入門東，東上，少進於士。**几、筵既設，擯者出請命。**有几、筵者，以其廟受，宜依神也。賔至廟門，司宫乃于依前設之，神尊不豫事也。席西上。上擯待而出請受賔所以來之命，重停賔也。至此言「命」，事彌至，言彌信也。周禮：「諸侯祭祀，席蒲筵，繢純，右彫几。」○依前之依，於豈反，本又作扆。爾雅釋宫：「牖户之間謂之扆。」但天子以屏風設於扆，諸侯無屏風，爲異〔二〕。**賈人東面坐啓櫝，取圭，垂繅，不起而授上介。**賈人鄉入陳幣，東面俟。於此言之，就有事也。授圭不起，賤不與爲禮也。不言裼襲者，賤不裼也。繅，有組繫也。**上介不襲，執圭，屈繅，授賔。**上介北面受圭，進西面授賔。不襲者，以盛禮不在於己也。屈繅，并持之也。曲禮曰：「執玉，其有藉者則裼，無藉者則襲。」○疏以屈繅爲無藉，垂繅爲有藉。曲禮陳氏註以圭璋特達爲無藉，琮璧有束帛爲有藉。陳説得之，詳見記中。**賔襲，執圭。**執圭盛禮，而又盡飾，爲其相蔽敬也。玉藻曰：「服之襲也，充美也。」

〔一〕「卑」，北監本作「畢」。
〔二〕「異」下陳本有「耳」字。

是故尸襲，執玉龜襲也。」○觀此註，知疏以垂繅屈繅爲有藉無藉誠誤也。○盡，津忍反。**擯者入告，出辭玉。**擯者，上擯也。入告公以賓執圭將致其聘命。圭，贄之重者。辭之，亦所以致尊讓也。○疏云：「『致尊讓』，鄉飲酒義文。案文公十二年左氏傳云：秦伯使西乞術來聘，襄仲辭玉，賓對曰：『不腆敝器，不足辭也。』」**納賓，賓入門左，**公事自闑西。○玉藻云：「公事自闑西。」註云：「聘、享也。」又云：「私事自闑東。」註云：「覿、面也。」**介皆入門左，北面西上。**隨賓入也。介無事，止於此。今文無「門」。○此後唯擯者得入相君禮，介則止於此也。**三揖，**君與賓也。入門，將曲，揖。既曲，北面又揖。當碑，揖。○疏云：「公先在庭南面，賓入門將曲揖，既曲賓又揖，二者主君皆向賓揖之，再揖訖，主君亦東面向堂塗北行，當碑，賓主又相向揖。是君行一臣行二，非謂賓入門時，主君更向內霤相近而揖也。」**至于階，三讓。**讓升。**公升二等。**先賓升二等，亦欲君行一、臣行二。**賓升，西楹西東面。**與主君相鄉〔一〕。**擯者退中庭。**鄉公所立處退者，以公宜親受賓命，不用擯相也。**賓致命。**致其君之命也。**公左還北鄉，**當拜。**擯者進，**進阼階西，釋辭於賓，相公拜也。**公當楣再拜。**拜貺也。貺，惠賜也。楣，謂之梁。**賓三退，負序。**三退，三逡遁也。不言辟者〔二〕，以執圭

〔一〕「鄉」，薈要本作「向」。
〔二〕「辟」，薈要本作「避」。

將進授之。**公側襲，受玉于中堂與東楹之間。**側，猶獨也。言獨，見其尊賓也。佗日公有事，必有贊爲之者。凡襲，于隱者，公序坫之間可知也〔一〕。中堂，南北之中也。入堂深，尊賓事也。東楹之間，亦以君行一臣行二。○兩楹之間，爲賓主處中。今於東楹之間，更侵東半間，故云「君行一臣行二」。**擯者退，負東塾而立。**反其等位，無事。**賓降。介逆出。**逆出，由便。**賓出。**聘事畢。

公側授宰玉，使藏之。授於序端。**裼，降立。**裼者，免上衣，見裼衣。凡當盛禮者，以充美爲敬。非盛禮者，以見美爲敬。禮尚相變也。玉藻曰：「裘之裼也，見美也。」又曰：「麛裘、青豻褎，絞衣以裼之。」論語曰〔二〕：「素衣麛裘〔三〕。」皮弁時，或素衣，其裘同，可知也。裘者爲溫，表之爲其褻也。寒暑之服，冬則裘，夏則葛。凡襢裼者左。降立，俟享也，亦於中庭。古文「裼」皆作「賜」。○以上，聘禮。○褎，詳又反。豻，五旦反。絞，户交反。**擯者出請。**不必賓事之有無。**賓裼，奉束帛加璧享。擯者入告，出許。**許受之。**庭實，皮則攝之，毛在内，内攝之，入設也。**皮，虎豹之皮。攝之者，右手并執前足，左手并執後足。毛在内，不欲文之豫見也。内攝之者，兩手相鄉也〔四〕。入設，亦參

〔一〕「坫」，北監本作「玷」。
〔二〕「論語」下陳本無「曰」字。
〔三〕「麛」，文淵閣本作「麑」。
〔四〕「鄉」，薈要本作「向」。

分庭一在南。言「則」者，或以馬。凡君於臣、臣於君，麋鹿皮可也。**賓入門左，揖讓如初，升致命。張皮。**張者，釋外足，見文也。○當賓於堂上致命之時，庭實即張之見文，相應爲節也。**公再拜受幣。士受皮者自後右客，**自，由也。從東方來，由客後西，居其左受皮也。執皮者既授，亦自前西而出〔一〕。○當公於堂上受幣，士亦於堂下受皮。**賓出，當之坐攝之。**象受于賓。○士初受皮，仍如前張之。及賓出，降至庭，乃對賓坐而攝之。當，對也。**公側授宰幣〔二〕。皮如入，右首而東。**如入，左在前。皮右首者，變于生也。○執皮者初入時，行在前者立在左。此受皮者東行，亦立在左者行在前，故云「如入」也。曲禮云〔三〕：「執禽者左首。」此右首，是變於生。○以上，享禮。**聘于夫人，用璋，享用琮，如初禮。**如公立于中庭以下。○此約言聘、享夫人之禮，亦公受之。**若有言，則以束帛，如享禮。**有言，有所告請，若有所問也。記曰：「有故，則束帛加書以將命。」春秋，臧孫辰告糴于齊，公子遂如楚乞師，晉侯使韓穿來言汶陽之田，皆是也。無庭實也。○此容有告請之禮。**擯者出請事，賓告事畢。**公事畢。

〔一〕「自」，陳本作「由」。

〔二〕「授」，薈要本作「受」。

〔三〕「云」，陳本作「曰」。

右聘享。

賓奉束錦以請覿。覿，見也。鄉將公事，是欲交其歡敬也。不用羔，因使而見，非特來。○自此至「訝受馬」，言賓請私覿，主君不許，而先禮賓。擯者入告，出辭。客有大禮，未有以待之。請禮賓，賓禮辭，聽命。擯者入告。告賓許也。宰夫徹几改筵。宰夫，又主酒食者也。將禮賓，徹神几，改神席，更布也。賓席東上。公食大夫禮曰：「蒲筵常，緇布純，加萑席尋，玄帛純。」此筵上下大夫也。周禮曰「筵國賓于牖前，莞筵紛純，加繅席畫純，左彤几」者，則是筵孤也。孤彤几，卿大夫其漆几與？○莞，音官。公出迎賓以入，揖讓如初。公出迎者，己之禮更端也。公升，側受几于序端。漆几也。今文無「升」。宰夫内拂几三，奉兩端以進。内拂几，不欲塵坋尊者。以進，自東箱來授君。○坋，蒲悶反。公東南鄉，外拂几三，卒，振袂，中攝之，進西鄉。進，就賓也。擯者告。告賓以公授几。賓進訝受几于筵前，東面俟。未設也。今文「訝」爲「梧」。○梧，五故反。公壹拜送。公尊也。古文「壹」作「一」。賓以几辟，辟位逡遁。北面設几，不降，階上答再拜稽首。不降，以主人禮未成也〔一〕。凡賓左几〔二〕。○云「凡賓左几」者，對神右几也。宰夫

〔一〕「禮未成也」旁，原本有小注「啐酒則禮成」五字。
〔二〕「几」，北監本作「凡」。

實觶以醴，加柶于觶，面枋。酌以授君也。君不自酌，尊也。宰夫亦洗升實觶，以醴自東箱來，不面擸，不訝受也〔一〕。○公西面向賓，宰夫以醴自東箱來公旁，立授與公，公不訝受，故面枋不面擸也。**公側受醴。**將以飲賓。**賓不降，壹拜，進筵前受醴，復位。公拜送醴。**賓壹拜者〔二〕，醴質，以少爲貴。**宰夫薦籩豆脯醢。賓升筵。擯者退負東塾。**事未畢，擯者不退中庭，以有宰夫也。○事未畢，當在中庭。今負東塾者，以有宰夫陳飲食也。**賓祭脯醢，以柶祭醴三。庭實設。**庭實，乘馬。**降筵，北面，以柶兼諸觶，尚擸，坐啐醴**〔三〕。降筵，就階上。○擸音獵，又音拉，折也，又持也，於義並難通。案冠禮、昏禮「面葉」，葉，柶大端也，古文「葉」作「擖」〔四〕。「擖」音葉，箕舌也，與匙頭相類，可以借用。「擸」字或「擖」字之譌，「尚擸」即「尚葉」也。尚葉者，仰柶端向上也〔五〕。○擸，以涉反。**公用束帛。**致幣也。言「用」，尊于下也。亦受之于序端。**建柶，北面奠于薦東。**糟醴不啐。○「啐」字誤。**擯者進相幣。**贊以辭。**賓降辭幣。**不敢當公禮也。**公降一等辭。**

〔一〕「受」，北監本作「授」。
〔二〕「者」，北監本作「首」。
〔三〕「醴」，北監本作「酒」。
〔四〕「文」，陳本作「人」。
〔五〕「葉」，陳本作「擸」。原本句讀作「尚葉者仰柶端向上也」，誤。

辭賓降也。**栗階升，聽命。**栗階，趨君命尚疾，不連步。○聽命，聽致幣之命。既命，又降拜以受也。**降拜。**拜受。**公辭。**不降一等，殺也。**升，再拜稽首，受幣，當東楹，北面，**亦訝受而北面者，禮主於己。己，臣也〔一〕。○疏云：「前行聘、享時，賓東面，主君西面，訝授受，但以奉君命，故不北面。此以主君禮己，己，臣也，故北面受，異於聘、享時也。」**退，東面俟。**俟君拜也。不北面者，謙若不敢當階然。**公壹拜，賓降也，公再拜。**不俟公再拜者，不敢當公之盛也。公再拜者，事畢，成禮。**賓執左馬以出，**受尊者禮，宜親之也。效馬者，并左右靮授之。餘三馬，主人牽者從出也。○靮，丁歷反。**上介受賓幣，從者訝受馬。**從者，士介。

右主君禮賓。

賓覿，奉束錦，總乘馬，二人贊。入門右，北面奠幣，再拜稽首。不請不辭，鄉時已請也。覿用束錦，辟享幣也。總者，總八轡牽之。贊者，居馬間扣馬也〔二〕。入門而右，私事自闑右。奠幣再拜，以臣禮見也。贊者，賈人之屬。介特覿也。○自此至「序從之」，言私覿之事。不升堂入幣，是

〔一〕原本句讀作「己臣也」，誤。下「疏云」下「己臣也」同。

〔二〕「間」，原作「門」，據陳本、薈要本、文淵閣本、金陵書局本改，北監本亦作「間」。薈要案語：「贊者居馬間。刊本『間』訛『門』，據各本鄭注改。」四庫考證説同。

以臣禮見也。不以介從，故贊者止是賈人之屬，以其介將各自特覿也。**擯者辭。**辭其臣。**賓出。**事畢。**擯者坐取幣出，有司二人牽馬以從，出門，西面于東塾南。**將還之也。贊者有司受馬乃出。凡取幣于庭，北面。**擯者請受。**請以客禮受之。**賓禮辭，聽命。**賓受其幣，贊者受馬。**牽馬，右之，入設。**庭實先設，客禮也。右之，欲人居馬左，任右手便也。於是牽馬者四人，事得申也〔一〕。曲禮曰：「效馬效羊者右牽之。」**賓奉幣入門左，介皆入門左，西上。**以客禮入，可從介。**公揖讓如初，升。公北面再拜。**公再拜者，以其初以臣禮見，新之也。**賓三退，反還負序。**反還者，不敢與授主同。**振幣進授，當東楹，北面。**不言君受，略之也。**士受馬者，自前還牽者後，適其右，受。**自，由也。適牽者之右而受之也。此亦並授者，不自前左，由便也，便其已授而去也。受馬自前，變於受皮。○牽馬者四人，各在馬西，右手牽馬北面立。士受馬者，從東方來，由馬前，各適牽馬者之後，在人東馬西而受之。牽馬者自前西行而出〔二〕。此受馬，亦視堂上受幣以爲節也。○還，户患反。**牽馬者自前西，乃出。**自，由也。**賓降，階東拜送。君辭。**拜送幣于階東，以君在堂，鄉之。○疏云：「賓拜送幣，私覿己物故也。前享幣不拜送，致君命，非己物也。」**拜也，君降一等辭。**

〔一〕「申」，薈要本作「中」。

〔二〕「馬」下陳本無「者」字。

君乃辭之而賔由拜，敬也。**擯者曰：「寡君從子，雖將拜，起也。」**此禮固多有辭矣，未有著之者，是其志而煥乎？未敢明說。**栗階升。公西鄉。賔階上再拜稽首。**成拜。**公少退。**爲敬。**賔降出。公側授宰幣。馬出。**廟中宜清。**公降立。**○以上賔覿。**擯者出請。上介奉束錦，士介四人皆奉玉錦束，請覿。**玉錦，錦之文纖縟者也。禮有以少文爲貴者。後言「束」，辭之便也。○縟，音辱。**擯者入告，出許。上介奉幣，儷皮，二人贊。**儷，猶兩也。上介用皮，變於賔也。皮，麋鹿皮。**皆入門右，東上，奠幣，皆再拜稽首。**皆者，皆衆介也。贊者奠皮出。**擯者辭。**亦辭其臣。**介逆出。**亦事畢也。**擯者執上幣，士執衆幣，有司二人舉皮，從其幣，出請受。**此請受，請于上介也。擯者先即西面位請之，釋辭之時，衆執幣者隨立門中而俟。**委皮南面，**擯者既釋辭，執衆幣者進即位，有司乃得委之。南面，便其復入也。委皮當門。**執幣者西面北上。擯者請受。**請于上介也。上言其次，此言其位，互約文也。○疏云：「以理推之，上當言『擯者執幣，士四人北面東上，坐取幣從。有司二人坐舉皮，從其幣出，隨立於門中。擯者出門西面于東塾南，請受。士執幣者進立擯南，西面北上。執皮者南面委皮於門中，北上』。如是乃爲文備也。」**介禮辭，聽命。皆進，訝受其幣。**此言皆訝受者，嫌擯者一一授之〔一〕。**上介奉幣，皮先，入門左，奠皮。**皮先

〔一〕「授」，原作「受」，據陳本改，北監本亦作「授」。

者，介隨執皮者而入也。入門左，介至揖位而立。執皮者奠皮，以有不敢授之義。古文重「入」。○註「入門左，介至揖位而立」，揖位即門左北面之位。賓至此待揖而後進，故云「揖位」。享禮庭實，使人執之，以授主人有司。此奠之於地，介出後，有司二人坐舉皮，是不敢授也。**公再拜。**拜中庭也。不受于堂，介賤也。**介振幣自皮西進，北面授幣，退復位，再拜稽首送幣。**進者，北行，參分庭一而東行，當君，乃復北行也。**介出。宰自公左受幣。**不側受，介禮輕。**有司二人坐舉皮以東。**○上介覿禮竟。**擯者又納士介。**納者，出道入也。**士介入門右，奠幣，再拜稽首。**終不敢以客禮見。**擯者辭。介逆出。擯者執上幣以出，禮請受。賓固辭。**禮請受者，一請受而聽之也。賓爲之辭，士介賤，不敢以言通於主君。「固」衍字，當如面大夫也。**公答再拜。擯者出，立于門中以相拜。**擯者以賓辭入告，還立門中闑外，西面。公乃遥答拜也。相者，贊告之。**士介皆辟。**辟，於其東面位逡遁也。**士三人，東上，坐取幣，立。**俟擯者執上幣來也。○士介之幣，奠者四，擯者執其上幣出請，故別用士三人執其餘幣，俟擯者入而同授之宰也。**擯者進。**就公所也。○疏曰：「以公在庭，故擯者自門外來，進向公左，授幣與宰也。」**宰夫受幣于中庭，以東。**使宰夫受于士，士介幣輕也。受之于公左。賓幣，公側授宰〔一〕，上介幣，宰受于公左，士介幣，宰夫受于士，敬之差。○

〔一〕「授」，陳本作「受」。

註云「使宰夫受于士」，實則宰夫止受擯者所執〔一〕，其餘，則執幣者執以從之而東〔二〕，經文自明。**執幣者序從之。**序從者，以宰夫當一一受之。○以上衆介覿。

右私覿。

擯者出請，賓告事畢，賓既告事畢，衆介逆道賓而出也。**擯者入告。公出送賓。**公出，衆擯亦逆道。紹擯及賓竝行，間亦六步。**及大門內，公問君，**鄉以公禮將事，無由問也。賓至始入門之位〔三〕，北面，將揖而出。衆介亦在其右，少退，西上。於此可以問君居處何如，序殷勤也。時承擯、紹擯，亦於門東北面東上。上擯往來傳君命，南面。蘧伯玉使人於孔子，孔子問曰：「夫子何爲？」此公問君之類也〔四〕。**賓對，公再拜。**拜其無恙。公拜，賓亦辟。**公問大夫，賓對。公勞賓，賓再拜稽首，公答拜。**勞以道路之勤。**公勞介，介皆再拜稽首，公答拜。賓出，公再拜送，賓不顧。**公既拜，客趨辟，君命上擯送賓出，反告賓不顧。於此，君可以反路寢矣。論語說孔子之行，曰：「君召使擯，色勃如也，足躩如也。賓退，必復命曰：『賓不顧矣。』」

〔一〕「擯」，原作「賓」，據陳本、文淵閣本改。
〔二〕「則」下陳本無「執幣者」三字。
〔三〕「位」，陳本作「內」。上有浮貼二：「『內』，刊本作『位』。」「賓至始入門之內。『內』，一作『位』。」
〔四〕「類」，陳本作「意」。

右賓禮畢出，公送賓。

賓請有事於大夫。請，問，問卿也[一一]。不言問、聘，聘亦問也，嫌近君也。上擯送賓出，賓東面而請之。擯者反命，因告之。○自此至「亦如之」，言賓請問卿，卿先往勞賓。其請辭，宜云「有事于某子」。**公禮辭，許。**禮辭，一辭。**賓即館。**少休息也。即，就也。○疏云：「此一日之間，其事多矣。明旦行問卿，暫時止息。」**卿大夫勞賓，賓不見。**以己公事未行。上介以賓辭辭之。○仍有問大夫之公事未行也。**大夫奠鴈再拜，上介受。**不言卿，卿與大夫同執鴈，下見于國君。周禮，凡諸侯之卿，見朝君，皆執羔。○註「見朝君」，見來朝之君也。卿見來朝之君執羔，此見來聘之賓執鴈，是下於見朝君也。**勞上介，亦如之。**○亦如之者，亦勞於其館，上介不見而士介代受鴈。

右卿勞賓。

君使卿韋弁歸饔餼五牢。變皮弁，服韋弁，敬也。韋弁，韎韋之弁，兵服也。而服之者，皮韋同類，取相近耳。其服蓋韎布以爲衣而素裳。牲，殺曰饔，生曰餼。今文「歸」或爲「饋」。○自此至「無儐」，言主君使卿、大夫饋饔餼之事。此下言卿饋賓。周禮春官司服祭服下先云韋弁服，後云皮弁服，韋弁尊於皮弁，故云「敬也」。**上介請事，賓朝服禮辭。**朝服，示不受也。受之當以尊服。**有**

[一一]原本句讀作「請問問卿也」，誤。

司入陳。入賓所館之廟，陳其積。饔：謂飪與腥。飪一牢，鼎九，設于西階前，陪鼎當内廉，東面北上，上當碑，南陳。牛、羊、豕、魚、腊、腸胃同鼎、膚、鮮魚、鮮腊，設扃、鼏。膷、臐、膮，蓋陪牛、羊、豕。陪鼎，三牲臛，膷、臐、膮。陪之，庶羞加也。當内廉，辟堂塗也。腸胃次腊，以其出牛羊也。膚，豕肉也，唯燖者有膚。此饌，先陳其位，後言其次，重大禮，詳其事也。宮必有碑，所以識日景、引陰陽也。凡碑，引物者，宗廟則麗牲焉，以取毛血。其材，宮廟以石，窆用木。○腊，音昔。膷，音香。臐，許云反。膮，許堯反。燖，音尋。窆，彼驗反。腥二牢，鼎二七，無鮮魚、鮮腊，設于阼階前，西面，南陳如飪鼎，二列。有腥者，所以優賓也。堂上八豆，設于户西，西陳，皆二以竝，東上韭菹，其南醓醢，屈。户，室户也。東上，變於親食賓也〔一〕。醓，醢汁也。屈，猶錯也。今文「竝」皆爲「併」。○公親食賓，則設豆西上，此東上，是變於親食賓也。屈猶錯也，菹、醢不自相當，交錯陳之也。疏云：「謂其東上醓醢〔二〕，醓醢西昌本，昌本西麋臡〔三〕，麋臡西菁菹，菁菹北鹿臡，鹿臡東葵菹，葵菹東蝸醢，蝸醢東韭菹。此兼用朝事、饋食之豆。」○菹，莊居反。醓，他感反。八簋繼之，黍，其南稷，錯。黍在北。○疏云：「繼者，繼八豆以西陳之。」錯者，黍、稷二種相

〔一〕「於」，北監本作「乎」。
〔二〕「謂其」下，賈公彥儀禮疏有「南」字。
〔三〕「臡」字旁，原本有小注「音泥」二字。

間錯也。**六鉶繼之，牛，以西，羊、豕；豕南牛；以東，羊、豕。**鉶，羹器也。○不言綪、屈、錯者，綪文自具，故不言也。**兩簠繼之，粱在北。**簠不次簋者，粱、稻，加也。凡饌，屈錯要相變。**八壺設于西序，北上，二以竝，南陳。**壺，酒尊也。酒蓋稻酒、粱酒。不錯者，酒不以雜錯爲味。**西夾六豆，設于西墉下，北上韭菹，其東醓醢，屈。六簋繼之，黍，其東稷，錯。四鉶繼之，牛，以南，羊；羊東，豕；豕以北，牛。兩簠繼之，粱在西。皆二以竝，南陳。六壺西上，二以竝，東陳。**東陳，在北墉下，統於豆。○疏曰[一]：「六豆者，先設韭菹，其東醓醢，又其東昌本，南麋臡，麋臡西菁菹，又西鹿臡。此陳還取朝事之豆。」**饌于東方，亦如之，**東方，東夾室。**西北上。**亦韭菹其東醓醢也。○疏曰：「云『西北上』者，則於東壁下南陳[二]，西北有韭菹，東有醓醢，次昌本，次南麋臡，次西有菁菹，次北有鹿臡，亦屈錯也。」岐案兩夾之饌，方位順同，非相對而陳也。**壺東上，西陳。**亦在北墉下，統於豆。**醯、醢百甕[三]，夾碑，十以爲列，醯在東。**夾碑，在鼎之中央也。

[一]「曰」，陳本作「云」。

[二]「於」下原本有「其」字，據陳本删，北監本疏文、賈公彦儀禮疏皆無「其」字。

[三]「醢」，原作「醯」，據陳本、薈要本、文淵閣本改，唐石經、北監本皆作「醢」。薈要案語：「醯醢百甕。刊本『醢』訛『醯』，據各本儀禮改。」四庫考證説同。

醯在東，醯，穀，陽也；醢，肉，陰也〔一〕。○疏云：「甕瓦器，其容一觳。旊人云：『簋實一觳。』又云：『豆實三而成觳。』四升曰豆，則甕與簋同受斗二升也。禮器註云：『壺大一石，瓦甒五斗。』即此壺大一石也。」○甕，烏弄反。**餼二牢，陳于門西，北面東上，牛以西，羊、豕；豕西，牛、羊、豕。**餼，生也。牛、羊，右手牽之。豕，束之，寢右，亦居其左。**米百筥，筥半斛，設于中庭，十以爲列，北上，黍、粱、稻皆二行，稷四行。**庭實固當庭中，言「當中庭」者，南北之中也。東西爲列，列當醯、醢南〔二〕，亦相變也。此言「中庭」，則設碑近如堂深也。○上享時，直言庭實入設，不言中庭，則在東西之中，其南北三分庭一在南，此更言中庭，欲明南北之中也。上文公立於中庭，宰受幣於中庭，皆南北之中也。知東西爲列者，以經言「北上」，故知之。若南北縱陳，止得言東西，不得言北上。醯、醢南北列〔三〕，米筥東西列，是相變也。米在中庭，其北有醯、醢夾碑〔四〕，知碑之設，近庭北，如堂之深也。○筥，居吕反。行，户郎反。**門外，米三十車〔五〕，車秉有五籔，設于門東，爲三列，東陳。**大夫之禮，米、禾皆視死牢。秉、籔，數名也。秉有五籔，二十四斛也。籔，讀若「不數」之「數」。今文

〔一〕原本句讀作「醯、穀陽也、醢、肉陰也」，誤。
〔二〕「醢」，陳本作「醯」。
〔三〕「醢」，陳本作「醯」。
〔四〕「醢」，陳本作「醯」。
〔五〕「三十」，唐石經作「卅」。

「籔」或爲「逾」。○疏云：「飪一牢，腥二牢，是三牢死，故米、禾皆三十車。十斗曰斛，十六斗曰籔，十籔曰秉，一秉十六斛，又五籔爲八斛，是二十四斛也。」○籔，色縷反。**禾三十車**〔一〕**，車三秅，設于門西，西陳。**秅，數名也。三秅，千二百秉。○四百秉爲一秅。○秅，丁故反。**薪、芻倍禾。**倍禾者，以其用多。薪從米，芻從禾。四者之車，皆陳北輈。凡此，所以厚重禮也。聘義曰：「古之用財，不能均如此，然而用財如此其厚者，言盡之於禮也。盡之於禮，則內君臣不相陵，而外不相侵，故天子制之，而諸侯務焉爾。」○輈，丁留反〔二〕。**賓皮弁迎大夫于外門外，再拜，大夫不答拜。**大夫，使者，卿也。○大夫，即君所使卿韋弁者也。**揖入。及廟門，賓揖入，**賓與使者揖而入。使者止執幣〔三〕，賓俟之于門內，謙也。古者天子適諸侯，必舍於太祖廟。諸侯行，舍于諸公廟。大夫行，舍于大夫廟。**大夫奉束帛，**執其所以將命。**入。三揖，皆行，**皆，猶竝也。使者尊，不後主人。**至于階，讓，大夫先升一等，**讓不言三，不成三也。凡升者，主人讓于客三，敵者則客三辭，主人乃許升，亦道賓之義也。使者尊，主人三讓，則許升矣。今使者三讓，則是主人四讓也。公雖尊，亦三讓乃許升，不

〔一〕「三十」，唐石經作「卅」。

〔二〕「丁」，陳本作「張」。

〔三〕「止」，陳本作「正」。上有浮貼二，一曰：「『正』，一作『止』。」一曰：「使者正執幣。『正』，一作『止』，下讀斷。」

可以不下，主人也。古文曰「三讓」。○註意謂：凡升者必三讓，敵者則客三辭，主人先升以道之，是成三讓也。客尊，則主人三讓而客即升，如此經「大夫先升」是也。主人三讓，客不三辭，故云「不成三」也。假使客三辭而猶先升，則是主人四讓矣。禮固無四讓法也，故即經文「大夫先升」，知大夫未嘗三辭，是謂「不成三」也。公雖尊，當其爲主人〔一〕，亦必三讓乃先升，此主人自下之義也〔二〕。**賓從，升堂，北面聽命。**北面于階上也。**大夫東面致命**〔三〕。**賓降，階西再拜稽首，拜餼亦如之，**大夫以束帛同致饔餼也。賓殊拜之，敬也，重君之禮也。○大夫東面致命，在西階上也。賓降階西再拜，東階之西也。殊拜者，分別兩次拜之，成拜訖，又降拜也。**大夫辭，升成拜。**尊賓。○成拜處，亦當東階之西。**受幣堂中西，北面。**趨主君命也。堂中西，中央之西。**大夫降，出。賓降，授老幣。出迎大夫。**老，家臣也。賓出迎，欲儐之。**大夫禮辭，許。入，揖讓如初。賓升一等，大夫從，升堂。**賓先升，敵也，皆北面。**庭實設，馬乘。**乘，四馬也。**賓降堂，受老束錦。大夫止。**止不降，使之餘尊。○主人降，賓亦降，敵體之禮也。今主人降，而大夫止，是使命之餘尊。**賓奉幣西面，大夫東面。賓致幣。**不言「致命」，非君命也。**大夫對，北面當楣再拜稽首，**稽首，尊君客

〔一〕「當」下陳本無「其」字。
〔二〕「義」，陳本作「禮」。
〔三〕「夫」，原作「大」，據陳本、薈要本、文淵閣本、金陵書局本改。

也。致，對，有辭也。受幣于楹間，南面，退，東面俟。賓北面授，尊君之使。賓再拜稽首送幣。大夫降，執左馬以出。出廟門，從者亦訝受之。賓送于外門外，再拜。明日，賓拜于朝，拜饔與餼，皆再拜稽首。拜謝主君之恩惠，於大門外。周禮曰：「凡賓客之治令，訝聽之。」此拜亦皮弁服。○周禮秋官有掌訝，註引之者，明賓客發館至朝，來往皆掌訝前驅爲之導。上介，饔餼三牢。飪一牢，在西，鼎七，羞鼎三。飪鼎七，無鮮魚、鮮腊也。賓、介皆異館。○此下言下大夫餼上介。腥一牢，在東，鼎七。堂上之饌六，六者，賓西夾之數。西夾亦如之。筥及甕，如上賓。凡所不貶者，尊介也。言「如上賓」者，明此賓客介也。○無東方之饌。餼一牢。門外米、禾視死牢，牢十車，薪、芻倍禾。凡其實與陳，如上賓。凡，凡飪以下。○實，其物。陳，其位也。下大夫韋弁，用束帛致之。上介韋弁以受，如賓禮。介不皮弁者，以其受大禮似賓，不敢純如賓也。儐之兩馬、束錦。○使者受儐禮，當亦如卿受賓儐也。士介四人，皆餼大牢，米百筥，設于門外。牢米不入門，略之也。米設當門，亦十爲列，北上。牢在其南，西上。○此下言宰夫餼士介。宰夫朝服，牽牛以致之。執紖牽之，東面致命。朝服，無束帛，亦略之。士介西面拜迎。○下記云：「士館于工商。」則此致者，在工商之館門外也〔一〕。士介朝服，北面再拜稽首受。受，

〔一〕「在」，陳本作「亦」。

於牢東拜，自牢後適宰夫右，受，由前，東面授從者。**無儐**〔一〕。既受，拜送之矣。明日，衆介亦各如其受之服，從賓拜於朝。

右歸饔餼於賓介。

賓朝服問卿。不皮弁，别於主君。卿，每國三人。○自此至「如主人受幣禮，不拜」，皆言賓問主國卿大夫之事。賓初以君幣問卿，次以私幣面卿，次上介特面，次衆介皆面，次上介以君幣問下大夫嘗使至者，次上介以私幣面下大夫，凡六事，分爲三節。次又設言大夫不見之禮。賓自聘覿主君禮畢，君送賓後，賓即請有事于大夫。至明日，拜饔餼于朝，返即備舉此禮。此下賓問卿。**卿受于祖廟，**重賓禮也。祖，王父也。○初賓請有事于大夫，君禮辭，許，是以卿不敢更辭。**下大夫擯。**無士擯者，既接於君所，急見之〔二〕。○設擯多者，示相見有漸。卿與賓既接于君所，故不須士擯。**擯者出請事。大夫朝服迎于外門外，再拜，賓不答拜。揖，大夫先入，每門每曲揖。及廟門，大夫揖入。**入者，省内事也。既而俟于宁也。○疏云：「宁，門屋宁也。不俟于庭，下君也。」**擯者請命。**亦從入而出請。不几、筵，辟君也。**庭實設，四皮。**麋鹿皮也。**賓奉束帛入。三揖，皆行，至于**

〔一〕「儐」，唐石經作「擯」。
〔二〕「急」上陳本有「當」字。

階，讓，皆，猶竝也。古文曰「三讓」。賔升一等，大夫從，升堂，北面聽命。賔先升，使者尊。賔東面致命。致其君命。大夫降，階西再拜稽首，賔辭，升成拜，受幣堂中西，北面。於堂中央之西受幣，趨聘君之命。賔降，出。大夫降，授老幣。無儐〔一〕。不儐賔，辟君也。擯者出請事。賔面，如覿幣。面，亦見也。其謂之面，威儀質也。○此下賔面卿。賔奉幣，庭實從，庭實，四馬。入門右，大夫辭，大夫於賔入，自階下辭迎之。賔遂左。見，私事也。雖敵，賔猶謙，入門右，爲若降等然。曲禮曰：「客若降等，則就主人之階，主人固辭於客，然後客復就西階。」庭實設。揖讓如初，大夫至庭中，旋竝行。大夫升一等，賔從之。大夫先升，道賔。大夫西面。賔稱面。稱，舉也，舉相見之辭以相接。大夫對，北面當楣再拜，受幣于楹間，南面，退，西面立。受幣楹間，敵也。賔亦振幣進，北面授。賔當楣再拜送幣，降，出。大夫降，授老幣。

右賔問卿、面卿。

擯者出請事。上介特面，幣如覿。介奉幣，特面者，異於主君，士介不從而入也。君尊，衆介始覿，不自別也。上賔則衆介皆從之。○此下上介特面卿。註「上賔衆介從之」者，謂賔問卿、面卿時也。皮，二人贊。亦儷皮也。入門右，奠幣，再拜。降等也。大夫辭。於辭，上介則出。擯

〔一〕「儐」，唐石經作「擯」。

者反幣。出還于上介也。庭實設。介奉幣入。大夫揖讓如初，大夫亦先升一等〔一〕。今文曰「入設」。介升。大夫再拜受。亦於楹間南面而受。介降拜，大夫降辭，介升，再拜送幣。介既送幣，降出也。大夫亦授老幣。擯者出請。衆介面，如覿幣。入門右，奠幣，皆再拜。大夫辭。介逆出。擯者執上幣出，禮請受。賓辭。賓亦爲士介辭。○此下衆介面卿。大夫答再拜。擯者執上幣，立于門中，以相拜。士介皆辟。老受擯者幣于中庭，士三人坐取羣幣以從之。擯者出請事。賓出。大夫送于外門外，再拜。賓不顧。不顧，言去。擯者退，大夫拜辱。拜送也。○拜其相己行禮也。

右介面卿。

下大夫嘗使至者，幣及之。嘗使至己國，則以幣問之也，君子不忘舊。○此下問下大夫舊使己國者。上介朝服，三介〔二〕，問下大夫，下大夫如卿受幣之禮。上介三介，下大夫使之禮也。其面，如賓面于卿之禮。○既致公幣〔三〕，而又私面也。

〔一〕「等」下陳本重「等」字。
〔二〕原本句讀作「上介朝服三介」，誤。
〔三〕「致」，薈要本作「制」。

右問下大夫。

大夫若不見，有故也。○此下主國大夫不親受幣之禮。君使大夫各以其爵爲之受，如主人受幣禮，不拜。各以其爵，主人卿也，則使卿；大夫也，則使大夫。不拜，代受之耳，不當主人禮也〔一〕。

右大夫代受幣。

夕，夫人使下大夫韋弁歸禮。夕，問卿之夕也。使下大夫，下君也。君使之，云「夫人」者，以致辭當稱寡小君。○自此至「賓拜禮於朝」，言主君夫人歸禮於賓與上介。堂上籩、豆六，設于户東，西上，二以竝，東陳。籩、豆六者，下君禮也〔二〕。臣設于户東〔三〕，又辟饌位也。其設，脯，其南醢，屈〔四〕。六籩、六豆。○疏云：「先於北設脯，即於脯南設醢，又於醢東設脯，以次屈而陳之，皆如上也。」壺設于東序，北上，二以竝，南陳。醙、黍、清，皆兩壺。醙，白酒也。凡酒，稻爲上，黍次之，粱次之，皆有清、白。以黍間清、白者，互相備，明三酒六壺也。先言醙，白酒尊，先設之。○稻、

〔一〕「禮也」，陳本作「之禮」。
〔二〕「禮」，陳本作「位」。
〔三〕四庫考證：「豆設于户東。刊本『豆』訛『臣』，今改。」
〔四〕原本句讀作「其設脯、其南醢、屈」，誤。

黍、粱三酒，白者、清者各一壺，竝之而陳也。疏曰：「醙白也，上言『白』，明黍、粱皆有白。下言『清』，明稻、黍亦有清。於清、白中言黍，明醙即是稻，清即是粱也，故言『互相備』也。」○醙，所九反。**大夫以束帛致之。**致夫人命也。此禮無牢，下朝君也。○夫人於來朝之君有牢，此於聘卿無牢，是下朝君。**賓如受饗之禮。儐之乘馬、束錦。上介四豆、四籩、四壺。受之如賓禮。**四壺，無稻酒也。不致牢，下於君也。**儐之兩馬、束錦。明日，賓拜禮於朝。**於是乃言賓拜，明介從拜也。今文「禮」爲「醴」。

右夫人歸禮賓介。

大夫餼賓大牢，米八筐。其陳，於門外，黍、粱各二筐，稷四筐，二以竝，南陳，無稻。牲陳於後，東上。不饌於堂庭，辟君也。○自此至「牽羊以致之」，言主國大夫餼賓及介。記云：「凡餼，大夫黍、粱、稷，筐五斛。」案掌客，鄰國之君來朝，卿皆見以羔，膳太牢，侯、伯、子、男膳特牛。彼又無筐米。此侯伯之臣，得用太牢有筐米者，彼爲君禮，此是臣禮，各自爲差降〔一〕。**賓迎再拜。老牽牛以致之。賓再拜稽首受。老退。賓再拜送。**老，室老，大夫之貴臣。**上介亦如之。衆介皆少牢，米六筐，皆士牽羊以致之。**米六筐者，又無粱也。士，亦大夫之貴臣。○室老，家相也。士，

〔一〕「降」，陳本作「等」。

邑宰也，故爲大夫之貴臣。

右大夫餼賓介。

公於賓，壹食，再饗。饗，謂亨大牢以飲賓也〔一〕。公食大夫禮曰：「設洗如饗。」則饗與食，互相先後也。古文「壹」皆爲「一」。今文「饗」皆爲「鄉」。○自此至「致食以侑幣」，槩言主國君臣，於賓介食饗燕獻之數，及不親食饗之法。食禮無酒，饗禮有酒。○食，音嗣。**燕與羞、俶獻，無常數。**羞，謂禽羞，鴈鶩之屬，成熟煎和也。俶，始也。始獻，四時新物，聘義所謂「時賜」。無常數，由恩意也。古文「俶」作「淑」。○俶，昌淑反〔二〕。鶩，音木。**賓、介皆明日拜于朝。上介，壹食，壹饗。**饗食賓，介爲介，從饗獻矣，復特饗之，客之也。○饗禮，介從饗。若食禮，介雖從入，不從食。**若不親食，使大夫各以其爵，朝服致之，以侑幣，如致饔，無儐。**君不親食，謂有疾，及他故也。必致之，不廢其禮也。致之必使同班，敵者易以相親敬也。致禮於卿，使卿，致禮於大夫，使大夫，非必命數也。無儐，以己本宜往。古文「侑」皆作「宥」。○侑幣，食禮有侑食之幣。周禮典命，大國、小國卿大夫命數不同。此所使致禮，但取爵同耳，不計命數也。食禮，賓當往君所受禮，無儐使者之法。今雖使

〔一〕「亨」，文淵閣本作「享」。
〔二〕「淑」，陳本作「叔」。

人致禮，以賓本宜赴廟，故仍無儐也。**致饗以酬幣，亦如之。**酬幣，饗禮酬賓勸酒之幣也，所用未聞也。禮幣束帛、乘馬，亦不是過也。禮器曰：「琥璜爵。」蓋天子酬諸侯。**大夫於賓，壹饗，壹食。上介，若食，若饗。若不親饗，則公作大夫致之以酬幣，致食以侑幣。**作，使也。大夫有故，君必使其同爵者爲之致之。列國之賓來，榮辱之事，君臣同之。〇疏云：「此直言饗、食，不言燕，當亦有燕也。」

右主國君臣饗食賓介之法。

君使卿皮弁，還玉于館。玉，圭也。君子於玉比德焉，以之聘，重禮也。還之者，德不可取於人，相切厲之義也。皮弁者，始以此服受之〔一〕，不敢不終也。〇自此至「賓送，不拜」，言主君使卿詣賓館還玉及報享之事。**賓皮弁襲，迎于外門外，不拜，帥大夫以入。**迎之不拜，示將去，不純爲主也。帥，道也。今文曰「迎于門外」〔二〕。古文「帥」爲「率」。**大夫升自西階，鉤楹。**鉤楹，由楹內，將南面致命。致命不東面，以賓在下也。必言「鉤楹」者，賓在下，嫌楹外也。**賓自碑內聽命，升自西階，自左，南面受圭，退負右房而立。**聽命於下，敬也。自左南面，右大夫，且竝受也。必竝

〔一〕「此服」，陳本作「服此」。
〔二〕「今」，原作「古」，據陳本改，北監本亦作「今」。

受者，若鄉君前耳。退，爲大夫降，逡遁。今文或曰「由自西階」，無「南面」。○碑內，碑之北。聽命畢，乃升受圭。受畢，大夫降，賓遂退，因負右房而立俟也。**大夫降中庭。賓降，自碑內，東面，授上介于阼階東。**大夫降出，言「中庭」者，爲賓降節也。授於阼階東者，欲親見賈人藏之也。賓還阼階下西面立。○賓自阼階向西階，自西階向阼階，皆由碑內。雖升降西階，賓不由西向堂塗也，故下經註云「出入猶東」。**上介出請。賓迎。大夫還璋，如初入。**出請，請事於外，以入告也。賓雖將去，出入猶東，唯升堂由西階。凡介之位，未有改也。**賓裼，迎。大夫賄用束紡，**賄，予人財之言也。紡，紡絲爲之，今之縛也。所以遺聘君，可以爲衣服，相厚之至也。○縛，息絹反。**禮玉、束帛、乘皮，皆如還玉禮。**禮，禮聘君也，所以報享也。亦言玉，璧可知也。今文「禮」皆作「醴」。○皆者，謂賄紡與禮玉二事，其升受皆如還玉之儀也。**大夫出。賓送，不拜。**

右還玉報享。

公館賓。爲賓將去，親存送之，厚殷勤，且謝聘君之意也〔一〕。公朝服。○自此至「賓退」，言明日賓將發，君往存賓，賓來請命之事。館賓者，拜賓於館也。**賓辟，**不敢受國君見己於此館也。此亦不見，言「辟」者，君在廟門，敬也。凡君有事於諸臣之家，車造廟門，乃下。○註云「此亦不見」，亦勞

〔一〕「意」，原作「義」，據陳本改，北監本亦作「意」。

賓時也。**上介聽命。**聽命於廟門中，西面，如相拜然也。擯者每贊君辭，則曰：「敢不承命，告于寡君之老。」**聘、享，夫人之聘、享，問大夫，送賓，公皆再拜。**拜此四事，公東面拜，擯者北面。○擯者歷舉四事而君拜之。**公退。賓從，請命于朝。**賓從者，實爲拜主君之館己也。言「請命」者，以己不見，不敢斥尊者之意。**公辭。賓退。**辭其拜也。退，還館裝駕，爲旦將發也。周禮曰：「賓從，拜辱于朝。明日，客拜禮賜，遂行。」

右賓將行，君館賓。

賓三拜乘禽於朝，訝聽之。發去乃拜乘禽，明己受賜，大小無不識。○他賜皆即拜于朝，唯日歸乘禽，不勝其拜，故於發時，總三拜之。自此至「送至于竟」〔一〕，言賓行主君贈送之禮〔二〕。**遂行，舍于郊。**始發，且宿近郊，自展軨。**公使卿贈，如覿幣。**贈，送也，所以好送之也。言「如覿幣」〔三〕，見爲反報也。今文「公」爲「君」。**受于舍門外，如受勞禮，無儐。**不入，無儐，明去而宜有已也。如受勞禮，以贈、勞同節。**使下大夫贈上介，亦如之。使士贈衆介，如其覿幣。大**

〔一〕「送」下陳本重「送」字。「竟」，薈要本作「境」。
〔二〕「賓行主君」，陳本作「主君賓行」。
〔三〕「幣」下陳本重「幣」字。

夫親贈，如其面幣，無儐。贈上介亦如之。使人贈衆介，如其面幣。士送至于竟〔一〕。

右賓行，主國贈送。

使者歸，及郊，請反命。郊，近郊也。告郊人，使請反命於君也〔二〕。必請之者，以己久在外，嫌有罪惡，不可以入。春秋時，鄭伯惡其大夫高克，使之將兵，逐而不納，此蓋請而不得入。○自此至「拜其辱」，言使者歸，反命於朝。朝服，載旜。行時稅舍于此郊，今還至此，正其故行服，以俟君命，敬也。古文「旜」作「膳」。禳，乃入。禳，祭名也。爲行道，累歷不祥，禳之以除災凶。乃入陳幣于朝，西上，上賓之公幣、私幣皆陳，上介公幣陳，他介皆否，皆否者，公幣、私幣皆不陳。此幣，使者及介所得於彼國君、卿大夫之贈賜也。其或陳或不陳，詳尊而略卑也。其陳之，及卿大夫處者待之，如夕幣。其禮於君者不陳。上賓，使者。公幣，君之賜也。私幣，卿大夫之幣也。他介，士介也。言「他」，容衆從者。○註云「禮於君者不陳」，謂賄用束紡、禮玉束帛乘皮。不陳之者，以使者將親執以告。束帛各加其庭實皮左。不加於其皮上，榮其多也。○不令相掩蔽也。公南鄉。亦宰告于君，君乃朝服出門左南鄉。○疏云：「此陳幣，當如初夕幣之時，是以鄭此註亦依夕幣而言之。」卿進

〔一〕「竟」，薈要本作「境」。
〔二〕「請」，北監本作「言」。

使者。使者執圭，垂繅，北面。上介執璋，屈繅，立于其左。此主於反命，士介亦隨入，竝立，東上。○疏云：「今此賔執圭〔一〕，賔則裼。註言『亦』者，亦初行受于朝時。」**反命，曰：「以君命聘于某君，某君受幣于某宮，某君再拜。以享某君，某君再拜。」**君亦揖使者進之，乃進反命也。某君，某，國名也。某宮，若言桓宮、僖宮也。某君再拜，受也。必言此者，明彼君敬己君，不辱命。○註「君亦揖使者」，初受命于朝，位立定時，君揖使者，乃進受命，明反命亦然〔二〕。**宰自公左受玉。**亦於使者之東，同面並受也。不右使者，由便也。○疏云：「此言『亦』者，亦於出使初受玉時〔三〕，宰自公左授使者圭，同面。凡竝授者，授由其右，受由其左。此受由其右者，因東藏之便。」**受上介璋，致命亦如之。**變「反」言「致」者，若云非君命也。致命曰：「以君命聘於某君夫人，某君再拜。以享於某君夫人，某君再拜。」不言受幣于某宮，可知，略之。○受上介璋，賔受之也。賔受璋，當亦垂繅而致命。本以君夫人聘君夫人，但婦人無外事，亦君命之，故言「致命」，若非君命然也。**執賄幣以告，曰：「某君使某子賄。」授宰。**某子，若言高子、國子。凡使者所當以告君者，上介取以授之，賄幣

〔一〕「此」，陳本作「則」。
〔二〕「命」下陳本有「時」字。
〔三〕「玉」，賈公彥儀禮疏作「圭」。

在外也。**禮玉亦如之。**亦執束帛加璧也。告曰：「某君使某子禮。」宰受之，士隨自後，左士介，受乘皮如初。上介出取玉束帛，士介從取皮也〔一〕。○賓將告君之時，上介出取玉帛，士介取皮。賓執玉帛以告，宰受玉帛，士即自士介後居其右而受皮，向東藏之。**執禮幣，以盡言賜禮。**禮幣，主國君初禮賓之幣也。以盡言賜禮，謂自此至於贈。○自郊勞至贈行，八度禮賓，皆有幣。執郊勞之幣，而歷舉其全以告也。○盡，津忍反。**公曰：「然，而不善乎！」**善其能使於四方。而，猶女也。**授上介幣，再拜稽首。公答再拜。**授上介幣，當拜公言也。不授宰者，當復陳之。**私幣不告。**亦略卑也。**君勞之。再拜稽首。君答再拜。**勞之以道路勤苦。**若有獻，則曰：「某君之賜也，**言此物，某君之所賜予爲惠者也。其所獻雖珍異，不言其爲彼君服御物〔二〕，謙也。其大夫出，反必獻，忠孝也。**君其以賜乎？」**不必其當君也。獻不拜者，爲君之答己也。○所獻，是賓入己之物。蓋彼國之君，於常幣外，別有賜予者。曰「君其以賜乎」，言未必可當君用，或以爲賜下之需乎。**上介徒以公賜告，如上賓之禮。**徒，謂空手，不執其幣。**君勞之。再拜稽首。君答拜。勞士介，亦如**

〔一〕「從」，原作「後」，據薈要本改。薈要案語：「士介從取皮也。刊本『從』訛『後』，據校宋本改。」四庫考證說同。
〔二〕「其」，北監本作「某」。

之。士介四人，旅答壹拜〔一〕，又賤也。○疏云〔二〕：「上介再拜稽首，君答拜，不言『再拜』，則君答上介一拜矣。勞士介，不言『皆』，則總答一拜矣。勞上介君答一拜，已是賤。士介四人共答一拜，故云『又賤也』。此一拜答臣下，周禮九拜『七曰奇拜』是也。」**君使宰賜使者幣，使者再拜稽首。**以所陳幣賜之也。禮，臣子，人賜之而必獻之君父，不敢自私服也。君父因以予之，則拜受之，如更受賜也。既拜，宰以上幣授之。**賜介，介皆再拜稽首。**士介之幣，皆載以造朝，不陳之耳。與上介同受賜命，俱拜。既拜，宰亦以上幣授上介。**乃退。**君揖入，皆出去。**介皆送至于使者之門，**將行，俟于門，反，又送于門，與尊長出入之禮也。**乃退揖。**揖，別也。**使者拜其辱。**隨謝之也。再拜上介，三拜士介。○士三人，每人一拜，士卑〔三〕。

右使者反命。

釋幣于門。門，大門也。主于闑。布席于闑西，閾外，東面。設洗于門外東方。其餘如初于禰時。出于行，入于門，不兩告，告所先見也。○自此至「亦如之」，言使還禮門奠禰之事。**乃至于禰。筵、几于室，薦脯、醢，**告反也。薦，進也。**觴酒陳。**主人酌進奠，一獻也。言「陳」者，將復有次

〔一〕「壹」，陳本、薈要本皆作「一」。
〔二〕「疏」上陳本無○。
〔三〕陳本無○及「士三人每人一拜士卑」九字。

也。先薦後酌，祭禮也。行釋幣，反釋奠，略出謹入也。**席于阼**，爲酢主人也〔一〕。酢主人者，祝取爵酌。不酢於室，異於祭。**薦脯、醢。**成酢禮也。**三獻。**室老亞獻，士三獻也。每獻奠，輒取爵酌主人，自酢也。○註當以「輒取爵酌主人」爲句，言室老酌主人，因自酢也。疏于「酌」字句未是〔二〕。**一人舉爵**，三獻禮成，更起酒也。主人奠之，未舉也。**獻從者**，從者，家臣從行者也。主人獻之，勞之也。皆升飲酒於西階上，不使人獻之，辟國君也。**行酬乃出。**主人舉奠酬從者，下辯，室老亦與焉也。**上介至，亦如之。**

右使還奠告。

聘遭喪，入竟，則遂也。遭喪，主國君薨也。入竟則遂，國君以國爲體。士既請事，已入竟矣。關人未告則反。○自此至「卒殯乃歸」，皆聘者遭喪之禮。或所聘國君薨及夫人、世子喪，或出聘後本國君薨，或聘賓有私喪，或賓死及介死，凡四節。**不郊勞**，子未君也。**不筵、几**，致命不於廟，就尸柩於殯宮，又不神之。**不禮賓。**喪，降事也。○疏曰：「云『不禮』者，謂既行聘、享訖，不以醴酒禮賓也。」**主人畢歸禮**，賓所飲食，不可廢也。禮，謂饔餼、饗、食。**賓唯饔餼之受。**受正不受加也。○

〔一〕「酢」，北監本作「阼」。
〔二〕「句」上陳本重「酌字」二字。

疏曰〔一〕：「饔餼大禮，是其正。自饔、食之等，是其加也。」**不賄，不禮玉，不贈。**喪，殺禮，爲之不備。○賄謂束紡。禮玉謂以束帛、乘皮報享。贈謂賓出至郊，以物贈之。**遭夫人、世子之喪，君不受，使大夫受于廟，其他如遭君喪。**夫人、世子死，君爲喪主，使大夫受聘禮，不以凶接吉也。其他，謂禮所降。○禮所降，謂郊勞、禮賓、饗、食、賄、贈之類。**遭喪，將命于大夫，主人長衣練冠以受。**遭喪，謂主國君薨，夫人、世子死也。此三者，皆大夫攝主人。長衣，素純布衣也。去衰易冠，不以純凶接純吉也〔二〕。吉時在裏爲中衣，中衣、長衣，繼皆掩尺，表之曰深衣，純袂寸半耳。君喪，不言使大夫受，子未君，無使臣義也〔三〕。○疏云：「向來所釋，皆是君主始薨〔四〕。假令君薨踰年，嗣子即位，鄰國朝聘，以吉禮受之於廟。雖踰年而未葬，則亦使人受之。」

右遭所聘國君喪及夫人、世子喪。

聘，君若薨于後，入竟則遂。既接於主國君也。**赴者未至，則哭于巷，衰于館。**未至，謂赴告主國君者也。哭于巷者，哭于巷門，未可爲位也。衰于館，未可以凶服出見人。其聘、享之事，

〔一〕「疏」上陳本無○。
〔二〕「以」，北監本作「必」。
〔三〕「義」，陳本作「禮」。
〔四〕「君主」，陳本作「主君」。

自若吉也。今文「赴」作「訃」。**受禮，**受饔餼也。**不受饗、食。**亦不受加。**赴者至，則衰而出，**禮爲鄰國闕，於是可以凶服將事也〔一〕。○「禮爲鄰國闕」，襄公二十三年傳語，謂鄰國有喪，爲之徹樂也。**唯稍受之。**稍，稟食也。○饔餼亦不受矣。**歸，執圭復命于殯，升自西階，不升堂。**復命于殯者，臣子之于君父，存亡同。**子即位，不哭。**將有告請之事，宜清浄也。不言「世子」者，君薨也。諸臣待之，亦皆如朝夕哭位。**辯復命，如聘。**自陳幣，至于上介以公賜告，無勞。○徧復命於殯，如聘禮之常，但不代君作勞辭耳〔二〕。**子、臣皆哭。**使者既復命，子與羣臣皆哭。**與介入，北鄉哭，**北鄉哭，新至，別於朝夕。○疏云：「復命之時，介在幣南北面，去殯遠。復命訖，除去幣，賓更與介前，入，近殯，北鄉哭〔三〕。」朝夕哭位，在阼階下西面。今賓、介新至，故於殯前北鄉也。**出，袒括髮，**悲哀變於外，臣也。○子奔喪，則袒括髮於殯東矣。**入門右，即位踊。**從臣位。自哭至踊，如奔喪禮。

右出聘後本國君喪。

若有私喪，則哭于館，衰而居，不饗、食。私喪，謂其父母。哭于館，衰而居，不敢以私喪自

〔一〕陳本「國」作「君」，「於」上有「則」字。
〔二〕「辭」，陳本作「詞」。
〔三〕「鄉」，文淵閣本作「向」。

聞于主國，凶服干君之吉使〔一〕。春秋傳曰：「大夫以君命出，聞喪，徐行而不反。」○衰而居，謂服衰居館。行聘、享，即皮弁吉服。春秋傳，宣公八年公羊傳文。**歸，使衆介先，衰而從之。**已有齊斬之服，不忍顯然趨於往來。其在道路，使介居前，歸又請反命，已猶徐行隨之。君納之，乃朝服，既反命，出公門，釋服，哭而歸。其他如奔喪之禮。吉時道路深衣。

右賓聘有私喪。

賓入竟而死，遂也。主人爲之具而殯。具，謂始死至殯所當用。○疏云：「若未入竟〔二〕，即反來。」殯非謂殯於館〔三〕，斂於棺而已。**介攝其命。**爲致聘、享之禮也。初時，上介接聞命。○上介接聞君命，故賓死得攝其命。**君弔，介爲主人。**雖有臣子親姻〔四〕，猶不爲主人，以介與賓並命於君，尊也。**主人歸禮幣，必以用。**當中奠贈諸喪具之用，不必如賓禮。**介受賓禮，無辭也。**介受主國賓己之禮，無所辭也，以其當陳之以反命也。有賓喪，嫌其辭之。○主國待賓之禮，介代爲受而不辭。**不饗、食。**○前經云：「上介壹食、壹饗。」**歸，介復命，柩止于門外。**門外，大門外也。必

〔一〕「干」，原作「于」，據陳本改，北監本亦作「干」。

〔二〕「竟」，薈要本、北監本疏文、賈公彥儀禮疏皆作「境」。

〔三〕「非」下陳本無「謂」字。

〔四〕「親姻」，陳本作「姻親」。

以柩造朝，達其忠心。〇疏云：「君有三門，皋、應、路。又有三朝，内朝在路寢庭，正朝在路門外，應門外無朝，外朝應在皐門外〔一〕。經直云『止於門外』，無入門之言，明知止於大門外外朝之上。」**介卒復命，出，奉柩送之。君弔，卒殯。**卒殯，成節乃去。〇柩既殯，君與大夫乃盡去，以殯是喪之大節。**若大夫介卒，亦如之。**不言「上介」者，小聘上介，士也。〇亦如之，謂在聘國及反本國諸事。**士介死，爲之棺，斂之，**不具他衣物也，自以時服也。**君不弔焉。**主國君使人弔，不親往〔二〕。**若賓死，未將命**〔三〕，**則既斂于棺，造于朝，介將命。**未將命，請侯閒之後也。以柩造朝，以己至朝，志在達君命。〇疏云：「上介，國外死，不以柩造朝可知。」**若介死，歸復命，唯上介造于朝。若介死，雖士介，賓既復命，往，卒殯乃歸。**往，謂送柩。

右出聘賓介死。

小聘曰問。不享，有獻，不及夫人。主人不筵、几，不禮。面不升。不郊勞。記既於聘，所以爲小也。獻，私獻也。面，猶覿也。〇前經既詳聘禮，未復言小聘之異。不禮者，聘訖，不

〔一〕「應」，賈公彦儀禮疏作「當」。
〔二〕「使人弔不親往」，陳本作「不親弔使人往」。
〔三〕「未」，唐石經作「來」之俗體「来」。

以醴禮賓也。面不升者，謂私覿，庭中受之，不升堂也。**其禮，如爲介，三介。**如爲介，如爲大聘上介。○禮，主國待賓之禮，謂饔餼、食、饗之屬，如待大聘時大夫之爲上介者。其賓，則士三人爲之介也。

右小聘。

記

久無事，則聘焉。事，謂盟會之屬。**若有故，則卒聘，束帛加書將命，百名以上，書於策；不及百名，書於方。**故，謂災患及時事相告請也。將，猶致也。名，書文也，今謂之字。策，簡也。方，板也。○有故，如告糴、乞師之類。卒聘，倉猝而聘，不待殷聘之期也。字多，書於策，策以衆簡編連也。字少，書於方，一板可盡也。**主人使人與客，讀諸門外。**受其意，既聘、享，賓出而讀之。不於内者，人稠處嚴，不得審悉。主人，主國君也。人，内史也。書必璽之。○讀諸門外，就門外燕閒之處讀之。**客將歸，使大夫以其束帛，反命於館。**爲書報也。**明日，君館之。**既報，館之，書問尚疾也。

右記有故卒聘致書之事。

既受行，出，遂見宰，問幾月之資。資，行用也。古者君臣謀密草創，未知所之遠近，問行用，當知多少而已。古文「資」作「齎」。○齎，子兮反。**使者既受行日**〔一〕**，朝同位。**謂前夕幣之間。同位者，使者北面，介立于左，少退，別於其處臣也。○未受命行以前，卿、大夫、士，面位各異。**出祖，釋軷，祭酒、脯，乃飲酒于其側。**祖，始也。既受聘、享之禮，行出國門，止陳車騎，釋酒、脯之奠於軷，爲行始也。詩傳曰：「軷，道祭也。」謂祭道路之神。春秋傳曰：「軷涉山川。」然則軷，山行之名也。道路以險阻爲難，是以委土爲山，伏牲其上，使者爲軷祭酒、脯祈告也。卿大夫處者，於是餞之，飲酒於其側。禮畢，乘車轢之而遂行，舍於近郊矣。其牲，犬、羊可也。古文「軷」作「祓」。○疏曰〔二〕：「在國內釋幣於行者，謂平適道路之神〔三〕。出國門釋奠于軷者，謂山行道路之神。」○軷，蒲末反。騎，其義反。轢，力狄反。

右記使者受命將行之禮。

所以朝天子，圭與繅皆九寸，剡上寸半，厚半寸，博三寸，繅三采六等，朱、白、蒼〔四〕**。**圭，所執以爲瑞節也。剡上，象天圓地方也。雜采曰繅，以韋衣木板，飾以三色再就，所以薦玉，重慎

〔一〕「受」上唐石經無「既」字。
〔二〕「在」上陳本無「疏曰」二字。
〔三〕「適」，賈公彥儀禮疏作「敵」。
〔四〕「蒼」，唐石經作「倉」。

也。九寸，三公之圭也〔一〕。古文「繅」或作「藻」，今文作「璪」。○疏云：「凡圭〔二〕，天子鎮圭，公桓圭，侯信圭，皆博三寸，厚半寸，剡上左右各寸半，唯長短依命數不同。以韋衣木板，木板大小一如玉制，然後以韋衣包之，大小一如其板。經云『三采六等』，註云『三色再就』，就即等也，一采爲再就，三采即六等也，一帀爲一就。三采據公、侯、伯。」天子五采，子、男則二采。**問諸侯，朱、緑繅，八寸。**二采再就，降於天子也。於天子曰朝，於諸侯曰問，記之於聘，文互相備。○降於天子，降於朝天子也。疏謂「諸侯自相朝，亦同圭與繅九寸，侯伯以下依命數。諸侯遣臣問天子，圭與繅亦八寸」，故註云「於天子曰朝，於諸侯曰問，文互相備」也。又云：「此言八寸，據上公之臣。侯伯之臣則六寸，子男之臣則四寸，各下其君二等。」**皆玄纁繫，長尺，絢組。**采成文曰絢。繫，無事則以繫玉，因以爲飾，皆用五采組，上以玄，下以絳爲地。今文「絢」作「約」。○繅以藉玉，繫以聯玉與繅，組即所以飾繫者，其質上玄下纁，而又加五采之組也。○繫，音計。長，直亮反。組，音祖。約，音巡。**問大夫之幣，俟于郊，爲肆，又齎皮、馬**〔三〕。肆，猶陳列也。齎，猶付也。使者既受命，宰夫載問大夫之禮，待於郊，陳之爲行列，至，則以付之也。使者初行，舍于近郊。幣云「肆」，馬云「齎」，因其宜，亦互文也。不於朝付

〔一〕「三」，陳本原作「三」，後改作「上」。
〔二〕「凡」，原作「几」，據陳本、薈要本、文淵閣本、金陵書局本改，北監本疏文、賈公彥儀禮疏皆作「凡」。
〔三〕「齎」，唐石經作「賫」。

之者，辟君禮也。必陳列之者，不夕也。古文「肆」爲「肆」。○齎，子兮反。

右記朝聘玉幣。

辭無常，孫而説〔一〕。孫，順也。大夫使，受命不受辭，辭必順且説。○孫，音遜。説，音悦。辭多則史，少則不達。史，謂策祝。辭苟足以達，義之至也。至，極也。今文「至」爲「砥」。○聘問之辭，難豫爲成説，其大要在謙遜而和悦。辭多則近史祝〔二〕，辭少則不足以達意。苟足以達意而又不失之多，修辭之義，於是爲至。辭，曰：「非禮也，敢。」對，曰：「非禮也，敢。」〔三〕辭，辭不受也。對，答問也。二者皆卒曰敢，言不敢。

記修辭之節，因及辭對二言。

卿館於大夫，大夫館於士，士館於工商。館者必於廟。不館於敵者之廟，爲大尊也。自官師以上，有廟有寢，工商則寢而已。管人爲客，三日具沐，五日具浴。管人，掌客館者也。客，謂使者，下及士介也。

〔一〕「孫」，原作「遜」，據陳本、金陵書局本改，唐石經、北監本皆作「孫」。山東書局本校刊記：「『辭無常，孫而説』之『孫』，原本作『遜』，誤，今據注疏各本校正。」

〔二〕「史」上陳本有「乎」字。

〔三〕「敢」下唐石經有「辭」字。案：賈公彦儀禮疏經文起訖語作「敢辭」，注文起訖語亦不重「辭」字。

記賓館。

飧不致，不以束帛致命，草次饌，飧具輕。**賓不拜，**以不致命。**沐浴而食之。**自潔清，尊主國君賜也。記此，重者沐浴可知。○重者謂饔餼。

記設飧。

卿，大夫訝。大夫，士訝。士，皆有訝。卿，使者。大夫，上介也。士，衆介也。訝，主國君所使迎待賓者，如今使者護客。○按周禮秋官，有掌訝。彼謂天子設官，此諸侯因賓至，以降一等者訝之，使待事於客，通所求索也。**賓即館，訝將公命，**使已迎待之命。○謂以君使已迎待之命，告之於賓。**又見之以其摯。**又，復也。復以私禮見者，訝將舍於賓館之外，宜相親也。大夫訝者執鴈，士訝者執雉。**賓既將公事，復見訝以其摯**〔一〕。既，已也。公事，聘、享、問大夫。復，報也。使者及上介執鴈，羣介執雉，各以見其訝。

記賓訝往復之禮。

凡四器者，唯其所寶，以聘可也。言國獨以此爲寶也。四器，謂圭、璋、璧、琮。○註據公、侯、伯而言，若子、男，聘用璧、琮，享用琥、璜。四器唯其所寶，故以行聘，非所寶，則不足以通誠好矣。

〔一〕「訝」，唐石經作「之」。

釋聘用圭璧之故。

宗人授次，次以帷，少退于君之次。主國之門外，諸侯及卿大夫之所使者，次位皆有常處。○疏云：「朝聘陳賓介，上公九十步，侯伯七十步，子男五十步。使其臣聘，又各降二等。其次皆依其步數，就西方而置之。未行禮之時，止於次中〔一〕。至將行禮，賓乃出次。凡爲次，君次在前，臣次在後，故云『少退于君之次』。」

記授賓次。

上介執圭，如重，授賓。慎之也。曲禮曰：「凡執主器，執輕如不克。」○此謂將聘，主君廟門外，上介屈繅授賓時。賓入門，皇。升堂，讓。將授，志趨。皇，自莊盛也。讓，謂舉手平衡也。志，猶念也。念趨，謂審行步也。孔子之執圭，鞠躬如也，如不勝，上如揖，下如授，勃如戰色，足蹜蹜如有循〔二〕。古文「皇」皆作「王」。○疏云：「賓入門皇，謂未至堂時。升堂讓，謂升堂東面向主君之時。將授志趨，謂賓執玉向楹將授玉之時。念鄉入門在庭時，執玉徐趨，今當亦然〔三〕。」愚謂註所云「審行步」者，謂審乎君行一臣行二之節也。疏又云：「曲禮云：『執天子之器則上衡。』註云：『謂高於心。』

〔一〕「止」，賈公彦儀禮疏作「至」。
〔二〕「蹜蹜」，薈要本作「縮縮」。
〔三〕「亦」上賈公彦儀禮疏無「當」字。

『國君則平衡』，註云：『謂與心平。』」**授如争承，下如送。君還而后退。**争，争鬭之争，重失隊也。而后，猶然後也。○疏云：「授，謂就東楹授玉於主君時，如與人争接取物〔一〕，恐失墜。下如送者，謂聘、享每訖，君實不送，而賔之敬，如君送然。君迴還〔二〕，賔則退出廟門，更行後事，非謂賔出大門也。」愚謂「下如送」，當與論語「下如授」同解，言其授玉時手容也。君還，謂君轉身將授玉於宰，而後賔退而下階。若以下爲下階，退爲出廟門，恐非文次。**下階，發氣，怡焉，再三舉足，又趨。**發氣，舍息也。再三舉足，自安定，乃復趨也。至此云「舉足」〔三〕，則志趨，卷豚而行也。孔子之升堂，鞠躬如也，屏氣似不息者，出降一等，逞顔色，怡怡如也，没階，趨進，翼如也。○豚，大本反。**及門，正焉。**容色復故，此皆心變見於威儀。○出門將更行後事。「此皆心變見於威儀」，統指賔入門以下而言。**執圭，入門，鞠躬焉，如恐失之。**記異説也。○疏云：「亦謂方聘〔四〕，執圭入廟門時。」**及享，發氣焉，盈容。**發氣，舍氣也。孔子之於享禮，有容色。○註「舍氣」，即舍息。**衆介北面，蹌焉。**容貌舒揚。○疏云：「此謂賔行聘，衆介從入，門左北面。」**私覿，愉愉焉。**容貌和敬。○疏

〔一〕「人争」二字，陳本作「君」。「接」，賈公彦儀禮疏作「承」。
〔二〕「迴」，薈要本作「回」。
〔三〕「云」，陳本作「言」。
〔四〕「方」，賈公彦儀禮疏作「將」。

云：「舒於盈容也。」**出，如舒鴈。**威儀自然，而有行列。舒鴈，鵝也。○兼指賓介〔一〕。疏云：「此出廟門之外，又舒緩於愉愉也。」**皇，且行。入門主敬，升堂主慎。**復記執玉異說。

右三記賓介聘享之容。

凡庭實，隨入，左先，皮、馬相間可也。隨入，不竝行也。間，猶代也。土物有宜，君子不以所無爲禮，畜獸同類，可以相代。古文「間」作「干」。**賓之幣，唯馬出，其餘皆東。**馬出，當從廐也。餘物皆東，藏之內府。**多貨，則傷于德。**貨，天地所化生，謂玉也。君子於玉比德焉。朝聘之禮，以爲瑞節，重禮也。多之，則是主於貨，傷敗其爲德。○圭、璧、璋、琮，聘、享君與夫人，各用一而已。本取相厲以德，多之，是所重在貨而傷于德也。**幣美，則沒禮。**幣，人所造成，以自覆幣，謂束帛也〔二〕。受之斯欲衣食之，君子之情也，是以享用幣，所以副忠信。美之，則是主於幣，而禮之本意不見也。○註「以自覆幣，謂束帛也」，「幣」字疑當作「蔽」字。自覆蔽，謂其可爲衣也。「受之」當作「愛之」，忠信即其愛之之情。**賄，在聘于賄。**賄，財也。于，讀曰「爲」。言主國禮賓，當視賓之聘禮而爲之財也。賓客者，主人所欲豐也。若苟豐之，是又傷財也。周禮曰：「凡諸侯之交，各稱其邦而爲

〔一〕「介」下原有○，據陳本刪。
〔二〕原本句讀作「人所造成以自覆幣謂束帛也」，誤。

之幣，以其幣爲之禮。」古文「賄」皆作「悔」。○在，視也。賄，謂賄用束紡、禮用玉帛乘皮及贈之屬是也。

記庭實貨幣之宜。

凡執玉，無藉者襲。藉，謂繅也。繅所以緼藉玉〔一〕。○按疏以屈繅爲無藉，垂繅爲有藉，又以繅有二種，其説愈支而難通。曲禮陳氏註云：「所謂無藉，謂圭、璋特達，不加束帛，當執圭、璋之時，其人則襲。有藉者，謂璧、琮加于束帛之上，當執璧、琮時，其人則裼。」此定説也。又按曲禮鄭註，亦云：「圭、璋特而襲，璧、琮加束帛而裼。」疏引熊氏云：「朝時用圭、璋特，賓、主俱襲，行享時用璧、琮，加束帛，賓、主俱裼。」亦是也。先儒已有此説，亦非陳氏創爲之也。

記襲裼之節。

禮，不拜至。以賓不於是始至。今文「禮」爲「醴」。○禮，爲聘、享畢，公禮賓也。疏以爲聘時，似非經意。**醴，尊于東廂〔二〕，瓦大一，有豐。**瓦大，瓦尊。豐，承尊器，如豆而卑。○大，音泰。**薦脯五膱，祭半膱，横之。**膱，脯如版然者，或謂之脡，皆取直貌焉。○脡，大頂反〔三〕。**祭醴，再**

〔一〕「緼」，陳本作「藴」。
〔二〕「廂」，唐石經作「箱」。
〔三〕「頂」，薈要本作「丁」。

扱，始扱一祭，卒再祭。卒，謂後扱。○扱，初洽反。主人之庭實，則主人遂以出，賓之士訝受之。此謂餘三馬也。左馬賓執以出矣。士，士介從者。○主人牽者從賓以出，至門外，士介迎受之。

記公禮賓儀物。

既覿，賓若私獻，奉獻，將命。時有珍異之物，或賓奉之，所以自序尊敬也，猶以君命致之。擯者入告，出禮辭。辭其獻也。賓東面坐奠獻，再拜稽首。送獻不入者，奉物禮輕。擯者東面坐取獻，舉以入告，出禮請受。東面坐取獻者，以宜竝受也。其取之，由賓南而自後右賓也。賓固辭。公答再拜，拜受於賓也。「固」亦衍字。擯者立于閾外以相拜，賓辟。相，贊也。古文「閾」爲「蹙」。擯者授宰夫于中庭。東藏之，既乃介覿。若兄弟之國，則問夫人。兄弟，謂同姓，若婚姻甥舅有親者。問，猶遺也，謂獻也。不言「獻」者，變於君也。非兄弟，獻不及夫人。

記覿後賓私獻。

若君不見，君有疾，若他故，不見使者。使大夫受。受聘、享也。大夫，上卿也。自下聽命，自西階升受〔一〕，負右房而立，賓降亦降，此儀如還圭然，而賓、大夫易處耳。今文無「而」。○還

〔一〕「階」，唐石經作「門」。

圭之儀，見前經。**不禮。**辟正主也〔一〕。○聘、享訖，以醴禮賓，主君之禮也〔二〕。

記君不親受之禮。

幣之所及，皆勞，不釋服。以與賓接於君所，賓又請有事于己，不可以不速也。所不及者，下大夫未嘗使者也。不勞者，以先是賓請有事於己同類，既聞彼爲禮所及，則己往有嫌也。所以知及、不及者，賓請有事，固曰某子某子。

記大夫勞賓。

賜饔，唯羹飪。筮一尸，若昭，若穆。羹飪，謂飪一牢也。肉謂之羹。唯是祭其先，大禮之盛者也。筮尸若昭若穆，容父在，父在則祭祖，父卒則祭禰。腥餼不祭，則士介不祭也。士之初行，不釋幣于禰，不祭可也。古文「羹」爲「羔」，「飪」作「腍」。○腍，而甚反〔三〕。**僕爲祝，祝曰：「孝孫某，孝子某，薦嘉禮于皇祖某甫，皇考某子。」**僕爲祝者，大夫之臣，攝官也。○上文云「若昭，若穆」，故此亦兩言之。○祝祝，上之六反，下之又反。**如饋食之禮。**如少牢饋食之禮，不言「少牢」，

〔一〕「正主」，陳本作「主君」。
〔二〕「主」上陳本有「此」字。
〔三〕「甚」，陳本作「忍」。

今以大牢也。今文無「之」。○疏云〔一〕：「致爵、加爵，及獻兄弟、弟子等，固當略之。」**假器於大夫。**不敢以君之器爲祭器。**肦肉及廋、車。**肦，猶賦也。廋，廋人也。車，巾車也。二人掌視車馬之官也。賦及之，明辯也〔二〕。古文「肦」作「紛」。○祭訖，頒胙〔三〕，無不徧也。夏官廋人職，掌養馬。○肦，音班。廋，所求反。

記賓受饔而祭。

聘日致饔〔四〕。**明日，問大夫。**不以殘日問人，崇敬也。古文曰「問夫人」也。**夕，夫人歸禮。**與君異日，下之也。今文「歸」作「饋」。**既致饔，旬而稍，宰夫始歸乘禽，日如其饔餼之數，**稍，稟食也。乘，謂乘行之禽也，謂鴈鶩之屬。其歸之以雙爲數。其，賓與上介也〔五〕。古文「既」爲「餼」。○十日之後，賓不得時反，則致稍廩與乘禽。鴈鶩之屬，行有行列，故曰乘禽。如饔餼之數者，一牢當一雙，故聘義云：「乘禽日伍雙。」〔六〕是饔餼五牢者也。上介則日三雙，士介日一雙。**士中**

〔一〕「云」，陳本作「曰」。
〔二〕「辯」，陳本作「徧」。
〔三〕「頒」，陳本作「肦」。
〔四〕「日」，唐石經作「自」。
〔五〕原本句讀作「其賓與上介也」，誤。
〔六〕「伍」，禮記聘義作「五」。

日則二雙。中，猶間也。不一日一雙，大寡，不敬也。**凡獻，執一雙，委其餘于面。**執一雙，以將命也。面，前也。其受之，止上介受以入告之〔一〕，士舉其餘從之。賓不辭，拜受于庭。上介執之，以相拜于門中，乃入授人。上介受，亦如之。士介拜受于門外。**禽羞、俶獻，比。**比，放也〔二〕。其致之，禮如乘禽也。禽羞，謂成熟有齊和者。俶獻，四時珍美新物也。俶，始也，言其始可獻也，聘義謂之時賜。

記賓主行禮之節次及禽獻之等殺。

歸大禮之日，既受饔餼，請觀。聘於是國，欲見其宗廟之好〔三〕、百官之富，若尤尊大之焉。**訝帥之，自下門入。**帥，猶道也。從下門外入，游觀非正也。

記賓游觀。

各以其爵，朝服。此句宜在「凡致禮」下。

士無饔，無饔者無儐〔四〕。謂歸餼也。

〔一〕「止」，薈要本作「也」，屬上讀。薈要案語：「其受之也。刊本『也』訛『止』，據校宋本改。」四庫考證說同。
〔二〕「比」，北監本作「此」。
〔三〕「好」，陳本作「美」。
〔四〕「儐」，唐石經作「擯」。

記士介之殺禮。

大夫不敢辭，君初爲之辭矣。此句宜在「明日問大夫」之下。

凡致禮，皆用其饗之加籩豆〔一〕。凡致禮，謂君不親饗賓及上介，以酧幣致其禮也。其，其賓與上介也。加籩豆，謂其實也，亦實於罋筐。饗禮今亡。無饔者無饗禮。士介無饗禮〔二〕。

記不親饗與無饗。

凡餼，大夫黍、粱、稷，筐五斛。謂大夫餼賓、上介也。器寡而大，略。

記大夫餼賓、上介之實與器。

既將公事，賓請歸。謂已問大夫，事畢，請歸，不敢自專，謙也。主國留之，饗食燕獻，無日數，盡殷勤也。凡賓拜于朝，訝聽之。拜，拜賜也。唯稍不拜。

記賓請歸、拜賜。

燕，則上介爲賓，賓爲苟敬。饗、食，君親爲主，尊賓也。燕，私樂之禮，崇恩殺敬也。賓不欲

〔一〕「饗」，陳本作「饔」。上有浮貼二，一曰：「『饔』，刊本作『饗』。」一曰：「皆用其饔之加籩豆。『饔』，一作『饗』。」

〔二〕「饗」，北監本作「享」。

主君復舉禮事禮已，于是辭爲賓。君聽之，從諸公之席，命爲苟敬。苟敬者，主人所以小敬也。更降迎其介以爲賓。介，大夫也。雖爲賓，猶卑於君，君則不與亢禮也。主人所以致敬者，自敵以上。**宰夫獻。**爲主人，代公獻。

記燕聘賓之禮。

無行，則重賄反幣。無行，謂獨來，復無所之也。必重其賄與反幣者，使者歸，以得禮多爲榮，所以盈聘君之意也。反幣，謂禮玉、束帛、乘皮，所以報聘君之享禮也。昔秦康公使西乞術聘于魯，辭孫而說，襄仲曰：「不有君子，其能國乎？」厚賄之。此謂重賄反幣者也。今文曰「賄反幣」。

記特聘宜加禮。

曰：「子以君命在寡君，寡君拜君命之辱。」此贊君拜聘、享辭也。在，存也。〇此及下三節，即前經公館賓賓辟時，公皆再拜之四事。此其贊拜之辭也。**「君以社稷故，在寡小君，拜。」**此贊拜夫人聘、享辭也。言君以社稷故者，夫人與君體敵〔一〕，不敢當其惠也。其卒亦曰：「寡君拜命之辱。」**「君貺寡君，延及二三老，拜。」**此贊拜問大夫之辭。貺，賜也。大夫曰老。〔二〕**又拜送。**拜

〔一〕「體敵」，原作「敵體」，據陳本改，北監本亦作「體敵」。
〔二〕經「君貺」至「老拜」、注「此贊」至「曰老」句，北監本在下經「又拜送」及注文「拜送」至「之下」句下。

送賓也。其辭蓋云：「子將有行，寡君敢拜送。」此宜承上「君館之」下。

記公館賓拜四事之辭。

賓於館堂楹間，釋四皮、束帛。賓不致，主人不拜。賓將遂去是館，留禮以禮主人，所以謝之。不致、不拜，不以將別崇新敬也。

賓謝館主人。

大夫來使，無罪，饗之；樂與嘉賓爲禮。**過，則餼之。**餼之，生致其牢禮也。其致之辭，不云君之有故耳。聘義曰：「使者聘而誤，主君不親饗、食，所以愧厲之也。」不言罪者，罪將執之。○君有故，亦不親饗。此以使者有過不饗，故致辭異也。**其介爲介。**饗賓有介者，尊賓，行敵禮也。○疏云：「饗賓於廟之時，還以聘之上介爲介。」上經云「上介一食一饗」，則是從賓爲介之外，復別饗也。**有大客後至，則先客不饗、食，致之。**卑不與尊齊禮。

記饗不饗之宜。

唯大聘有几、筵。謂受聘、享時也。小聘輕，雖受于廟，不爲神位。

記受聘大小不同。

十斗曰斛，十六斗曰籔，十籔曰秉。秉，十六斛。今江、淮之間，量名有爲籔者。今文「籔」

爲「逾」〔一〕。**二百四十斗。**謂一車之米，秉有五籔。○致饔時每車米數。**四秉曰筥**〔二〕，此秉，謂刈禾盈手之秉也。筥，穧名也，若今萊、陽之間，刈稻聚把，有名爲筥者。詩云：「彼有遺秉。」又云：「此有不斂穧。」○穧，才計反。**十筥曰稯，十稯曰秅，四百秉爲一秅。**一車之禾三秅，爲千二百秉，三百筥，三十稯也。古文「稯」作「緵」。○致饔時，禾三十車，車三秅，此其秉數。○稯，音總。緵，子工反。

明致饔米禾之數。

〔一〕「文」，原作「八」，據薈要本改。薈要案語：「今文籔爲逾。刊本『文』訛『八』，據本卷二十三頁後八行鄭注改。」四庫考證説同。

〔二〕「四」，薈要本作「曰」。